Die Metapher

cpl

Evolutionäre Studien Band 1
Herausgegeben vom Institut für Evolutionäres Management

Ervin Laszlo
Christopher Laszlo · Alfred von Liechtenstein

EVOLUTIONÄRES MANAGEMENT

Globale Handlungskonzepte

PAIDIA Verlag

1. Auflage Juni 1992
Copyright © 1992 PAIDIA Verlag in der
TAM Verlagsbuchhandlung GmbH, Fulda
Alle Recht vorbehalten

Die Deutsche Bibliothek - CIP-Einheitsaufnahme

Laszlo, Ervin:
Evolutionäres Management : globale Handlungskonzepte /
Ervin Laszlo. Unter Mitarb. von Christopher Laszlo und Prinz Alfred
von Liechtenstein. Aus dem Engl. von Wolfgang Becker und Claus-
Peter Leonhardt.
Bearb. von Claus-Peter Leonhardt. - Fulda : PAIDIA-Verl., 1992
   Einheitssacht.: Management by evolution <dt.>
   ISBN 3-89459-020-3
NE: Leonhardt, Claus-Peter [Bearb.]

INHALTSVERZEICHNIS

Vorwort von Daniel Goeudevert	9
Vorwort von James Ogilvy	13
Vorwort der Verfasser	17

ERSTER TEIL
GLOBALES DENKEN

1. Die Motoren der Globalisierung	23
Das globale Unternehmen	23
Der globale Informationsfluß	32
2. Die globale wirtschaftliche Umwelt	41
Der sich wandelnde Kontext des Geschäftslebens	41
Der Aufstieg des neuen Führungsdenkens	44
3. Einführung in das evolutionäre Denken	51
Der evolutionäre Gigatrend (EGT)	57
Der EGT und die Zukunft	68
Essay I	
Kurze Einführung in die Chaos-Dynamik	73

ZWEITER TEIL
GLOBALES HANDELN

4. Evolutionäres Management I	83
Die Grundkonzepte	85
Die systemischen Eigenschaften des Unternehmens	93
5. Evolutionäres Management II	101
Die Schlüsselprinzipien	101
Das Grundprinzip	107
6. Bewältigung der Dynamik der Instabilität	145
Die globale Dynamik	145
Lehren für das Management	155
Essay II	
Warum Japan erfolgreich war	161

DRITTER TEIL
GLOBALE EVOLUTION

7. Instabilitäten des globalen Systems	167
Ökonomische Instabilitäten	167
Ökologische Instabilitäten	176
8. Kulturwandel in der Gesellschaft	185
Der Zusammenbruch des neolithischen Irrtums	185
Die wesentlichen Aspekte des Kulturwandels	189

9. Wandlungen der öffentlichen Führung   195
Experimente der nationalen Politik   195
Hervortretende Domänen internationaler Aktion   200

ÜBERBLICK

Die evolutionäre Vision   211
Die Vision des Universums   211
Die Vision der Ethik   216
Die Vision der Führung   221

ANHANG

Essay III
Was ist EGT? Eine vertiefte Darstellung
der allgemeinen Evolutionstheorie   225

Index   235

Verzeichnis der Abbildungen   243

Bibliographie   244

VORWORT

VON DANIEL GOEUDEVERT

Die Globalisierung der Wirtschaft ist ein unaufhaltsamer Prozeß im Zuge immer schnelleren Wandels durch technologische Innovationen. Die Herausforderungen an die Unternehmen werden zunehmend komplexer und unterliegen schnelleren Veränderungen als bisher. Die transnationalen Unternehmen werden in Zukunft eine immer wichtigere Rolle spielen in einer Welt, die nicht länger in ideologische Blöcke gespalten ist. Die entscheidenden Impulse für die zukünftige Entwicklung unserer Welt werden nicht mehr von einzelnen Nationen, auch nicht von starken Wirtschaftsräumen, sondern von einzelnen Unternehmensgruppen kommen, die die globale Marktführerschaft haben.

Betrachtet die Wirtschaft ihre Globalisierung aber nur als Streben nach der Durchsetzungsfähigkeit am Weltmarkt und nach der Beherrschung der Märkte, koppelt sie sich von den eigentlichen globalen Entwicklungen ab.

Dann bleibt sie in ihrem sozialen System verhaftet und beschäftigt sich weiter nur mit sich selbst. Sie nimmt Warnsignale von außen nicht wahr oder unterdrückt sie. Ihr einziger Bezugsrahmen ist dann der Markt, dessen Dynamik sie mit den ihr eigenen Mitteln sicherstellt. Störungen des Marktes nimmt die Wirtschaft lediglich über von ihr entwickelte und damit nur von ihr lesbaren Meßinstrumente wahr, zum Beispiel über den Preis.

Demnach könnten Signale zum Beispiel aus dem System Umwelt oder aus anderen sozio-kulturellen Systemen nur in das System Wirtschaft eindringen, wenn sie in einem der Wirtschaft verständlichen Code abgegeben werden. Preise, Zahlungen, Kosten werden registriert.

Aber globale Entwicklungen, die die Märkte nicht unmittelbar verunsichern, ignoriert die Wirtschaft zumeist. Wachsende Umweltzerstörung und die sinkenden Überlebenschancen für Millionen von Menschen auf unserem Planeten sind bisher keine Parameter für global agierende Unternehmen und ihre Manager, neue Strategien für eine neue Weltwirtschaft zu entwickeln.

Dabei heißt Globalität, die ganze Welt im Blick zu haben. 1969 wurden die ersten Satellitenbilder von unserem blauen Planeten Erde im Fernsehen gezeigt. Zum ersten Mal sahen wir unseren Globus als Ganzes. Seitdem ist das Bewußtsein bei den Menschen, für diese kleine Kugel auch verantwortlich zu sein, beträchtlich gewachsen.

Deshalb können wir unsere Kontinente nicht nur in rentable und unrentable Regionen aufteilen. Die Welt als globaler Markt funktioniert ohnehin nur, wenn wir diese Erde gemeinsam erhalten und entwickeln. So sind wir in vielen Dingen schon an die Grenzen des Wachstums gestoßen.

Globalität ist die Interdependenz aller Ereignisse und aller Handlungen auf diesem Globus. Und deswegen kommen einem global tätigen Unternehmen und seinem Management Verantwortungen zu, die nur mit vernetztem, ganzheitlichen Denken und Handeln in die Praxis umzusetzen sind. Es reicht nicht, mit linearem Denken Wettbewerbsfähigkeit nach alten Mustern und Wirtschaftswachstum zu forcieren, ohne die globalen Auswirkungen zu berücksichtigen.

Das Management hat die Aufgabe, globale Unternehmensstrategie zu entwerfen, die globale Entwicklungen fördern und nicht behindern oder gar schädigen. Wir brauchen daher eine neue Definition der Wettbewerbsfähigkeit, in die Daten und Informationen einfließen, die bislang ausgeklammert waren. Um das zu leisten, brauchen wir ein neues strategisches Wirtschaftsdenken und vielleicht ein ganz neues Denken für die Manager der Unternehmen: das kreative, vernetzte Chancendenken, das Evolutionen zuläßt und initiiert.

Die Umsetzung dieses Denkens beginnt im Unternehmen selbst, wenn Abschied genommen wird von der klassischen Unternehmenshierarchie. Das Prinzip der Weisungen von oben nach unten ist ohnehin fragwürdig geworden. Die Sachexperten, die Spezialisten mit dem für das Unternehmen überlebenswichtigen Know-how sitzen zumeist nicht im Top-Management. Aber sie entscheiden letztlich über die zukünftige Entwicklung eines Unternehmens.

Nur wenn das mittlere und untere Management eine Chance erhält, selbst zu denken und zu handeln, sind Evolutionen innerhalb des Unternehmens möglich, die auch Erfolge im Markt garantieren. Jeder Mitarbeiter sollte seine Kreativität und seine Initiative in den unternehmerischen Prozeß einbringen können.

Die Voraussetzung dafür ist der Abbau von Hierarchien, von Herrschaftsinstrumenten und Herrschaftssignalen. Das Management muß seine zumeist räumliche und sprachliche Trennung, die schon fast einer Isolation gleichkommt, den Mitarbeitern gegenüber aufgeben. Er muß ein Stück Unternehmen mit ihnen zusammen leben. Die Kommunikation in gleicher Umgebung mit gleicher Sprache ermöglicht den gewünschten Synergieeffekt zum Beispiel von Unternehmensleitlinien.

Der Manager sollte ein integrierter Teil des unternehmerischen Informationsnetzes sein. Dann kann er Entwicklungen sehr viel eher steuern und beeinflussen, als wenn er in der Vorstandsetage ohnehin nur gefilterte Informationen erhält. Gefragt ist eine neue Art der Flexibilität gegenüber Informationen, die aus den sozialen Bezugssystemen aller Mitarbeiter, aber auch aus anderen sozialen Systemen wie der Politik, der Wissenschaft oder gar gesellschaftlichen Randgruppen kommen. Potentielle Störfaktoren in Form von unliebsamen oder irritierenden Informationen sollten nicht unterdrückt werden zugunsten eines reibungslosen organisatorischen Ablaufes. Diese Faktoren gilt es daraufhin zu überprüfen, ob sie Anzeichen sind für neue Entwicklungen, neue Weichenstellungen, neue Chancen, die das Unternehmen ergreifen könnte.

Nur ein Management mit der Bereitschaft, seinen Mitarbeitern die Chance zur Entwicklung eigener Ideen zu geben, kann auch das Unternehmen zu globalen, verantwortbaren Entwicklungen führen. Der Manager hat zwar Führungsfunktionen. Aber heute heißt das, ein Team zusammenzufügen und dann die Menschen und die im Team ablaufenden Prozesse zu beobachten. Der Manager soll begleiten und seine Mitarbeiter im richtigen Moment zu gemeinsamer Leistung, zu gemeinsamer Kommunikation und Information und zur gemeinsamen Entwicklung motivieren. Dazu gehört die Erkenntnis, daß in der heutigen Informationsgesellschaft Motivation nur noch durch adäquate Information möglich ist.

Dazu gehören aber auch Eigenschaften wie Intuition, Instinkt und Initiative genauso wie Respekt vor der Persönlichkeit des Mitarbeiters. Dazu gehört vor allem die Bereitschaft, sich offen zu zeigen für neue Anstöße, und die Fähigkeit, das Unternehmen als Teil einer vernetzten Welt zu sehen.

Dann erst stellt globales Denken und Handeln eine Einheit dar, die sich nicht ausschließlich an der Konkurrenz im globalen Markt orientiert, sondern eine Evolution zugunsten des gesamten Lebens auf diesem Globus unterstützt. Und auch dann erst ist das Management in der Lage, die notwendigen Rückkopplungen von Unwägbarkeiten der globalen Entwicklung und scheinbar chaotischen Sprüngen des globalen gesellschaftlichen Wandels für sein Unternehmen vorzunehmen und kreativ-erfolgreich umzusetzen.

Daniel Goeudevert
Mitglied des Direktoriums des Club of Rome
April 1992

VORWORT

VON JAMES OGILVY

Die Evolutionstheorie hat sich nicht nur ihren Platz in der Geistesgeschichte erobert, indem sie unsere Auffassung vom Platz des Menschen in der Natur revolutioniert hat, sondern sie dominiert heute auch unser Denken über viel mehr als nur den Ursprung der Arten und die Herkunft des Menschen. Heute stehen wir am Anfang der Erkenntnis, daß das Konzept von der Evolution nicht nur auf die lange Geschichte der Arten, die von den Paläontologen entdeckt wurde, angewendet werden kann, sondern auch auf das Wachstum und die Entwicklung anderer komplexer Systeme, die von der Sprache bis zur Ökonomie reichen.

Wie die kopernikanische Revolution, die nicht nur unser Denken über den Himmel veränderte, sondern auch Auswirkungen auf der Erde hatte, so setzten die Ideen über die Entwicklung der biologischen Arten ganze Serien von Auswirkungen auf anderen Gebieten in Gang. Diese Auswirkungen können noch immer wahrgenommen werden, und ihr Widerhall ist noch spürbar. Die Evolutionstheorie treibt uns nicht nur aus einer fundamental statischen, ahistorischen Weltsicht, welche wir von Plato und Aristoteles geerbt haben, und schleudert die Menschheit mitten in die Zeit, sondern sie verändert auch unser Nachdenken über Veränderungen. An Stelle der hellenistischen, teleologischen Sicht der Dinge, die zu dem werden, was sie werden sollen, und an Stelle der mechanistischen Sichtweise Newtons von den Wirkungen, die notwendigerweise aus Ursachen folgen, führt uns die Evolutionstheorie dahin, in Begriffen einer komplexen Dynamik zu denken, die aus der zufälligen Veränderung und Selektion durch die Umwelt besteht. Weil sie uns weder die sublime Ewigkeit des christlichen Platonismus noch den präzisen Determinismus der Mechanik Newtons gestattet, unterwirft uns die Evolutionstheorie der Zeit und beläßt uns auf Dauer im Schatten des

Zufalls. Nichts geschieht, weil es so am besten ist. Auch ist nichts die vorhersehbare und kontrollierbare Wirkung einer Ursache. Vielmehr finden Vorgänge statt, weil sie zufällig durch ein Chaos widerstreitender Einflüsse, die gleichzeitig auf zahlreiche Register und Rhythmen wirken, aus einer Unzahl von Alternativen ausgewählt werden. Dieses unordentliche, aber letztlich funktionale, Bild der (Un-)Ordnung der Dinge sieht allmählich doch sehr wie die Welt der Unternehmen und wie der Weltmarkt aus.

Führungskräfte standen zu Recht vielen akademischen Herangehensweisen an die pragmatische Komplexität des Marktes skeptisch gegenüber. Soweit Akademiker mit ihren Blockklemmen und eleganten Modellen und Theorien darüber ankommen, wie denn die Dinge funktionieren sollten, lautet die Reaktion in der Regel etwa so: "Theoretisch mag das so sein, aber in der Praxis ...". Und wenn die Akademiker in ihre Theorie Umstände und Bedingungen einarbeiten, welche die Ausnahmen berücksichtigen sollen, die in der Praxis vorliegen, dann kann ihre ursprünglich möglicherweise zu stark vereinfachte Theorie so komplex werden, daß sie ihren Nutzen verliert.

Die zeitgenössische Evolutionstheorie kehrt aber das ganze Verhältnis zwischen Unternehmen und der akademischen Welt um. Die Theorie selbst ist unglaublich einfach, und je häufiger man sie anwendet, desto größer wird der Bereich der Komplexität, für den sie gilt. Statt auf der Grundlage eines beherrschenden Gesetzes und der Beschreibung eines früheren Zustandes Voraussagen über einen bestimmten Zustand zu machen, erklärt die Evolutionstheorie die Dinge, ohne eine Voraussage über ein starres, einzig mögliches Ergebnis zu machen. Sie erkennt das Chaos, die Unordnung sowie die Zufälligkeit an und sagt dann Folgendes aus: Was auch immer sich aus der Unordnung entwickelt - und sich weiterhin daraus entwickeln wird - entsteht, weil es sich gemeinsam mit anderen Teilen der Unordnung entwickeln konnte. Die Evolutionstheorie ist eine Art des Denkens - nicht so sehr ein Denken in linearen Sequenzen deterministischer Ursachen und Wirkungen, sondern in systematischen

Beziehungen, welche die Dinge mit ihrer jeweiligen Umwelt in Beziehung setzen. Sie ist ihrer Natur nach eher holistisch und relational als linear und mechanistisch.

Das evolutionäre Denken betrachtet die Dinge immer im Zusammenhang: eine Spezies, die sich an eine ökologische Nische anpaßt, ein neues Produkt, das die Antwort auf ein unerfülltes Bedürfnis ist. Die Perspektive der Evolutionstheorie ist einerseits immer und unvermeidlich temporal und dynamisch, andererseits holistisch und auf die Umwelt bezogen. Weil es diese Rundumsicht auf die Umwelt erzwingt, weitet das evolutionäre Denken jede Perspektive, die in der linearen Tunnelsicht einfacher Ursachen und Wirkungen gefangen ist. Aus diesem Grunde ist das evolutionäre Denken für die Entscheidungsträger und Führungskräfte nützlich, die um die Notwendigkeit der Rundumsicht wissen.

Wenn man sich einmal an die evolutionäre Betrachtungsweise gewöhnt hat, so ist es ganz erstaunlich, wie offenbarend und fruchtbar diese Perspektive in der Unternehmenswelt und in der Politik sein kann. Heute haben wir uns weit über die Unreife des Sozialdarwinismus und des Überlebens des Tüchtigsten von Herbert Spencer hinaus entwickelt. Die zeitgenössische Evolutionstheorie hat den Überlebenswert der Kooperation zwischen sich miteinander entwickelnden Arten in symbiotischen Beziehungen erkannt. Wenn die Evolutionstheorie darüber hinaus auf intelligente Organismen angewandt wird, die Aufzeichnungssysteme wie zum Beispiel die Kultur entwickelt haben, wird deutlich, daß erworbene Merkmale - Sitten und Gebräuche - vererbt werden können. Dann beginnt das auf menschliche Systeme angewandte evolutionäre Denken eher wie sozialer Lamarckismus auszusehen denn wie das alte Schreckgespenst des Sozialdarwinismus.

Die Verfasser dieses Buches sind hervorragend qualifiziert, Licht auf die Interpretation und Anwendung der neuesten Entwicklung der Evolutionstheorie zu werfen. Ervin Laszlo hat zahlreiche Schriften über die Systemtheorie verfaßt und ist der Begründer der weithin bekannten allgemeinen Evolutionstheorie. Außerdem hat er sich während der Jahre seiner Tätigkeit als Forschungsdirektor der UNITAR und jetzt als wissenschaftlicher Leiter der Wiener Akademie in das Weltgeschehen vertieft. Prinz Alfred von Liechtenstein, im Jahre 1990 Träger des Albert-Schweitzer-Preises für humanitäre Verdienste, ist der Gründer und Präsident der Wiener Akademie und eine führende Persönlichkeit in einer Stadt, die sich anschickt, ihre Rolle als Zentrum des europäischen Denkens und der europäischen Kultur wieder zu übernehmen. Christopher Laszlo ist ein erfolgreicher, junger Praktiker, der das evolutionäre Denken in seiner Position als Manager für strategische Planung bei Lafarge-Coppée einsetzt, einem "Fortune 500"-Unternehmen aus Frankreich.

Ihr Buch erscheint zu einem entscheidenden Zeitpunkt. Sein Gegenstand spricht das Bedürfnis unserer Zeit an.

James Ogilvy
Präsident des Global Business Network

VORWORT

DER VERFASSER

In gewöhnlichen Zeiten und unter gewöhnlichen Umständen denken die Menschen lokal, und sie handeln lokal. Wir leben heute aber in einer außergewöhnlichen Zeit, und die Menschen werden ermahnt, global zu denken, auch wenn sie lokal handeln. Dieses Denken ist für solche Menschen richtig, deren Handlungsraum tatsächlich lokal ist. Natürlich denkt die Menschheit überwiegend noch immer lokal, auch wenn die Appelle anders lauten. Dieser Tatbestand ist für die private einzelne Person nicht (oder noch nicht) dramatisch. Für Führungskräfte könnte eine solche Einstellung aber tragische Auswirkungen haben. Die Handlungsfelder heutiger Unternehmer ist nicht mehr ausschließlich oder auch nur überwiegend lokal. Die Welt der modernen Unternehmen ist global: Großunternehmen besitzen globale Reichweite, und grundsätzliche Unternehmensentscheidungen haben globale Auswirkungen.

Globales Handeln meint nicht unbedingt, daß ein Unternehmer weltweit agiert. Es heißt auch nicht, daß er an allen Orten und in allen Situationen gleich handelt. Globales Handeln heißt, daß Handlungen, so sehr sie auch an lokale Bedingungen angepaßt sein mögen, Teil eines globalen Netzes aus Aktion und Reaktion, Information und Antwort sind. Offensichtlich sind auch Privatpersonen in ein globales Netz eingebunden, denn jede Handlung eines Menschen beeinflußt einen anderen, sie ändert irgendwo eine Sachlage, und dieser weitere Jemand und dieses Irgendwo haben dann ihrerseits Auswirkungen auf weitere Menschen und andere Orte.

Manager in Unternehmerfunktion sind jedoch dichter als jeder andere in ein globales Netz von Ursache und Wirkung gewebt. Möglicherweise glauben sie, lokal zu handeln, und vordergründig mögen sie es auch tun. Sie mögen darauf auch stolz sein. Aber ihre scheinbar lokalen

Handlungen strahlen Wirkungen bis in die entferntesten Ecken der Welt aus, so wie ein Sender Radiowellen ausstrahlt. Erfolgreiche Manager sind sich dessen bewußt, daß ihr Handeln in einem weltweiten Kontext steht. Das Konzept "global denken, lokal handeln" gilt für Führungskräfte solcher Unternehmen nicht mehr. Auch wenn die Manager nicht überzeugt sind, müssen sie ihre Denkansätze an die bestehenden Handlungsrahmen anpassen. Geschäftsleute müssen die effektiven Rahmen ihres Denkens auf ihren effektiven Handlungsrahmen abstimmen. Sie handeln global, ob sie es wissen oder nicht. Aus diesem Grunde sollten sie auch global denken.

Globales Denken ist weder undifferenziertes noch ein unscharfes Denken. Global zu denken heißt vielmehr, in der Erkenntnis des Kontextes und des Hintergrundes sowie der globalen Auswirkung der lokalen Wirklichkeit zu reflektieren. Es gibt Konzepte für diese Art des Denkens, und sie sind beherrschbar. Es handelt sich um Konzepte evolutionärer Systeme, die aus den neuen Wissenschaften von der Komplexität und dem Chaos sowie der irreversiblen Veränderung abgeleitet sind. Dieses Buch wurde geschrieben, um sie darzulegen und ihre praktische Relevanz aufzuzeigen. In einer Zeit globaler Veränderungen bieten sie eine einzigartige Einsicht in die Vorgänge und in ihre praktische Relevanz.

Evolutionäre Konzepte sind praktisch, und sie entsprechen darüber hinaus dem gesunden Sachverstand. Moderne Unternehmen sind eng und unentwirrbar mit den modernen Gesellschaften verwoben, und die moderne Gesellschaft ist mit der lokalen und globalen Umwelt vernetzt. Die Zeithorizonte der modernen Gesellschaften schaffen innere Zusammenhänge. Das heißt, daß das Geschäft des Unternehmertums, selbst wenn es hauptsächlich Geschäft bleibt, auch das Gemeinwohl ist. Wenn die Unternehmer global denken, fördern sie die fundamentalen Interessen ihrer Unternehmen, und gleichzeitig entwickeln sie die fundamentalen Interessen ihrer Gesellschaften und der Umwelt.

Wir leben in einem globalen Zeitalter, und diejenigen Menschen, welche die Fähigkeit und Macht zum globalen Handeln haben, haben auch die Verantwortung, im gemeinsamen menschlichen, sozialen und ökologischen Interesse zu handeln. Entweder schließt sich die Geschäftswelt der Sache der Gesellschaft und der Umwelt an, oder es wird bald keine lebensfähige Gesellschaft und Umwelt mehr geben - und damit auch keine lebensfähigen Unternehmen. Diese Einsicht wird von einer wachsenden Anzahl denkender Menschen geteilt, sowohl innerhalb als auch außerhalb der Geschäftswelt. Wir hoffen, dies auf den folgenden Seiten nicht nur zu verdeutlichen, sondern auch Handlungsmöglichkeiten dafür aufzuzeigen.

Die Autoren möchten den Mitgliedern der Wiener Akademie und den Teilnehmern des Seminars "Evolutionäres Management", das im Rahmenprogramm der Akademie gegeben wurde, ihren Dank und ihre Anerkennung aussprechen für die vielen interessanten und wertvollen Anregungen und Vorschläge, die die endgültige Präsentation dieses Buches bereichert haben.

Sie möchten Herrn Michael Sedivy von "DER STANDARD" für die Initiative danken, dieses Buch Managern und der breiten Öffentlichkeit in Österreich vorzustellen, und für die Gestaltung der besonderen Ausgabe von "DER STANDARD". Besonderer Dank gilt Herrn Claus-Peter Leonhardt, dem Herausgeber im PAIDIA-Verlag, für seinen Beitrag, den Text für die Publikation vorzubereiten, das Material zu strukturieren und den Grafiken den letzten Schliff zu geben. Seine Hilfsbereitschaft und seine Kompetenz waren wichtige Faktoren für die Gewährleistung jedweden Erfolges, den dieses Buch in den kommenden Monaten und Jahren haben kann.

Ervin Laszlo,
unter Mitarbeit von Christopher Laszlo
und Prinz Alfred von Liechtenstein
Toskana, Dallas und Wien Frühling 1992

Erster Teil
Globales Denken

1

DIE MOTOREN DER GLOBALISIERUNG

DAS GLOBALE UNTERNEHMEN

Seit dem Ende des zweiten Weltkrieges reiten Wirtschaftsunternehmen auf einer weltweiten Welle wirtschaftlichen Wachstums. Die Konvergenz von Produktion, Handel, Technologien der Steuerung und Information sowie der sich verändernden politischen Landschaft bot Unternehmen die Chance und die Mittel, weltumspannend tätig zu werden. Auf der Suche nach Gewinnen und Wettbewerbsvorteilen dehnten Firmen sich erst national, dann multinational und schließlich global aus.

Unmittelbar nach dem Kriege waren amerikanische Firmen, wie zum Beispiel die "großen Drei" der Automobilindustrie, die Pioniere der Verlagerung von der nationalen auf die internationale Ebene. Die Motivation bestand im Streben nach Gewinn, und die Triebkraft waren die niedrigen Lohnkosten in Übersee. Im Zuge dieser Veränderung transferierten die Unternehmen Know-how und Technologien in einem beachtlichen Umfang an die Gastgeberländer. In Europa, Asien sowie Lateinamerika entstanden konkurrierende einheimische Industrien. Es dauerte nicht lange, bis einige der überseeischen Firmen, besonders in Japan, ihre Gegenüber in USA in ihrer Wettbewerbsfähigkeit, Rentabilität und ihren Marktanteilen einholten und sogar übertrafen. Während amerikanische Firmen noch immer nach billigen Arbeitskräften im Ausland suchten, investierten die Japaner in globale Marktanteile, wobei sie niedrige Diskontsätze zum Aufbau von Niedrigpreispositionen benutzten, die auf Größenvorteilen basierten. In der Automobilindustrie führte die Verdoppelung der Gesamtproduktion bei der Herstellung von

Verbrennungsmotoren zum Beispiel zu einer Reduzierung von etwa 20 Prozent der direkten Stückkosten. Darüber hinaus erbrachte die Massenproduktion sowohl Qualitäts- als auch Preisvorteile. Durch ihre Expansion in immer mehr verwandte Branchen wurden japanische Produzenten wie Honda, Nissan und Toyota zu Branchenführern.

Mit großem Kapitaleinsatz kämpften die amerikanischen Firmen mit der neuen asiatischen Konkurrenz tapfer um den Aufbau immer größerer Unternehmungen: die größten Fabriken, die größten Serien, die intensivsten Werbekampagnen, das meiste Verkaufspersonal. Industrieanalytiker haben seitdem folgendes erkannt: Als die amerikanischen Unternehmen gerade dazu übergingen, Größenvorteile, Erfahrung und Technologie auszunutzen, wandten sich die japanischen Unternehmen schon wieder anderen Strategien zu, nämlich flexiblen Fertigungssystemen, der vollen Reaktionsbereitschaft auf Kundenbedürfnisse (total customer responsiveness, TCR), der totalen Qualitätskontrolle (total quality control, TQC), der ständigen Differenzierung, der Automatisierung und anderen Innovationen, mit deren Hilfe sie die Bedürfnisse des Kunden mit minimalen Verzögerungen und zu den niedrigsten Kosten erfüllen konnten. Weil sie gelernt haben, mit der Vielfalt umzugehen - mit größeren Kundenkreisen und größerer geographischer Ausdehnung, mit mehr eingeführten Produkten, einer breiteren Produktpalette und mehr Fertigungsprozessen für eine gegebene Menge von Ressourcen -, haben japanische Firmen ganze Industriesektoren auf dem Weg der Globalisierung vorangebracht.

Natürlich konnte nicht jede Industrie, ob in Amerika oder Japan, den vollen Nutzen der Internationalisierung genießen. Einige Industrien sind wegen der Struktur ihres Services, wegen Größennachteilen oder kostenintensiven geographischen Unterschieden in den Produktpaletten von ihrer Anlage her lokal gebunden. Die meisten Industrien vermochten aber auf irgendeiner Ebene ihrer Tätigkeit Nutzen aus der Internationalisierung zu ziehen - zum Beispiel in Forschung und Entwicklung, bei der Beschaffung von Rohstoffen oder den Gemeinkosten. Und die Internationalisierung hat gewisse Risikobereiche wie zum Beispiel Ertragsschwankungen auf bestimmten Märkten verkleinert.

Es waren die weltweiten Informationsströme, die, wenn auch nur indirekt, eine weitere wichtige Triebkraft der Globalisierung wurden. Weil sich Informationen schnell von Unternehmen zu Unternehmen übertragen können, wurde es schwieriger, Wettbewerbsvorteile durch die Vermarktung von Erfindungen zu erringen. Anfang dieses Jahrhunderts führten Forschung und Entwicklung neuer Produkte zu gewinnträchtigen Führungspositionen, welche zunächst durch Patente und später durch berühmte Markennamen bewahrt werden konnten - Ford und Mercedes Benz sind gute Beispiele.

Als die Wissensbasis der Innovation aber global und fast gleichzeitig von jedem Ort zugänglich wurde, führten Nachahmungen und -bauten schnell zur Verringerung der Gewinne aus neuen Projekten. Die französischen Hersteller von Fernsehgeräten waren bei der Entwicklung von Spitzengeräten mit Wahltasten und Fernbedienung führend und brachten diese Funktionen lange vor ihren japanischen Konkurrenten auf den Markt. Da die Japaner aber in der Lage waren, diese Technologie zu übernehmen und in sehr kurzer Zeit bessere Geräte herzustellen, blieb der Erfolg und Gewinn für die französischen Hersteller gering. Mitte der 80er Jahre war der größte französische Fernsehhersteller in ernsten Schwierigkeiten und zog den Verkauf des Unternehmens an einen der japanischen Elektronikgiganten in Betracht.

Infolge des kürzer gewordenen Zyklus von Erfindung, Nachahmung und Gewinnausfall schrecken viele Firmen vor riskanten, vorgelagerten Quellen von Wettbewerbsvorteilen zurück und wenden sich neuen Formen des Wachstums zu. Das wirkte wiederum als eine Triebkraft der Globalisierung. Auf der einen Seite wandten sich Unternehmen den nachgelagerten Sektoren wie den Konsumenten- und Dienstleistungsbereichen zu, auf der anderen Seite expandierten sie durch Zusammenschlüsse und Aufkäufe horizontal. Die Deregulierung, besonders die Lockerung der Antitrust-Gesetze unter der Reagan-Regierung, der Abbau von Handelsschranken auf dem einheitlichen europäischen Markt sowie der Abbau von Unterschieden in der Besteuerung in verschiedenen Staaten waren weitere Motoren für die wachsende Größe und die Expansion von Konzernen.

Die Entstehung multinationaler Konzerne stellte eine Phase der Wachstumswelle der Wirtschaft dar. Die nächste Phase bestand im Auftauchen transnationaler, das heißt wirklich globaler, Konzerne. Die multinationalen Riesen der 60er Jahre behandelten ihre Auslandsniederlassungen wie entfernte Anhängsel für die Produktion von Waren, die in ihrem Heimatland geplant und konstruiert, verkauft und gewartet wurden. Die Hierarchie eines Multis war eindeutig mit der Nationalität verbunden. Aber Ende der 80er Jahre hatte kein Staat mehr ein Monopol auf Technologie, Kapital, Talent und Innovation. Im dauernden Streben nach Gewinn und Wachstum wandelten sich international operierende Firmen zu transnationalen Unternehmen. Diejenigen unter ihnen, welche am weitesten entwickelt waren, erreichten Durchbrüche in den Labors eines Landes, verkauften Aktien an Investoren eines anderen und brachten Bürger eines dritten Staates auf den schnellen Weg zur Spitze. Nicht nur Verkaufs- und Produktionseinrichtungen, sondern auch die Hauptverwaltungen der Konzerne wurden dezentralisiert. Ende der 70er Jahre war NCR eine der ersten Firmen, welche die Verantwortlichkeiten für ihre weltweit angesiedelten Unternehmensbereiche vom Stammsitz in den USA nach Deutschland verlagerten. In den 80er Jahren ergriff aber eine Reihe anderer amerikanischer Firmen ähnliche Maßnahmen, einschließlich Hewlett-Packard und Procter & Gamble. Die europäischen Unternehmen Nestlé, ABB, Philips, Ericson sowie die japanischen Firmen Sony und Nissan dezentralisierten ihre Hauptverwaltungen etwa zur gleichen Zeit. Als IBM, der Branchenführer, dessen Zentrale sich traditionell in den USA befindet, das Hauptquartier eines seiner wichtigsten Unternehmenszweige nach Großbritannien verlegte, schienen die verbliebenen Reste der nationalen Machtbasen innerhalb der bedeutendsten Konzerne zum Untergang verurteilt.

Die Welle der Übernahmen und Fusionen in den 80er Jahren und die Entwicklung verschiedener innovativer Formen strategischer Allianzen zu Anfang der 90er Jahre verwandelte manchen "Nischen-Spieler" erst in einen nationalen und dann in einen globalen Spieler. Als global operierende Spieler lernten sie, sich bei ihrer Entscheidung darüber, wohin Produktion und Kapital verlagert werden sollten, auf Kapitalflußberechnungen statt auf nationale Loyalität zu verlassen. Anders als die Multis, die in verschiedenen Staaten Lehensgüter unterhielten, die Dividenden an die nationalen Hauptverwaltungen zahlten, orchestrieren die dezentralisierten globalen Spieler die Bemühungen der nationalen Tochterunternehmen unter Berücksichtigung des Weltmarktes.

In Branchen wie der Biotechnologie, der Herstellung von Flugzeugtriebwerken und verschiedenen Finanzdienstleistungen favorisierte das beschleunigte Innovationstempo von Produkten die globalen Spieler mit weltweitem Zugang zu Ideen, Technologien und Kapital. Der Marktanteil der Produkte, die weniger als fünf Jahre alt sind, wuchs von etwas über 40 Prozent vor zehn Jahren auf über 55 Prozent heute. Nur globale Spieler konnten sich Forschungs- und Entwicklungsetats leisten, die Durchbrüche ermöglichten - sie belaufen sich auf 10 Prozent des Umsatzes und mehr. Und nur sie konnten sich das Risiko leisten, neue Produkte erfolgreich einzuführen. Rolls-Royce, Pratt & Whitney, Mitsubishi Heavy Industries und Fiat Industries waren selbst globale Spieler, als sie Mitte der 80er Jahre ein Gemeinschaftsunternehmen, die International Aero Engines, für die Erforschung und Entwicklung einer neuen Generation schubstarker Triebwerke gründeten.

Diese Entwicklung erreicht inzwischen in verschiedenen Industriezweigen schon den Mittelstand. Unter dem Konkurrenzdruck der globalen Giganten der Branche vollzieht sich ein rasanter Wandel. Beispielsweise repräsentieren 50 globale Unternehmen der Lebensmittelbranche 75% des Großhandelsumsatzes Europas. Weitere 500 nationale Unternehmen stehen vor der Entscheidung, sich europaweit zu entwickeln, um langfristig zu überleben, oder unterzugehen: Sie stehen schon auf der

Einkaufsliste einiger Giganten wie *Nestlè*. Allein dieses Unternehmen hat 1986-1988 Firmen wie *Rowntree Mackintosh*, *Sooner Snacks*, *Tom's Food* und *Thomi & Franck* in Großbritannien, *Buitoni* und *King's* in Italien, *Bendict*, *Heimbs* und *Zoegas* in Deutschland, *Sanpareil* in Belgien und *Granja Castello* in Spanien übernommen. Um ein ähnliches Schicksal zu vermeiden, haben im August 1989 zahlreiche Firmen wie *Marchant* in Holland und in der Schweiz, *Socadip* in Frankreich, *ZEV* in Österreich, *Selex* in Spanien und Italien sowie *Linda-a-Velha* in Portugal ihre Vertriebsstruktur in einem gemeinsamen Unternehmen, der "European Marketing and Distribution", zusammengeführt. Diese Handelsorganisation, mit einem Umsatz von 82 Milliarden DM, gewährt seiner zunehmenden Zahl von mittelständischen Mitgliedern eine langfristige Konkurrenzfähigkeit in dem verschärften *Wettbewerbskampf* mit globalen Spielern im Europäischen Binnenmarkt. Diese Entwicklung verdeutlicht die Ausbildung transnationaler Strukturen in der mittelständischen Industrie: Inzwischen ist schon in diesem Bereich der Wechsel von der *nationalen* auf die *transnationale* Ebene zu finden.

Der Sprung auf die transnationale Ebene hat auch die Umsätze dezentralisiert. Im Jahre 1990 machten 36 Unternehmen mit jeweils mindestens 3 Milliarden Dollar Jahresumsatz 50 Prozent ihres Umsatzes oder mehr in anderen als ihren Heimatländern, und fünf dieser Firmen (Nestlé, Sandoz, Hoffmann-La Roche, SKF und Philips) erzielten mehr als 90 Prozent ihres Umsatzes im Ausland. Der im Ausland erzielte Umsatz hat sich bei den meisten multinationalen Spielern erhöht, auch wenn bei der Mehrheit von ihnen die nationalen Umsätze noch über der 50-Prozentmarke bleiben.

Die Globalisierung der Fertigungsfirmen entwickelte sich parallel zur Globalisierung der Handels- und Dienstleistungsunternehmen. In fast allen Sektoren steigen die direkten Investitionen über Staatsgrenzen hinweg schnell an. Angetrieben durch die Globalisierung der führenden Unternehmen, die Umstrukturierung durch Konkurrenz auf verschiedenen Gebieten, den sich daraus ergebenden Steuer- und Lohnkostenvorteilen sowie dem Bedürfnis, protektionistischen Sanktionen aus dem Wege zu gehen, ist der zwischenstaatliche Kapitalfluß um mehr als 30 Prozent pro Jahr gewachsen und hat im Jahre 1990 über 200 Milliarden Dollar pro Unternehmen erreicht.

Die Globalisierung der Wirtschaft hat die wirtschaftliche Souveränität der Nationalstaaten untergraben. Die nationalen Regierungen wissen nicht einmal, wie sie den globalen Spielern gegenübertreten sollen, ganz zu schweigen davon, wie sie zu reglementieren wären. Es ist unklar, welche nationalen Verpflichtungen für ein globales Unternehmen gelten, oder welche Nation die Technologie kontrolliert, die sie entwickelt hat. Es ist auch unklar, wie seine Unternehmenstätigkeit in das Bruttosozialprodukt einzurechnen ist. Wenn eine amerikanische Firma beispielsweise Fernseher in Japan herstellt und in den USA verkauft, soll ihr Umsatz dann ebenso als Handelsdefizit gerechnet werden wie bei den Erzeugnissen, die in Japan von japanischen Firmen hergestellt werden?

Während die Unternehmen in zahlreichen Staaten an Größe und Erfahrung zunahmen, lernten sie, das jeweilige nationale Wirtschaftsklima zu formen. Das gilt insbesondere in Staaten, in denen sie den nationalen Markt ausgedrückt als Marktanteil beherrschen. In den USA kontrollieren oft nur vier oder fünf Firmen 80 Prozent eines Marktsektors, in Japan werden diese 80 Prozent oft von weniger als vier Firmen erreicht. Und in Europa, wo jeder Staat seine Branchenführer im Laufe der Geschichte geschützt hat, führt das Programm für den Abbau der Binnengrenzen der Gemeinschaft schnell zu einer Konzentration der Konkurrenten.

Dies geschieht zum größten Teil durch Zermürbung, obwohl Fusionen und Übernahmen sich auch auf dem europäischen Kontinent wachsender Beliebtheit erfreuen. Sogar die mächtigsten Regierungen müssen den überlebenden globalen Spielern den Hof machen, damit sichergestellt ist, daß ein Teil der schätzungsweise 150 Milliarden Dollar, die sie jährlich über Staatsgrenzen hinweg investieren, in die heimische Wirtschaft fließt.

Der von globalen Unternehmen erworbene Reichtum repräsentiert in der modernen Welt eine beispiellose Quelle wirtschaftlicher Macht. Die Konzentration des Reichtums, die ihren Ursprung in der Nachkriegszeit hat, erfuhr in den 80er Jahren eine gewaltige Beschleunigung. Im Jahre 1976 betrug das Einkommen der 200 größten Fertigungsbetriebe der Welt etwa ein Sechstel des Welt-Bruttoinlandsproduktes. Im Jahre 1988 war der gleiche Anteil am Welt-BIP auf die 100 größten Unternehmen konzentriert. Die "Fortune Top 5" (General Motors, Ford, Exxon, Royal Dutch/Shell und IBM) hielten über 3 Prozent des BIP der 120 Mitgliedsstaaten der Weltbank; das entspricht einem Gesamteinkommen von 431 Milliarden Dollar bei einem Welt-BIP von etwa 14 Billionen Dollar.

Natürlich drückt die als Umsatz ausgewiesene Größe nicht die ganze Wahrheit aus. Macht im Sinne eines Wettbewerbsvorteiles fällt oft kleineren, beweglicheren Spielern zu. Dieses gilt sogar für die Grundstoffindustrie, in der Größenvorteile am deutlichsten erkennbar sind. In der Stahlindustrie haben zum Beispiel Miniwerke wie Nucor und Chaparral traditionsreiche Werke wie USX und LTV weit hinter sich gelassen. Die Forderungen nach Flexibilität und Eingehen auf Kundenwünsche haben auf breiter Basis sogar zu einer Desintegration geführt, indem Unternehmensbereiche zu Subunternehmern verlagert wurden. Im Sinne der Wertschöpfung könnten die weltweit führenden Industrie- und Dienstleistungsunternehmen im Schnitt sogar an Macht verlieren.

Aber die Wertschöpfung stellt auch nicht das vollständige Bild der wirtschaftlichen Macht dar. Eine machtvolle neue Form taucht auf. Es ist die Reintegration über Datenaustausch und Partnerschaften von Lieferanten und Händlern, die an die Stelle des Eigentums an Vermögen tritt. In den USA sind Campbell Soup, Frito-Lay und PPG die Pioniere von solchen Verbindungen zwischen Händlern, Kunden und anderen Zulieferern, die auf die jeweiligen Bedürfnisse zugeschnitten sind. Rohr Industries hat Projekte für Forschungs- und Entwicklungsteams mit dem Flugtriebwerk-Hersteller GE, dem Flugzellen-Hersteller Boeing und der auftraggebundenen Fluglinie als dem Endkunden ins Leben gerufen. So werden Netze geschaffen, in denen das Management eine viel größere Macht ausübt, als durch die Kapitalbasis ihrer Unternehmen ausgedrückt wird.

Der Umsatz bleibt aber als Indikator interessant, weil er der einzige klare Maßstab für den Vergleich mit der Macht der Nationen ist. In diesem Lichte betrachtet, überflügeln Großfirmen ganze Volkswirtschaften. 1988 entsprach das Einkommen der 17 größten industriellen Fertigungsunternehmen mit etwa 922 Milliarden Dollar dem Einkommen der ärmsten 50 Staaten der Welt, in denen 65 Prozent der Weltbevölkerung leben. Das kombinierte Einkommen der drei größten Fertigungsunternehmen (GM, Ford und Exxon) war höher als das Bruttoinlandsprodukt Brasiliens. Und während die brasilianische Wirtschaft hoch verschuldet war, was zu einem Kapitalflußdefizit führte, erzielten die drei Unternehmen Nettojahresgewinne von über 15 Milliarden Dollar.

Globale Unternehmen, deren Fabriken, Kundendienstabteilungen oder Verkaufs- und Marketingorganisationen sich in mehreren Dutzend Ländern befinden, beeinflussen die Abwicklung von Geschäften in der ganzen Welt. Auf Regierungsebene verlangen Entscheidungen, die mehrere Staaten betreffen, komplexe Verhandlungen, die oft schwer durchzusetzen sind. In der Geschäftswelt dagegen schaffen Unternehmen effektive überstaatliche Normen und Kulturen der Verantwortung für die Umwelt, die ein direktes Ergebnis der Unternehmenspolitik sind. Obwohl Unternehmen nur Zehntausende oder in wenigen Fällen auch Hunderttausende Arbeitskräfte umfassen, wohingegen die Regierungen in Anspruch nehmen, die Millionen Menschen ihrer Völker zu vertreten, kontrollieren die Unternehmen oft entscheidende Sektoren der Weltwirtschaft mit sehr viel größeren strategischen Wirkungen auf Natur und Gesellschaft als die öffentlichen Institutionen.

DER GLOBALE INFORMATIONSFLUSS

Dank der Globalisierung der führenden Unternehmen und der Schaffung der Weltmärkte ist die Welt der Unternehmen in das globale Zeitalter eingetreten. Globale Unternehmen können jedoch nicht auf altmodischen Standards wie Gold, Geld, Materie und materiellem Reichtum beruhen. Es mußte eine weit flexiblere und immaterielle Basis geschaffen werden. Die Grundsätze dieser neuen Operationsbasis besteht aus Ideen, Know-how und Kommunikation, mit anderen Worten aus Information. Im Laufe des letzten Jahrzehnts ist die Wirtschaft auch in das Zeitalter der Information eingetreten.

Die Industriegesellschaft verließ sich auf einen scheinbar unbegrenzten Vorrat an Rohstoffen und an Energie. Ihr Ziel war die Herstellung von Massenprodukten für die Massenmärkte. Sie schuf Mechanismen für den Handel, die Werbung und den Transport, um die Entfernung zwischen Hersteller und Konsumenten zu überbrücken und immer größere Mengen von Massengütern auf immer umfänglichere Märkte zu bringen.

In den wirtschaftlich entwickelten Teilen verschwindet diese historische Entwicklungsform. Ihr Platz wird von einer postindustriellen Gesellschaft eingenommen, die nicht die Quantität sondern die Qualität optimiert. Die in diesen Gesellschaften produzierten Güter zeichnen sich dadurch aus, daß sie einen steigenden Informationsgehalt bei sinkenden Energie- und Materialanteilen enthalten.

Die Industriegesellschaft war so organisiert, daß die Stückkosten durch die Massenproduktion vermindert wurden. Diese Produktionsform bedeutete Starre und Einförmigkeit im Fertigungsprozeß. Macht und Reichtum waren mit der Akkumulation des Kapitals verbunden, der Schaffung von Monopolen, der Kontrolle der Energie- und Rohstoffreserven und der Beherrschung der Massenmärkte. Die postindustrielle Gesellschaft konzentriert sich nicht mehr allein auf quantitatives Wachstum, sondern wendet sich der Umwandlung der Informationen zu. Sie folgt der Einsicht, die Lebensqualität zu verbessern. Die Produzenten erreichen eine breite Vielfalt von Konsumenten durch flexible, kundenorientierte Fertigungsmethoden.

Innovative Netze verbinden die Produzenten und die Konsumenten auf immer mehr Gebieten und verwischen so den Unterschied zwischen Fertigung und Dienstleistungen. Während die Industriegesellschaft durch das Privateigentum an Kapital, den freien Wettbewerb und die Profitmaximierung gekennzeichnet war, verkörpert die Informationsgesellschaft auch Prinzipien des sozialen Nutzens und der ökologischen Synergie. Diese Entwicklungen ziehen eine Betonung der Kreativität und Flexibilität nach sich, die im Gegensatz zu dem starren Professionalismus steht, der im industriellen Zeitalter vorherrschte.

Der japanische Zukunftsforscher Yonedi Masuda unterstreicht, daß die postindustrielle Gesellschaft horizontal-funktional und nicht vertikal-doktrinär ist. Der neue Markt wird zur Front des Wissens. Der Zeit-Wert für jeden Menschen wird anstelle des Preismechanismus zum Tauschmittel.

Es ist kein Zufall, daß sich die modernen Gesellschaftsordnungen vom Industrie- zum Informationszeitalter bewegen: Der Übergang folgt aus der Art, wie sie ihre Information verarbeiten. In der Vergangenheit wurden Gesellschaftsordnungen hauptsächlich durch Information geformt, die in menschlichen Gehirnen verarbeitet war. Die Information materialisierte sich in der Erziehung der Kinder, der Gründung von Unternehmen, der Einrichtung lokaler oder nationaler Regierungen, der Organisierung von Kirchen oder Armeen und der Gründung von Schulen oder Theatern. Im Laufe des 20. Jahrhunderts wurde aber die in menschlichen Gehirnen verarbeitete Information mehr und mehr durch Information ersetzt, die in technischen Systemen verarbeitet wurde. *Im letzten Jahrzehnt dieses Jahrhunderts entwickeln sich menschliche Gesellschaftsordnungen über bloß soziale Systeme hinaus: Sie wandeln sich zu sozio-technologischen Systemen.*

Der Prozeß der "Informatisierung" der Gesellschaft hat im frühen Altertum begonnen, aber er hat sich in der Moderne stark beschleunigt. Die Erfindungen des Zahlensystems und des Alphabetes sowie des Geldes erfolgten parallel und waren vielleicht die größten Innovationen in der Informationsverarbeitung. Obwohl es auch in der Antike einige mechanische Vorrichtungen gab, die die menschlichen Rechenfähigkeiten übertrafen - zum Beispiel den vor 3000 Jahren erfundenen Abakus, eine wunderbar einfache und nützliche Rechenmaschine, die in der UdSSR und im Orient bis heute benutzt wird - erschienen Maschinen, die diese Fähigkeiten durch die Ausführung von Berechnungen mit Hilfe eingebauter Programme wesentlich verbesserten, erst im 17. Jahrhundert.

Im Jahre 1642 erfand Blaise Pascal eine Addiermaschine, die man als den ersten Digitalrechner ansehen kann, und 1671 baute Gottfried Wilhelm Leibniz ein Instrument, welches durch wiederholte Addition multiplizierte. Im Jahre 1833 stellte Charles Babbage die Analytische Maschine her und schuf damit eine Grundlage für den Bau echter Rechenmaschinen.

Vor etwa einhundert Jahren kamen dann die Technologien der Informationsverarbeitung wirklich in Schwung. Am Ende des 19. Jahrhunderts gelang Hermann Hollerith die Automatisierung der Volkszählung in den USA, und Graham Bell erfand das Telefon. Etwa zur gleichen Zeit entwickelte Heinrich Hertz das Prinzip der drahtlosen Telegrafie und erbrachte Pionierleistungen bei der Entwicklung des Radios.

Konrad Zuse hat seine Z1-, Z2- und Z3-Computer in den 30er Jahren gebaut, und Eckert, Mauchly und Goldstein schufen 1946 den schwerfälligen, aber schon vollendeten ENIAC-Computer. 1952 wurde UNIVAC I, eine riesige Maschine mit 5.000 Wärme erzeugenden Vakuumröhren, die eine Fläche von etwa 220 Quadratmetern einnahm und etwa fünf Tonnen wog, dazu verwendet, den unerwarteten Wahlsieg Dwight Eisenhowers vorherzusagen. Im nationalen Fernsehen war die Maschine eine Sensation.

In den 40er Jahren ermöglichte die Erfindung der digitalen Datenverarbeitung in der Computerarchitektur durch den Mathematiker John von Neumann einen Quantensprung in der elektronischen Datenverarbeitung. Durch die Digitalisierung konnten Zahlen, Buchstaben, Wörter, Töne, Bilder und die Meßwerte mechanischer und elektrischer Instrumente schnell und genau in Folgen elektronischer Impulse umgewandelt werden. Anfang der 50er Jahre kamen digitale Computer für die Signalverarbeitung auf den Markt, da sie den Nutzen aus der gleichzeitigen Massenproduktion von Transistoren für Hörgeräte und Radios zogen. In den 60er Jahren drangen Computer auf das Gebiet der Produktion vor. Die CIM (Computer-Integrated Manufacturing: computerintegrierte Fertigung) beherrschte die neu gefundenen Fähigkeiten des Digitalrechners und integrierte die unterschiedlichen Elemente der Fertigung, so daß der gesamte Prozeß als ein einziges System betrieben werden konnte. Dank der einzigartigen Fähigkeiten des Computers konnte dieses System flexibel automatisiert und online in Echtzeit betrieben werden.

In den 70er Jahren machte die Entwicklung und Implementierung der vollen Fähigkeiten der CIM nur langsam Fortschritte, da die meisten Unternehmen die Computertechnik zur Automatisierung isolierter Elemente der Fertigung einsetzten. Sie schufen "Inseln der Automatisierung", wobei nur eine geringe Integration der Teile in einem sich adaptiv optimierenden Fertigungssystem vorhanden war. In den 80er Jahren hat sich die Situation allerdings geändert: Bedeutende Fertigungsunternehmen wurden sich des Wettbewerbsvorteiles bewußt, der in einer durchgängigen Automatisierung, Optimierung und Integration einer als Gesamtsystem begriffenen Fertigung liegt. Die fortschrittlichsten Industrien schlossen nicht nur die technologischen Elemente des Fertigungssystems ein - das Produktdesign, die Produktplanung und -kontrolle sowie die Automatisierung der Fabrik -, sondern auch Führungselemente wie strategische Planung, Finanzen, Personalwesen und Marketing. In der nächsten Zukunft wird die CIM es Firmen ermöglichen, mit der Hälfte der gegenwärtig benötigten Maschinen das Produktionsniveau in den Anlagen zu halten. Die direkten Lohnkosten können um bis zu 75 Prozent sinken, der Bestand an unfertigen Erzeugnissen könnte fast auf Null fallen, und die Vorlaufzeit für Lieferungen kann auf wenige Tage schrumpfen.

Programmierbare Maschinen können durch Laden eines anderen Programmes auf ein anderes Produkt umschalten. In der Folge wird die Wettbewerbsfähigkeit durch die Qualität der Software einer Firma und nicht die installierte Hardware bestimmt.

Das Neue der Informationstechnologien erschließt sich am besten im Gegensatz zu denjenigen, welche ihnen vorausgingen. Vor mehr als zweihundert Jahren begann die erste industrielle Revolution mit der Dampfmaschine, der Gewinnung von Eisen durch die Verwendung von Koks und der Tuchweberei. Sie wurde von Unternehmen angeführt, denen meistens ein Mann vorstand und die sich im Besitz einer Familie befanden. Bald breitete sich die Revolution aus und umfaßte die Herstellung und die Verwendung von Stahl, von Eisen und der Dampfmaschine für Eisenbahnen und Dampfschiffe auf weltumspannenden Handelswegen.

Mitte des 19. Jahrhunderts mußten größere und komplexere Organisationsstrukturen entwickelt werden, damit die Größenvorteile effektiv genutzt werden konnten, welche die neuen Technologien boten. Im Laufe des 20. Jahrhunderts verlangten die Elektrizität, der Verbrennungsmotor und der Einsatz von Mischungen chemischer Elemente zur Umsetzung der Ergebnisse aus Forschung und Entwicklung in rentable Unternehmungen mit diversifizierten Produktlinien noch weiter entwickelte Organisationsstrukturen.

In unserer Zeit erzwingen die Technologien von Information und Kommunikation einen weiteren Quantensprung in der Organisation der Wirtschaftsunternehmen und Nationalökonomien. Die Technologien erschließen solche Gebiete wie die Mikroelektronik, Laser, Robotik, Bio- und Gentechnik, künstliche Intelligenz, neue Werkstoffe, die Nutzung des Weltraumes, Abfallmanagement, Kommunikation und System-steuerung. Ihr gemeinsamer Nenner - und der wichtigste Unterschied zu den klassischen industriellen Technologien - ist die hochentwickelte Verarbeitung und Verwendung von Information. Diese Technologien verbinden neue Entwicklungen in den Wissenschaften mit der Produktion, dem Marketing sowie den Dienstleistungen, und sie treiben die Reorganisation der Strukturen und Verfahrensweisen der Unternehmen selbst an. Sie erfordern, daß Unternehmen von lokalen und nationalen Märkten auf den internationalen Markt wechseln.

Der Einsatz der neuen Technologien bietet wesentliche Vorteile. Die Unternehmen sind in einem großen Maße von geographischen Beschränkungen befreit. Heute kann jedes Reisfeld der Welt innerhalb weniger Monate in eine technologische Anlage auf dem neuesten Stand der Technik umgewandelt werden. Anlagen dieser Art sind nicht stark von lokal verfügbaren Rohstoffen, lokal verfügbarem Fachwissen und lokal verfügbaren Arbeitskräften abhängig. Und ihr Ertrag auf das investierte Kapital ist weit höher als der von Unternehmen, welche mit Gebrauchsgütern handeln, die eine niedrige Gewinnspanne bieten. Die Risiken, welchen diese Einrichtungen ausgesetzt sind, sind weit geringer, weil sie nicht den unberechenbaren Gebrauchsgütermärkten unterliegen.

Computer besetzen heute dank der Miniaturisierung, Massenproduktion und durch sinkende Kosten alle Phasen des Produktionsprozesses. Die Leistung der Großrechner der 70er Jahre wurde in den 80er Jahren auf die Workstations übertragen und an immer mehr Schreibtischen zur Verfügung gestellt. Die Einheiten wurden durch eine Reihe von Methoden und Techniken immer stärker vernetzt. Verteilte Rechnerumgebungen machen es möglich, daß der einzelne von seinem PC aus Netze und Spezialrechner erreicht. In den 90er Jahren wurden Tausende komplexer Operationen als Algorithmen in Rechner einprogrammiert und in der Künstlichen Intelligenz auch als hoch entwickelte Heuristik. Der Markt für Computer-Laptops, Desktops, Workstations, Minis, Superminis, Großrechner und Supercomputer hat mehr als 220 Milliarden US-Dollar erreicht.

Kognitive Prozesse werden zunehmend auf Computer übertragen. Die Speicherung und Verarbeitung von Informationen durch Computer schafft, zusammen mit den neuen Techniken der Telekommunikation, riesige Netze, in denen Informationen gesammelt, verarbeitet, gespeichert und übertragen werden, ohne menschliche Eingriffe in ihren Betrieb zu erfordern - oder auch nur zuzulassen. Derartige Systeme sind tief in die Strukturen moderner Gesellschaften verwoben und befinden sich auf ungezählten Wegen in Wechselwirkung mit ihnen. Da die Kontrolle in vielen Fällen fast vollständig an Computer übertragen ist, erhalten moderne Informationsverarbeitungssysteme in zunehmendem Maße eine Autonomie. Globale Fertigungsunternehmen und internationale Banken sowie Kreditinstitute haben ihre Finanzroutinen fast vollständig an Computerprogramme delegiert, die in weltweite Telekommunikationsnetze integriert sind. Quasi-autonome Informationsverarbeitungssysteme sind gründlich in Fertigung (CIM), Design und Konstruktion (CAD) und Bestandssteuerung (Just-In-Time-Systeme) integriert. Sie führen lebenswichtige Funktionen für das Militär (Frühwarn- und Aufklärungssysteme) und Lufttransport (automatische Stellwerke, Autopiloten und Instrumentenlandesystem) und in so komplexen Operationen wie der Steuerung der atomaren Kettenreaktion in Kernkraftwerken durch.

Die Systeme sind nahezu unverzichtbar geworden. Weder können sie durch menschliche Gehirne ersetzt werden (weltweit benötigt es allein fünfeinhalb Milliarden Menschen, in effektive Arbeitsteams eingeordnet, um die Arbeitsleistung von ca. vier Millionen Computern zu ersetzen, und allein in Deutschland wären sieben Millionen Menschen notwendig, um die Rechenleistung des automatischen Banksystems zu erbringen), noch können sie "abgeschaltet" werden, ohne daß dies zu dramatischen Folgen führt, die vom Börsenkrach bis zur Kernschmelze reichen. Informationsverarbeitung ist elementarer Bestandteil unserer Gesellschaftssysteme geworden.

Informationen sind auch zum wesentlichen Faktor bei der Kanalisierung der Kapitalströme geworden. Walter Wriston, der langjährige

Chef der Citicorp, hat darauf hingewiesen, daß der Informationsstandard den Goldstandard als Basis des internationalen Finanzwesens ersetzt hat. Die weltumspannende Kommunikation macht es möglich und stellt sicher, daß sich das Geld gesteuert durch die neueste Information (oder Fehlinformation) um die Welt bewegt.

"Moore's Gesetz" gilt noch: Die Anzahl der Komponenten auf einem Chip verdoppelt sich alle zwei Jahre. Das bewirkt unter anderem, daß die Größe der Systeme pro Leistungseinheit in den letzten Jahren um schätzungsweise 10 Prozent pro Jahr abgenommen hat und die Kosten ebenfalls um 10 Prozent gefallen sind. Da die Lernkurve keine Anzeichen einer Abflachung zeigt, werden voraussichtlich in den nächsten Jahren mehr und mehr Informationsverarbeitungssysteme online gehen und immer mehr Funktionen übernehmen, die bisher von menschlichen Gehirnen ausgeführt wurden.

Innerhalb der Gesellschaft entwickelt sich ein System der integrierten technologischen Informationsverarbeitungseinrichtungen und von Menschen mit komplexen Feedbackschleifen. Es speichert Information in einer Form, die viel dauerhafter und um mehrere Größenordnungen größer ist als jede Form der Informationsspeicherung, die in früheren Gesellschaftsordnungen eingesetzt wurde. Dieses - für die Menschen "exosomatische" - Informationssystem wird zum inneren, fast "somatischen" Nervensystem der zukünftigen globalen Gesellschaft, dessen Triebkraft das schon heute globalisierte Wirtschaftsunternehmen ist.

2

DIE GLOBALE WIRTSCHAFTLICHE UMWELT

Die Globalisierung der Gesellschaft und des Geschäftslebens gehen Hand in Hand. Diese Entwicklung hat hat sowohl objektive als auch subjektive Dimensionen. Wir fokussieren unsere Betrachtungen auf die Welt der Unternehmen. Objektiv schafft der Prozeß einen neuen Kontext für die Führung des Unternehmens, wohingegen er subjektiv ein Katalysator für das neue Denken darstellt, wie Unternehmen zu führen sind. Wenn man an der Spitze der globalen Welle bleiben will, so muß ihre subjektive Dimension ihre objektiven Aspekte getreulich widerspiegeln: Die Führungsmethoden und das Denken der Entscheidungsträger müssen sich synchron verändern. Dieser Vorgang ist nicht sicher, denn die subjektive Wahrnehmung hinkt den objektiven Bedingungen oft hinterher. In diesem Kapitel betrachten wir zunächst einige entscheidende Merkmale des neuen wirtschaftlichen Kontextes. Daran schließt sich die Darstellung typischer Merkmale des Denkens, welches zur Zeit in globalen Managementkreisen zum Vorschein kommt.

DER SICH WANDELNDE KONTEXT DES GESCHÄFTSLEBENS

Macht und Reichtum. Im Unterschied zu den letzten Jahrzehnten, in denen Patente und Markennamen wirksame Bastionen unternehmerischer Macht boten, läßt sich diese Macht in den neunziger Jahren nicht so leicht schützen. Sie ist nicht mehr das alleinige Reich der Topmanager oder der besten Unternehmen, sondern sie muß geteilt werden, und den eigenen Anteil muß man sich ständig verdienen. Reichtum besteht seinerseits nicht mehr allein aus Anlagegütern, sondern zunehmend im Zugang zu und der Kontrolle von Information, welche die Schaffung derjenigen Wertschöpfungsfähigkeiten ermöglichen, die für Spitzenprodukte und Top-Dienstleistungen erforderlich sind.

Produktion. Der Übergang von massenhaft produzierten zu auf den Kunden zugeschnittenen Gütern durch Technologien, welche auf der automatischen Informationsverarbeitung beruhen, erhöht die Verfügbarkeit von Produkten mit einem hohen Gehalt an Informationen und einem niedrigen Gehalt an Rohstoffen und Energie. Die Nachfrage nach solchen Gütern steigt weiterhin, denn sie haben gewöhnlich eine höhere Lebensdauer, erfordern niedrigere Unterhaltungskosten und sind leichter zu warten. Auch die Dienstleistungskomponente wird wichtig: Die Nutzung der Produkte beim Anwender oder Konsumenten schlägt sich schon in den Grundprinzipien ihrer Herstellung nieder.

Dienstleistungen. Der Dienstleistungssektor, welcher direkter als alle anderen auf Informationen basiert, ist noch immer im Wachsen begriffen. Was die Menschen mit den Produkten anfangen, ist heute eine entscheidende Überlegung schon in der Produktentwicklung und geht über die ursprüngliche Attraktivität und das kurzfristige Marktpotential der Produkte hinaus. Der Kundendienst wird zunehmend als Teil der Produktqualität kalkuliert und ist ein integraler Bestandteil der Gewährleistung des Herstellers. Die Menschen geben zunehmend der Qualität vor der Quantität den Vorzug und vertrauen eher der Information denn der Materie. Dienstleistungen, die auf die Stilisierung des Lebens zugeschnitten sind und eher die Lebensqualität verbessern als den materiellen Lebensstandard erhöhen, erhalten so eine immer größere Bedeutung.

Unternehmergeist. Die Zahl der Unternehmer steigt: Nicht nur neue Geschäftsmänner und Geschäftsfrauen betreten das Feld, auch zahlreiche frühere Angestellte werden Partner und Anteilseignerinnen. Hierarchische, von Eigentümer-Managern dominierte Unternehmen machen Platz für Systeme mit mehreren Unternehmern, da Ideen an vielen

Punkten der Organisation und auf vielen Ebenen gleichzeitig zu Aktionen reifen.

Die Umwelt. Die Probleme und Ziele des Umweltschutzes können nicht mehr getrennt von ihren wirtschaftlichen und sozialen Kosten sowie Auswirkungen betrachtet werden: Umweltfragen sind zu einem Teil des aktuellen sozioökonomischen Prozesses geworden. Die Verfügbarkeit von Rohstoffen und die Abfallbeseitigung sind integrale Bestandteile der Input- und Output-Beschränkungen von Unternehmen, und die Lösung dieser Fragen hat ihrerseits Auswirkungen auf die übrige Gesellschaft. Das Management arbeitet in einem zunehmend eng integrierten ökonomisch-ökologischen und sozialpolitischen Umfeld.

Forschung & Entwicklung. Bedingt durch den wachsenden Anteil von Information und Wissen an der Wirtschaft, durch die Betonung von Dienstleistungen und Brauchbarkeit sowie durch die Notwendigkeit der effizienten Nutzung der Energie und Rohstoffe wächst die Bedeutung der Forschung und Entwicklung immer weiter. Längere Planungshorizonte akzentuieren diesen Trend. Zum Beispiel ist es sinnvoll, Alternativen für fossile Kraftstoffe zu entwickeln, bevor die Erschöpfung der primären Ressourcen eine katastrophale Erhöhung der Energiepreise erzwingt. Weiterhin macht es Sinn, neue Werkstoff-, Abfallvermeidungs- und Recyclingtechnologien zu entwickeln, bevor wirtschaftliche, ökologische und soziale Krisen, die durch Rohstoffknappheit und Umweltzerstörung bedingt sind, wie Pilze aus dem Boden schießen.

Ideen und Werte. In einer Informationsgesellschaft wird die Orientierung der Nachfrage mehr durch Ideen und Wertsysteme geformt als durch rein wirtschaftliche Faktoren. Gleichzeitig verbreiten sich Ideen und Werte in einem turbulenten System schnell, und ihre Verbreitung ist ein entscheidender Faktor in der Gleichung des Unternehmenserfolges.

DER AUFSTIEG DES NEUEN FÜHRUNGSDENKENS

Erfolgreiche Manager sind sensibel und offen für den Zeitgeist und halten mit den Veränderungen Schritt. Sie sehen die Entwicklung sogar voraus, indem sie Grundtendenzen beobachten. Der überwiegende Anteil der Unternehmer hinkt ihnen aber gewöhnlich hinterher. Zum Beispiel neigen viele Geschäftsleute noch immer dazu, persönliche Tapferkeit zu zeigen, und sie glauben an das Minimum an Glück, das notwendig zu sein scheint, damit man durchkommt. Der Lohn der Angst, der Erfolg solcher Strategien ist nicht mehr so sicher wie in der ersten Hälfte dieses Jahrhunderts.

Das Vertrauen auf das Glück und den Hauptgewinn war auf dem Höhepunkt der ersten industriellen Revolution, als fast alles Erfolg versprach, was ein unternehmungslustiger Geschäftsmann anpackte, eine durchaus vernünftige Strategie. Der Glaube daran, daß jede Unternehmung eine gute Chance hatte, die richtige zu sein, wurde vorübergehend ausgesetzt, als der zweite Weltkrieg konzentrierte Planung und Aktion im Kampf gegen die Armeen Hitlers verlangte. Aber als der Krieg vorbei war und klar wurde, daß die militärische Forschung und Entwicklung gewaltige Auswirkungen auf die zivile Technik hat, wurde das Bedürfnis nach Planung und Voraussicht gerne aufgegeben. Wenn man sich darauf verlassen kann, daß die Verhältnisse von selbst immer besser werden, dann gibt es keine Notwendigkeit, über die eigene Nasenspitze hinauszublicken. In der gesamten Nachkriegszeit haben sich die Führungskräfte keine Gedanken darüber gemacht, ob es weitere Fortschritte geben wird; sie haben nur versucht, seine Form zu erraten - und wie sie am besten Kapital aus ihm schlagen konnten. Durchbrüche und Innovationen würden die Lebensbedingungen Jahr für Jahr verbessern, und das Wachstum des Vermögens derjenigen, die die Durchbrüche beherrscht und die Innovationen herbeigeführt hatten, würde mit der Verbesserung des Lebensstandards einhergehen.

Die technologische Entwicklung ist während der gesamten Nachkriegszeit ohne das Bedürfnis nach Voraussicht ausgekommen. Der Fortschritt schien gesichert. Zum einen gab es die Märkte, um die Vorteile zu verteilen und den offenen Wettbewerb zu sichern, zum anderen würde die von Adam Smith beschriebene unsichtbare Hand das eigene Interesse und die Interessen der Gesellschaft harmonisieren. Die weltumspannende Nachkriegswirtschaft hieß alle Unternehmer willkommen. Sie würden mit dem Wachstum des Systems wachsen. Falls das Wachstum langfristige Kosten mit sich brachte, so schienen sie in ferner Zukunft zu liegen und wurden der ernsthaften Aufmerksamkeit für unwürdig befunden. (Langfristig werden wir alle tot sein, zitierten Geschäftsleute Lord Keynes begeistert, wenn auch aus dem Zusammenhang gerissen.)

In den 70er und 80er Jahren hat sich die Situation geändert. Die wirtschaftliche Wachstumskurve wurde flacher, optimistische Prognosen erfüllten sich nicht, "Grenzen des Wachstums" erschienen am Horizont. Soziale Entfremdung und soziale Unordnung entstanden, und die Hochtechnologie produzierte unerwartete Nebenwirkungen: Panik und Katastrophen auf Three Mile Island, in Bhopal und in Tschernobyl, das Loch in der Ozonschicht über der Antarktis und jüngst auch über der nördlichen Halbkugel, immer wieder auftretender saurer Regen und Ölpest sowie die schlimmer werdende Umweltverschmutzung in den Städten und auf dem flachen Land. Es dauerte nicht lange, bis der Glaube an den ewigen und sicheren Fortschritt erschüttert war. Viele Intellektuelle und Jugendgruppen kamen zu der Ansicht, daß der technische Fortschritt gefährlich ist und gestoppt werden sollte.

Die Manager sind nicht einem vereinfachenden Pessimismus verfallen, aber die Zukunft beunruhigte auch sie. Die Wirtschaft suchte neue Orientierungspunkte, nach denen sie weltumfassende Unternehmen steuern konnte. Alvin Tofflers Ansichten über den Zukunftsschock waren in den 70er Jahren sinnvoll, aber die Vorstellung, der Fortschritt werde immer schwindelerregender, konnte keine praktische Grundlage für

Unternehmensstrategien bieten. Daß der Club of Rome auf äußersten Grenzen des Wachstums und folglich der Notwendigkeit eines globalen Gleichgewichtes bestand, ließ die Unternehmer kalt. Großunternehmen meinten, daß der Gedanke, das Wachstum des Verbrauchs wie der Produktion und Verschwendung durch qualitative Verbesserungen im Leben der Menschen mit Hilfe eines intensiveren Engagements in der Gemeinschaft, in der Literatur und Kunst zu ersetzen, ihre Positionen in Wirtschaft und Gesellschaft gefährden würde. Die wachstumsorientierten kleinen und mittelständischen Betriebe protestierten, sie seien in einer nicht wachstumsorientierten Wirtschaft auf ihrem Platz gebannt und in ihrem Bestand gefährdet. Auch sei ihnen die Chance zu wachsen und zu großen Unternehmen zu werden, auf Dauer genommen.

In den USA und einem großen Teil der industrialisierten Welt wurde auf der Suche nach neuen Wegen des Wachstums das Konzept der langfristigen Zyklen und Trends aufgegriffen. Der früher diskreditierte Gedanke der 50jährigen Kondratieff-Zyklen, die industrielle Wirtschaftssysteme abwechselnd durch Auf- und Abschwünge führten, wurde wiederbelebt, und es tauchte die Idee auf, daß andersartige Wachstumstrends diejenigen ersetzen würden, die sich in der Vergangenheit entfaltet hatten. Bücher wie John Naisbitts *Megatrends* und Tofflers *Die dritte Welle* (Third Wave) und *Machtbeben* (Powershift) gaben neue Hoffnung. Es würden immer noch Wachstumsperspektiven offen sein, auch wenn sich die Natur und die Richtung des Wachstums verlagern müßten.

Mittlerweile ließen Berater und Managementwissenschaftler den wachsenden Strom der Management-Literatur anschwellen. Führende Unternehmer auf beiden Seiten des Atlantiks waren bereits nicht nur mit den Ideen von Keynes und Adam Smith, sondern auch mit denen von Smiths österreichischem Nachfolger Joseph Schumpeter vertraut, der die Rolle der Unternehmer im Kontext der wirtschaftlichen Entwicklung hervorhob. In Europa las man ebenfalls die Werke des deutschen Soziologen Max Weber über die Natur und Arbeitsweise von Bürokratien. In den USA wurden die neuen Manager, die die Wirtschaftshochschulen verließen, mit Peter Druckers "rationalem" und "wissenschaftlichem" Herangehen an das Führen aufgezogen und nicht wie die vorherige Generation mit Taylors Konzept des "wissenschaftlichen Managements" des Arbeitsplatzes. In den 80er Jahren erlangte Tom Peters Aufmerksamkeit mit seiner Betonung der Wichtigkeit, "zu den einfachen Dingen zurückzugehen" und zu lernen, in dem eindeutig unwissenschaftlichen Chaos zu gedeihen, welches die modernen Führungskräfte umgibt. Andere, wie zum Beispiel der charismatische Geistliche Norman Vincent Peale und der Managementberater Kenneth Blanchard, schlossen sich dem wachsenden Chor derjenigen an, die für Fairness, Reflexion und gesunde moralische Prinzipien eintraten, während der von Peters mit seinem Kollegen Bob Waterman eingeschlagene Pfad praktische Rezepte dafür hervorbrachte, wie man unter dem nützlichen Mantel der Verpflichtung zum "Streben nach Leistung" erfolgreich sein kann.

Die Egozentrik im Denkens des amerikanischen Managements zerbrach in dem Augenblick, als die erstaunlichen Erfolge japanischer Firmen zu Untersuchungen der japanischen Managementmethoden führte. Die Forscher entdeckten im Denken japanischer Manager bemerkenswerte Züge, die einen starken Einfluß der östlichen Philosophie und eine unerwartet niedrigen Empfänglichkeit für westliche Theorien und Mythen zeigten.

Die europäischen Manager traten ebenfalls ihr Erbe an, indem sie auf dem riesigen Erbe der Kultur des alten Kontinents aufbauten. Theoretiker betonten die Ganzheit und Integrität des wirtschaftlichen Prozesses, innerhalb dessen man Werte schafft und sein Leben erhält. Die Manager begannen, einer Vielzahl von Stimmen zuzuhören, unter anderem dem Anthropologen Martin Large, der Grundcharakteristika der Entwicklung beschrieb, wie zum Beispiel qualitative Veränderung, vorübergehende Krise, Involution und Evolution, Diskontinuität, Umstrukturierung auf immer höheren Ebenen, dynamisches Gleichgewicht und Unumkehrbarkeit. Large schrieb die Eigenschaften sowohl Individuen als auch Organisationen zu.

Das Interesse an der Methode des evolutionären Denkens nahm schnell zu. Einer seiner frühen Vorreiter war der Berater George Ainsworth Land, der drei Stufen des Wachstums beschreibt: das zusammenwachsende, das replikative und das wechselseitige (mutualistische) Wachstum. Ein anderer Vorreiter war der Biologe Barry McWaters mit seinem Konzept der "synergistischen Befreiung" als Kernstück der Entwicklung des Bewußtseins. Die Schule des entwicklungsorientierten Managements, deren Pionier Bernhard Lievegoed in den späten 60er Jahren war und die durch den in Afrika geborenen britischen Managementtheoretiker Ronnie Lessem gefördert wurde, arbeitete die vielfältigen Fäden des evolutionären Denkens heraus; dabei legten sie besonderes Gewicht auf die komplexe Situation, in der sich Manager am Anfang der 90er Jahre befinden. Der Brennpunkt des Denkens von Managern verlagerte sich von der Arbeitsteilung in der Fabrik, charakteristisch für die erste Hälfte dieses Jahrhunderts, zum Unternehmen als einem dynamischen Element innerhalb des wirtschaftlichen, politischen, sozialen und ökologischen Systems, in dem es tätig ist und dessen integraler Bestandteil es ist.

Die Entwicklung des Denkens von Managern ist für das Unternehmen und die Gesellschaft wichtig. Die Entscheidungen der Unternehmensleiter berühren nicht nur die Unternehmen und Märkte, in denen sie arbeiten, sondern auch das Leben und die Umwelt der Menschen, in deren Gemeinden die Unternehmen tätig sind. Durch Schaffung von Arbeitsplätzen beeinflussen Unternehmensleiter die Verteilung des Reichtums und stellen soziale Stabilität her. Sie erhöhen den materiellen Lebensstandard, indem sie wertschöpfende Produkte und Dienstleistungen auf den Markt bringen. Durch Investitionen verändern Unternehmen das Gewebe einer Gesellschaft, beeinflussen den Lebensstil, die Beschäftigungschancen und die Balance zwischen städtischen und ländlichen Umgebungen. Ihre Wirkung erstreckt sich über die lokalen Gemeinschaften hinaus auf ganze Regionen der Welt. Eine verantwortungsbewußte Kredit- und Investitionspolitik kann ganzen Bevölkerungsgruppen neue Entwicklungsperspektiven eröffnen, riskante Technologien und unzureichende Sicherheitsmaßnahmen können dagegen die Umwelt zerstören und die Gesundheit von Millionen gefährden.

Das Denken von Managern hat in jüngster Zeit einen weiten Weg zurückgelegt, aber es ist noch nicht weit genug gegangen. Das neue Denken hat die Schwelle des globalen Denkens erreicht, aber den Paradigmawechsel noch nicht vollzogen. Es hat nach Konzepten gesucht und Ideen hervorgebracht, in denen es sich ausdrücken kann. Aber es hat die wichtigsten Prinzipien noch nicht erkannt. Es ist ein weiterer Schritt notwendig: die Entwicklung des systematischen evolutionären Denkens und Handelns im Management - anders ausgedrückt: die notwendige Grundlage des neuen Denkens liegt in der Entdeckung und Fruchtbarmachung der Wissenschaft und der Praxis des EVOLUTIONÄREN MANAGEMENTS.

3

EINFÜHRUNG IN DAS EVOLUTIONÄRE DENKEN

In der Gegenwart ist die Kenntnis der Begriffswelten, mit deren Hilfe die entscheidenden Vorgänge unserer Zeit wahrgenommen und analysiert werden, Bestandteil der Bildung des Managements. Der Erwerb dieser Bildung bedeutet, daß man etwas über die Entwicklung komplexer Systeme in der Realität weiß. Dies erfordert seinerseits die Beachtung der fundamentalen Erkenntnisse der neuen Wissenschaften von den Systemen, dem Chaos und der Komplexität. Das Weltbild dieser Disziplinen unterscheidet sich sehr von dem Bild, welches mit Wissenschaft zu assoziieren uns gelehrt wurde.

Modernes Denken in evolutionären Systemen ist Denken in Prozessen. Dinge werden *nicht geschaffen*, sie *werden* zu etwas. Das Werden ist ein Prozeß der Veränderung, der niemals in seinen Ursprung zurückkehrt: Evolutionäre Veränderung ist *unumkehrbar*. Evolutionäre Veränderung ist auch *nicht-deterministisch*. Die Entwicklung eines Systems - es kann eine Galaxis, ein Mensch, eine Gesellschaft oder ein Unternehmen sein - ist nicht bereits am Anfang festgelegt. Jeder Prozeß der evolutionären Veränderung bringt seinen eigenen Weg hervor und führt die Integration vieler Zufallsfaktoren innerhalb einer Gesamtentwicklung herbei.

Die moderne, evolutionäre Betrachtungsweise von Systemen reflektiert eine bedeutende Verlagerung des wissenschaftlichen Denkens. Bis zum Beginn dieses Jahrhunderts war das wissenschaftliche Weltbild höchst deterministisch. Jedes Ereignis trat als Ergebnis eherner Notwendigkeit ein, die auf die Wirksamkeit unveränderlicher Naturgesetze zurückgeführt wurde. Man stellte sich die Welt wie ein riesiges Uhrwerk vor: Die Newtonsche Physik wurde nicht umsonst als klassische Mechanik bezeichnet. Die Sicherheit dieses Wissens ließ Laplace seine berühmte Antwort auf Napoleons Frage nach dem Platz Gottes in diesem System folgendermaßen formulieren: "Sire", sagte der große Mathematiker, "ich bedarf dieser Hypothese nicht." Wenn man davon ausgeht, daß seine Grundannahmen richtig waren, hatte Laplace recht. In einem deterministischen Universum folgen spätere Ereignisse rigoros aus vorhergehenden. Wenn man weiß, was am Anfang war, dann kann man berechnen, was darauf folgen wird. Aber die deterministischen Annahmen von Laplace waren falsch. Sie wurden bald in Frage gestellt und später ganz aufgegeben.

Schon Mitte des 19. Jahrhunderts stellte Darwin die Vorherrschaft des Determinismus in der Natur mit der Behauptung in Frage, daß Mutationen bei Lebewesen zufällig seien. In Darwins Biologie stehen die zufälligen Mutationen darüber hinaus in zufälligen Wechselwirkungen mit der Umwelt, so daß die natürliche Selektion auf dem Wirken eines zweifachen Zufalls beruht, nämlich auf dem Ergebnis der zufälligen Mutation und auf der zufälligen Integration der Mutanten in ihr Milieu. Diese doppelte Zufälligkeit führte zu einer Spaltung in den Wissenschaften.

Die Physik stand unter dem Einfluß des Newtonschen Determinismus, während die Biologie schon mit den stochastischen Wahrscheinlichkeitsgesetzen zu arbeiten begann. Bergson, Boltzmann und andere große Geister des 19. Jahrhunderts bemühten sich vergeblich, die Folgerichtigkeit nachzuweisen. Erst weit in unserem Jahrhundert konnten die Biologie und die Physik versöhnt werden, und in diesem Prozeß erfuhren beide fundamentale Veränderungen. Die Physik ließ den Zufall als grundlegenden Faktor zu, und die Biologie integrierte den Zufall in eine Entwicklungsreihe, die eine eigene Kohärenz besitzt.

Um die Mitte dieses Jahrhunderts kam die Revolution des wissenschaftlichen Denkens ernsthaft in Gang. Mit dem Erscheinen von Bertalanffys allgemeiner Systemtheorie, Prigogines Thermodynamik des

Ungleichgewichtes, Wieners Kybernetik, Shannons Informationstheorie, Rösslers, Mandelbrots und Abrahams Chaostheorie und den anderen "Wissenschaften von der Komplexität" wandelte sich das wissenschaftliche Weltbild vom maschinenhaften Determinismus der klassischen Mechanik und dem zufallsgebundenen Indeterminismus der darwinschen Biologie zum in sich folgerichtigen Universum der selbst-organisierenden dynamischen Systeme.

In der neuen Sichtweise bestehen selbstorganisierende, das heißt evolutionäre Systeme, aus Konfigurationen von Materie und Energie, die sich durch den Austausch und die Entwicklung von Informationen konsolidieren. Diese Systeme existieren weit entfernt vom stabilen aber inerten Zustand des Gleichgewichtes. (Im Gleichgewicht - das heißt im thermodynamischen Gleichgewicht - gibt es keine Temperaturunterschiede und kein chemisches Gefälle in einem System; alles ist gleichförmig. Daher kann keine Wärme fließen, und irreversible Prozesse können nicht stattfinden: Das System ist "tot".) Es hat sich erwiesen, daß die Entwicklungsebene eines Systems und seine Entfernung vom Gleichgewicht in einer Korrelation stehen. Je weiter sich ein System entwickelt hat, desto weiter ist es vom thermodynamischen Gleichgewicht entfernt.

Zum Beispiel ist ein organisches Molekül weiter vom Gleichgewicht entfernt als ein stabiles Atom, eine Maus weiter als eine Amöbe, und ein Mensch ist weiter als eine Maus von diesem Zustand entfernt.

Die komplexe Struktur der hochentwickelten Systeme wird nicht mehr durch den Ausgleich von Kräften in dauerhaft stabilen Strukturen zusammengehalten, sondern durch aufeinander abgestimmte Zyklen und Feedbacks, die aufeinander reagieren und Abweichungen von den Normen des Systems kompensieren. Die Balance, die man in einem sich entwickelnden System erhält, ist "dynamisch" und nicht "strukturell". Sie ist nicht die Balance des Eiffelturms, bei dem ausbalancierte Träger eine permanente Struktur erhalten, sondern die Balance einer Artistentruppe, die eine menschliche Pyramide bildet. Hier beobachten die Muskeln eines jeden Akrobaten die Bewegung aller anderen Akrobaten, reagieren auf sie und halten somit jedermann in einem dynamischen Gleichgewicht mit allen anderen.

Aber auch die menschliche Pyramide ist ein ungenügendes Beispiel für das Gleichgewicht, welches in sich entwickelnden Systemen auftritt. Tatsache ist, daß Evolutionsprozesse nicht darauf abzielen, irgendeine Form eines Gleichgewichtes zu bilden, noch nicht einmal eine höchst dynamische Form. Sie sind statt dessen auf Wachstum und Entwicklung orientiert.

Ein Evolutionsprozeß umfaßt die Destabilisierung der von ihm selbst geschaffenen Strukturen ebenso wie ihren dynamischen Ausgleich. Diese Tatsache ist wie folgt begründet: Evolution findet niemals allein innerhalb des sich entwickelnden Systems statt, sondern immer im Kontext einer fein abgestimmten, und daher instabilen, Beziehung zu seiner Umgebung. Kein sich entwickelndes System ist eine Insel. Ein geschlossenes System könnte nicht lange Bestand haben, es würde früher oder später seine Energien verbrauchen und "ablaufen".

Das berühmte zweite Gesetz der Thermodynamik kennt keine Ausnahmen: Wenn ein System Arbeit leistet, wenn es irgend etwas tut, verbraucht (degradiert) es Energie. Seine Abfallenergien können niemals vollständig wiederverwendet werden: Es wäre mehr Energie notwendig, um den Abfall auf ein brauchbares Niveau zu heben, als das System durch seine Wiederverwendung gewinnen könnte. Daher kann es in einem geschlossenen System niemals ein Perpetuum mobile geben.

Obwohl sich geschlossene Systeme unausweichlich auf den Zustand des thermodynamischen Gleichgewichtes hin entwickeln, ist dies bei sich entwickelnden Systemen nicht der Fall. Sie laufen nicht ab, weil sie ihre Vorräte an Materie und Energie einfach durch Aufnahme neuer Ressourcen aus ihrer Umwelt ständig auffüllen. Die Umgebung eines sich entwickelnden Systems ist die Quelle frischer Materie und frischer Energie, und sie ist die Deponie für Abfall-Materie und Abfall-Energie. Sich entwickelnde Systeme hängen unabdingbar und mit vitalen Konsequenzen von ihrem Milieu ab, das ihr Überlebensraum ist.

Je weiter ein System entwickelt ist, desto enger und empfindlicher ist seine Anbindung an seine Umwelt. Die Bindung an die Umwelt ist jedoch kein statischer Zustand, sondern ein dynamischer gegenseitiger Ausgleich. Die Bedingungen in der Umwelt tendieren zur Veränderung, gleichzeitig ist das auch im System der Fall. Daraus folgt eine beständige Reihe von Fluktuationen, welche die Flexibilität der Schnittstelle zwischen dem System und der Umwelt testet. Unter normalen Umständen gleicht ein System jede Abweichung von seinen normalen Wechselwirkungen mit der Umwelt aus. Es bringt sich in die Lage, die von ihm benötigten Ressourcen aufzunehmen und die von ihm erzeugten Abfälle auszustoßen. Viele Systeme erreichen jedoch einen Punkt, an dem dieser Ausgleich nicht mehr möglich ist. Dann bricht das System entweder zusammen, oder es strukturiert sich um. Die menschliche Pyramide bricht zusammen und löst sich in einzelne Akrobaten auf, während ein Organismus, ein ökologisches System oder eine Gesellschaft sich umstrukturieren können. Der Prozeß ist tendenziell nichtlinear, er schafft einen Bruch mit der Vergangenheit. Selbstorganisierende Systeme entwickeln sich durch den Wechsel zwischen längeren Zeiträumen der dynamischen Selbststabilisierung und kurzen Perioden der revolutionären Umstrukturierung. Der Rhythmus der Evolution ist wie das Leben eines Polizisten: Es besteht aus verhältnismäßig langen Perioden der Langeweile und relativ kurzen Perioden des Schreckens.

Diese Konzepte teilen uns etwas über die Welt mit, in der wir leben. Die evolutionäre Umstrukturierung ist in vollem Gang - nicht bei einzelnen Menschen, deren Organismus durch den genetischen Code lebenslang definiert ist - sondern in der Gesellschaft. Tatsache ist, daß die menschliche Gesellschaft nicht genetisch, sondern kulturell codiert ist. Die gesellschaftlichen Codes sind die Moral, die Werte, die Sitten, die Gebräuche, die Gesetze, die Bestimmungen und dergleichen. Diese können und werden sich zu allen Zeiten verändern, und besonders in Zeiten des Stresses und der Krise. Folglich ist die menschliche Gesellschaft, und mit ihr die Gemeinschaft, die Kultur, die soziale und politische Organisation sowie das Wirtschaftsunternehmen, dauernd Änderungen ausgesetzt. Individuen mit festen genetischen Codes treten in diese Gruppen ein, und sie verlassen sie, aber die Gruppen selbst können immer wieder durch neue "kulturelle" Codes umstrukturiert werden.

Längerfristige Selbststabilisierung, periodische Instabilität und der Sprung zu einer neuen Form der Stabilität: Dieses sind die entscheidenden Prüfsteine des evolutionären Prozesses. Wenn man die Welt in diesem Lichte betrachtet, dann sieht man sie anders als diejenigen Menschen, die sie im Lichte der klassischen Konzepte der stabilen Strukturen, der linearen Entwicklung und vorübergehenden Abweichung vom Gleichgewicht betrachten.

Unglücklicherweise verharrt das gegenwärtige Führungsdenken noch immer in Modi, die mechanistisch und auf das Gleichgewicht ausgerichtet sind. Entscheidungsträger analysieren politische Systeme, Unternehmen und Märkte, als seien sie Maschinen, die man zerlegen und reparieren kann. Sie wollen das fehlerhafte Teil finden, um es zu reparieren oder auszutauschen. Sie betrachten Fluktuationen als Bedrohung und Abweichungen als Gefahr. Das gewöhnliche Ziel ist die Bewahrung oder Wiederherstellung des ehemaligen Zustandes des Systems: in einem Regime die Herstellung von "Recht und Ordnung" oder im Markt das Einfinden des zuvor herrschenden Gleichgewichtes.

Falls notwendig greifen die Entscheidungsführer ein, um den Status quo wieder herzustellen. In der Wirtschaft bekämpfen sie die Konkurrenz und die Gesetzgebung, und wenn es sein muß, entlassen und ersetzen sie Personal. In der Politik mobilisieren sie die öffentliche Meinung, und, unter größerem Druck, rufen sie die Hilfe der Polizei oder der Streitkräfte herbei. Diese Aktionen mißachten die Tatsache, daß sich Gruppen von Menschen einer grundsätzlichen Instabilität gegenübersehen, können sie nicht auf den Status quo zurückgeführt werden. Wie andere sich entwickelnde Systeme auch strukturieren sich Gesellschaften, Kulturen, Gemeinschaften und Unternehmen auf neuen Ebenen und in neuen Formen eines dynamischen Gleichgewichtes um. Greift man in diesen Prozeß ein, um die Gleichgewichte "erprobter" Bedingungen wiederherzustellen, dann beschränkt man das Spiel der selbstschöpferischen Kräfte. Die Ergebnisse werden nur vorübergehender Natur sein, in internationalen Beziehungen ebenso wie in der Wirtschaft. Nachdem ein Gorbatschow oder Saddam Hussein das "strukturelle Gleichgewicht der Großmächte" gestört hat, kann es nicht durch eine Nixon- oder Kissinger-Doktrin oder durch die Perestroika wiederhergestellt werden. Ebenfalls kann die alte Struktur eines Unternehmens nach Fusionen und Übernahmen innerhalb des Konzerns und Veränderungen nicht in seiner Umgebung wiedergewonnen werden.

Die Wahl der Perspektive, unter der man die Welt betrachtet, ist keine müßige Übung in begrifflicher Gymnastik, sondern eine bedeutende Determinante der Entscheidungsfindung. Es gibt keine rationale Entscheidung, die nicht durch die Weltsicht geformt wird. Ebenso gibt es kein Sehen und Hören, welches nicht durch kulturelle Konditionierung und soziale Erfahrung geformt ist. Die pragmatische Haltung nach dem Motto "vergiß die Theorie, laß uns handeln" ist nicht effizient; sie ist nur naiv.

DER EVOLUTIONÄRE GIGATREND (EGT)

Alle Menschen tragen eine Weltsicht in ihrem Kopf, die Frage ist nur, welche Sichtweise es ist. Einige sind besser als andere, richtiger und funktionaler. Die Sichtweise, welche die neue evolutionäre Systemwissenschaft anbietet, ist eine, die einzigartig an unsere Epoche der Instabilität und der Veränderung angepaßt ist. Ihr Kern ist die Dynamik des Evolutionsprozesses selbst. Dieser Prozeß entfaltet sich nicht mit der ehernen Notwendigkeit, welche die klassische Mechanik dem Universum zuschrieb. Er ist auch nicht das Opfer der Zufallsprozesse, welche Darwins Biologie in die lebende Welt hineininterpretierte. Der Evolutionsprozeß ist nichtdeterministisch und selbstschöpferisch, aber er ist nicht willkürlich oder ungeordnet.

Die Entfaltung des Evolutionsprozesses schafft einen kanonischen Trend in Natur und Gesellschaft. Evolutionäre Trends sind weit dauerhafter und entscheidender als die von John Naisbitt Ende der 80er Jahre popularisierten Megatrends. Als Trend betrachtet, sind Evolutionsprozesse Gigatrends. ("Megas" heißt im klassischen Griechisch groß, "gigas" bedeutet gigantisch.) Wie Gigawatt sind Gigatrends länger und tiefer als ihre "Mega"-Gegenstücke. Wenn wir die Geschichte verfolgen, erfahren wir, daß der evolutionäre Gigatrend, den wir nachfolgend abgekürzt EGT nennen, sich von der Steinzeit bis zum Informationszeitalter durch die Entwicklung menschlicher Gesellschaften zieht. Und wenn nicht eine kollektive Katastrophe den Prozeß beendet, wird der EGT fortbestehen, wenn sich das Informationszeitalter des 21. Jahrhunderts zu einem noch nicht erkannten Zeitalter der Zukunft entwickelt.

Die diesem Trend zugrunde liegenden Merkmale können unter der Überschrift weniger Schlüsselkonzepte zusammengefaßt werden. Die Konzepte lauten Innovation, Synergie, Konvergenz, Komplexität, Bifurkation und Chaos. Ihre Bedeutung für die zeitgenössische Welt ist kaum zu überschätzen.

Innovation. Evolution findet statt, weil die Gesellschaft nicht für längere Zeit so bleiben kann, wie sie war.

In menschlichen Gesellschaftsordnungen sind Innovationen kulturell. Genetische Innovationen sind unwichtig: Mutationen des menschlichen Genoms werden, obwohl sie jederzeit möglich sind, meistens schnell eliminiert. Aus der Erkenntnis, daß die menschliche Evolution genetisch und nicht kulturell ist, folgt, daß Innovationen das Denken der Menschen ergreifen und dann in ihre Handlungsweise übersetzt werden. Wenn neue Handlungsweisen sich in einer Gesellschaft verbreiten, werden die Strukturen und Vorgänge in dieser Gesellschaft beeinflußt, und es entwickeln sich neue Beziehungen zwischen den Menschen wie auch zwischen dem Menschen und der Zukunft.

In der Geschichte wurden Ideen, die Veränderungen in den Beziehungen zwischen den Menschen sowie zwischen dem Menschen und der Natur hervorgebracht haben, in der Form technologischer Innovationen ausgedrückt. Das heißt, die Menschen haben eine neue Art der Interaktion miteinander und mit der Natur gefunden. In diesem Sinne war die erste große Innovation die "Erfindung" des Feuers vor eineinhalb Millionen Jahren. Die Erfindung des Rades folgte, und dann die Erfindung der Landwirtschaft und Viehzucht, die Domestizierung von Pflanzen und Tieren. Jede Innovation muß zuerst in den Köpfen einiger Menschen aufgetreten sein, und sie muß dann auf irgendeine Weise in die Praxis übersetzt und unter der damals vorhandenen Bevölkerung verbreitet worden sein. In dieser Perspektive ist die Geschichte der gesellschaftlichen Veränderung die Geschichte derjenigen kulturellen Innovationen, die einen technologischen Ausdruck und soziale Verbreitung erfahren haben.

Technologische Innovationen sind der wichtigste Motor der Evolution in der gesellschaftlichen Sphäre. Jede neue Innovation führt der Gesellschaft zusätzliche Mengen und weitere Arten freier, das heißt nutzbarer Energie zu. Jede Innovation löst die fortschreitende Ausarbeitung und Verkomplizierung der sozialen Strukturen aus, durch welche die Technologien angewendet und verwaltet werden. Dies bedeutet, daß der technologische Fortschritt die Gesellschaft auf immer höhere Ebenen der Organisation hebt, auf ein immer höheres Niveau des thermodynamischen Ungleichgewichtes.

Der technologische Fortschritt kann auf den Menschen bezogen von dreierlei Art sein: Steigerung der Muskelkraft, Erhöhung der Leistungsfähigkeit der Sinne oder Erweiterung der Rechenfähigkeit des Gehirns. Die Muskelkraft wurde durch den Hebel und das Rad gesteigert, durch diese Urtechnologien, die seit Jahrtausenden genutzt werden. Ihre modernen Gegenstücke sind die zahlreichen Spielarten mechanischer Systeme, welche von Motorrädern zu Düsentriebwerken und Trägerraketen reichen. Die technologische Erweiterung der menschlichen Sinnesorgane begann mit so frühen Vorrichtungen wie Röhren zur Übertragung von akustischen Signalen und Fackeln, Feuern und Rauch zur Übertragung von sichtbaren Signalen. Ihre neueren Entsprechungen sind das Vergrößerungsglas, das Mikroskop, das Teleskop, das Telefon, das Telefax und die unzähligen Technologien der Telekommunikation sowie wissenschaftliche Sonden wie Elektronenmikroskope, Radioteleskope und verschiedene medizinische Instrumente.

Historisch gesehen kam die technologische Erweiterung der Rechenfähigkeiten des menschlichen Gehirns zuletzt, obwohl die Ursprünge der Informationsverarbeitung bis in die Antike zurückreichen. Dieser Zweig des technologischen Fortschritts hat jedoch die Fortschritte auf anderen Gebieten bald erreicht und überholt. Heute wird eine verblüffende Menge von Informationen in Computern gespeichert und verarbeitet, die in hochentwickelten, programmierten Sequenzen Millionen von Operationen pro Sekunde ausführen.

Der technologische Fortschritt ist weder reibungslos noch kontinuierlich, aber er ist unumkehrbar. Wie bei den Mutationen schlagen zahlreiche Versuche der technologischen Innovation fehl. Und es gibt Zeiten, in denen überhaupt keine Innovationen eingeführt werden. Aber wenn sie tatsächlich eingeführt werden, verändern sie die bestehende Leistungsfähigkeit des gesellschaftlichen Systems, in welchem sie eintreten: Es wird effektiver und effizienter für die Bewältigung der Beziehungen zwischen den Menschen sowie zwischen dem Menschen und der Natur. In der Praxis gehen technologische Innovationen immer von der Hacke zum Pflug und nicht umgekehrt. Es werden viele neue Vorrichtungen und Konzepte erfunden, aber nur diejenigen werden auch tatsächlich angenommen, welche irgendeine Verbesserung der Wirksamkeit und Effizienz eines für Menschen nützlichen und von ihnen nutzbaren Verfahrens darstellen.

Die Unumkehrbarkeit technologischer Innovationen galt in der gesamten Geschichte, von der Erfindung des Feuers und des Rades bis zur Solarzelle und zum Computer-Chip. Sie ist der Hauptmotor des gegenwärtigen Übergangs zu einem vernetzten sozio-technologischen Weltsystem.

Komplexität und Konvergenz. Die technologische Innovation führt in die Strukturen der Gesellschaft zusätzliche Ströme freier Energie ein, und wenn die Gesellschaft den sich daraus ergebenden Schub zur Komplexität und zum Ungleichgewicht überleben soll, muß sie höher entwickelte und effizientere Formen der Koordination und Kontrolle entwickeln. Im Laufe der Geschichte waren technologische Durchbrüche in der Tat die Katalysatoren zunehmend komplexer sozialer Strukturen, welche sich von den einfachen Dorfräten der Alten in der Frühzeit der neolithischen Revolution zu den komplizierten sozioökonomischen und politischen Strukturen der industriellen und postindustriellen Gesellschaft entwickelt haben. Die höherwertigen Strukturen wurden zur Kontrolle und Koordination der bereits vorhandenen hinzugefügt. Diese Entwicklung hatte zur Folge, daß die bestehenden Strukturen zur Konvergenz in immer umfassenderen, übergeordneten Netzen getrieben wurden.

In der Politik bezeichnet der Begriff Konvergenz eine wachsende Ähnlichkeit und letztendlich eine Gleichheit der konvergierenden Teile. Dagegen steht der Begriff Konvergenz in der Evolutionstheorie für die Koordination vorher unabhängiger und dann zunehmend miteinander verbundener Systeme in höherwertigen Strukturen. Zum Beispiel verbinden sich einfache chemische Moleküle zu komplexen Polymeren und in einigen Fällen zu organischen Makromolekülen. Die einfacheren Formen des Lebens, welche direkt auf Verbindungen organischer Moleküle basieren, verbinden sich zu komplizierteren zellulären Lebensformen, und Einzelzellen entwickeln sich zu locker integrierten Kolonien mit koordinierten Funktionen und später zu weiter integrierten Vielzellern. Komplexe Organismen verbinden sich in sozialen Strukturen innerhalb der Arten und in ökologischen Systemen verschiedener Arten. Letztendlich konvergieren die lebenden Systeme in dem selbstregulierenden System der Biosphäre. Und die sozialen Strukturen der

Menschen verbinden sich miteinander zu regionalen, nationalen, kontinentalen und schließlich globalen Netzen und Strukturen.

Im Laufe der bekannten Geschichte hat die Konvergenz Stämme, Sippen, Dörfer und Provinzen in immer umfassenderen, komplexeren und diversifizierteren sozialen, ökonomischen und politischen Systemen zusammengeführt. Die archaischen Reiche Chinas und Indiens enthielten und koordinierten Dörfer und regionale Gemeinschaften in subkontinentalen Verwaltungsstrukturen. Das klassische Römische Reich war aus zahlreichen Stadtstaaten, Regionen und Provinzen unter der Herrschaft der Pax Romana aufgebaut, und die Kolonialreiche Europas bestanden nicht nur aus Dörfern, Städten und Provinzen in den Mutterländern, sondern auch aus einer Reihe von Kolonien in Übersee.

In den modernen Gesellschaftsordnungen wird dieser Trend fortgesetzt. Jeder Staat besteht aus großstädtischen Zentren und ländlichen Gebieten mit sie umgebenden Dörfern und Städten, und Bundesstaaten umfassen politisch und sozioökonomisch halbautonome Staaten, Republiken oder Provinzen.

Nationale Strukturen koordinieren die unterschiedlichen Funktionen der nachgeordneten Systeme und versetzen die Gesellschaftsordnungen in die Lage, die Technologien zu bewältigen, mit Hilfe derer sie Energie und Informationen verarbeiten. Mit der Einführung von Verbesserungen der Wirksamkeit des Zugriffs, der Speicherung, der Verarbeitung und der Nutzung freier Energien durch Technologien wachsen menschliche Gemeinschaften von den energetisch und strukturell vergleichsweise einfachen Stammesgruppen der Steinzeit hin zu den hochstrukturierten und umfassenden sozio-technologischen Systemen unserer Zeit.

Eine Gesellschaft, welche allein auf der Beherrschung des Feuers, der Verwendung von Zugtieren und des Rades basierte, konnte mit einer zwei- oder dreischichtigen sozialen Struktur auskommen, die aus Jägern oder Bauern, Kriegern und Ältesten bestand, aber eine Gesellschaft, welche die Technologien der industriellen und postindustriellen Revolution einsetzt, erfordert die hochentwickelten Strukturen der Verwaltung, Exekutive und Kontrolle der modernen Nationalstaaten.

Es scheint aber, als habe der Prozeß der Konvergenz seinen Höhepunkt in der Entstehung der Nationalstaaten gefunden und als sei dann eine Stagnation eingetreten. Die Nationalstaaten sind seit dreieinhalb Jahrhunderten das dominante Modell der sozialen Organisation. Als die europäischen Staaten in diesem Jahrhundert ihre Kolonien aufgaben, haben die gerade befreiten Länder den Nationalstaat als das beherrschende Prinzip ihrer Verfassung übernommen. Die Folge war das genaue Gegenteil der Konvergenz: Es trat ein Zerfall der Kolonialreiche und eine Verbreitung der Nationalstaaten ein. In der jüngsten Zeit hat aber der Prozeß der Konvergenz wieder begonnen. Der Druck in Richtung der Integration der mehr als 170 Nationalstaaten in größeren regionalen Strukturen wächst. Die Regionalisierung ist mit der Schaffung subregionaler und regionaler Gemeinschaften und Vereinigungen von Nationalstaaten sowie der Integration nationaler Märkte und Wirtschaftsordnungen in regionalen und globalen Wirtschafts- und Finanzstrukturen in vollem Gange. Das "neue Europa" ist der fortschrittlichste geopolitische Ausdruck der nationale Grenzen überschreitenden Konvergenz, während der schwierige Übergang zu einer globalen Informationsgesellschaft ein Ausdruck der transnationalen Konvergenz in der Sphäre der Wirtschaft und der Unternehmen ist.

Die aktuellen Ereignisse in der Sowjetunion und in Jugoslawien stehen nicht im Widerspruch zum Trend der Konvergenz zwischen den Nationen. Sie zeigen im Gegenteil einige wesentliche Elemente seiner Dynamik auf. Es ist eine entscheidende, wenn auch häufig mißachtete, Tatsache, daß die Konvergenz langfristig nur dann erfolgreich verlaufen kann, wenn sie die Frucht eines organischen Prozesses ist. Damit das sich herausbildende größere System lebensfähig ist, müssen seine Bestandteile durch mehr als nur die militärische Macht zusammengeführt werden, welche durch eine Zentralmacht ausgeübt wird. Relativ unabhängige Staaten, Republiken oder Nationen müssen aufgrund ihres eigenständigen Entschlusses in einer Vereinigung zusammenkommen, welche sie als vorteilhaft für alle beteiligten Parteien betrachten.

Weder die Sowjetunion noch Jugoslawien waren das Ergebnis eines organischen Zusammenwachsens ihrer jeweiligen Republiken. Die UdSSR wurde nach der Revolution von 1917 von den Bolschewiken geschaffen, deren Rote Armee die Ukraine, Weißrußland, die Staaten des Baltikums und die übrigen Republiken unterwarf und sie unter der Kontrolle Moskaus der "Diktatur des Proletariats" untertan machte. Die Föderation der Nationalstaaten von Jugoslawien kam unter etwas weniger zwanghaften Umständen zustande. Sie wurde Ende des Jahres 1945 als Nachfolger des relativ kurzlebigen jugoslawischen Königreiches unter dem Einfluß des Zweiten Weltkrieges und der Solidarität der Völker ausgerufen, welche sich unter Tito in der Vereinigung im Kampf gegen die Invasion der Nationalsozialisten entwickelt hatte. Die Solidarität der sechs Teilrepubliken wurde wachgehalten, weil Tito sich gegen Stalin und einem jugoslawischen Weg zum Sozialismus zuwandte. Als der Stalinismus aber diskreditiert wurde und als Tito starb, wurden die Bindungen schwächer, welche die Republiken Jugoslawiens zusammenhielten. Und als sich das übrige Osteuropa von der kommunistischen Herrschaft befreite, wurden die Kräfte sehr schwach, die den jugoslawischen Staat erhielten. Im Jahre 1990 waren sowohl Jugoslawien als auch die UdSSR reif für die Aufgabe der Union, in welcher sie die letzten Jahrzehnte überdauert hatten.

Die Gemeinschaft der slawischen Republiken, wie auch die noch zu gründende Konföderation der gegenwärtig verfeindeten jugoslawischen Republiken, signalisiert eine neue Phase der Konvergenz in Osteuropa und auf dem Balkan. Sie vervollständigt und ergänzt auf der regionalen Ebene die Konvergenz der stabileren Nationalstaaten Europas, welche ihre den Kontinent umspannende wirtschaftliche, währungspolitische und letztendlich auch politische Integration fortsetzen.

Bifurkationen und Chaos. Wenn Innovationen die sich entwickelnden Systeme reibungslos, kontinuierlich und fortschreitend mit konvergenter Synergie auf dem Wege der Konvergenz voranbrächten, dann wären die Evolution im allgemeinen und die Sozialgeschichte des Menschen im besonderen wesentlich einfacher, als sie tatsächlich sind. Die Evolution ist aber weder kontinuierlich noch reibungslos, obwohl sie insgesamt unumkehrbar und damit progressiv ist. Es gibt im Evolutionsprozeß starke Nichtlinearitäten und Diskontinuitäten, welche in den neuen Wissenschaften als Prozesse der Bifurkation beschrieben werden. Zum größten Teil münden Bifurkationsprozesse vorübergehend im Chaos.

Mathematische Systemtheoretiker haben neue Werkzeuge für die Modellierung evolutionärer Veränderungen in komplexen Systemen entwickelt. Sie modellieren reale Systeme mit Hilfe sogenannter "Attraktoren", begrifflichen Einheiten, welche das spezifische Entwicklungsmuster des Systems in der Zeit beschreiben. Es gibt verschiedene Attraktoren: punktförmige Attraktoren, die durch einen bestimmten Punkt in dem "Phasendiagramm" tendieren; periodische Attraktoren, welche zyklisch wiederkehrende Zustände des Systems definieren, sowie sogenannte "chaotische" Attraktoren, welche unvorhersehbare und scheinbar ungeordnete Zustände des Systems modellieren, die sich bei genauerer Betrachtung dennoch als subtil geordnet erweisen. Wenn sich das System von einer Gruppe Attraktoren zu anderen verlagert, verzweigt sich die Bahn seiner Entwicklung zu einem neuen Muster - daher kommt der Begriff "Bifurkation" (aus dem Lateinischen bi, zwei, und furca, Gabel). In Abhängigkeit davon, ob die Verlagerung reibungslos und kontinuierlich, plötzlich oder ganz abrupt geschieht, sprechen die Modellierer von "subtilen", "katastrophalen" oder "explosiven" Bifurkationen. Heute werden alle drei intensiv untersucht.

Nach der neuen Auffassung entwickeln sich die Systeme in der realen Welt von einem bestimmten Anfangszustand auf einer Bahn von Zuständen, bis ein Muster erscheint, in dem die Bahn vorübergehend oder dauerhaft gefangen bleibt. Wenn das Muster nachweist, daß die Entwicklung des Systems zum Stillstand kommt, wird der Prozeß von statischen Attraktoren beherrscht. Wenn das Muster aus einem Zyklus mit einer festen Periodizität besteht, ist das System unter der Herrschaft periodischer Attraktoren. Und wenn die Sequenz der Zustände des Systems weder zur Ruhe kommt noch eine Periodizität aufweist, sondern instabil wird, dann steht es unter dem Einfluß chaotischer Attraktoren.

Es gibt mehr chaotische Attraktoren, als bisher angenommen wurde: In einer großen Vielzahl von Systemen wurde instabiles Verhalten gefunden. In der mathematischen Systemtheorie widmet sich eine ganze Disziplin ihrer Untersuchung, nämlich das Forschungsgebiet, welches als "Chaostheorie" bekannt geworden ist.

Trotz ihres Namens eliminiert die Theorie das Chaos eher, als daß sie es entdeckt, denn die von ihr untersuchten Prozesse erscheinen nur chaotisch. Wenn man sie näher analysiert, stellt sich heraus, daß sie eine eigene, komplexe Ordnung besitzen. Scheinbar ungeordnete Systeme, die sich mittels der seltsamen, doch geordneten Formen der chaotischen Attraktoren analysieren lassen, sind unter anderem der Lorenz-Schmetterling, der Birkhof- und Shaw-Bagel, das Rössler-Band und der Rössler-Trichter neben vielen anderen (die oben genannten Systeme wurden nach ihren Entdeckern und der geometrischen Form der Attraktoren so benannt).

Die zeitgenössische Chaostheorie reduziert das Chaos in so unterschiedlichen Prozessen wie Turbulenzen in einer Strömung und der Mischung von Substanzen während ihrer Verfestigung auf eine komplexe Ordnung. Turbulenzen in Gasen und Flüssigkeiten waren seit dem 19. Jahrhundert bekannt, aber sie wurden nicht verstanden. Erst im Jahre 1923 wiesen Versuche auf dem Gebiet der Flüssigkeitsdynamik nach, daß ringförmige Taylor-Strudel auftreten, wenn der Rührvorgang über einen kritischen Punkt hinaus fortgesetzt wurde. Jenseits dieses Punktes führte weiteres Rühren zu abrupten Transformationen in der Flüssigkeit und schließlich zu Turbulenzen. Heute werden die Turbulenzen durch chaotische Attraktoren modelliert, und es ist nachgewiesen, daß sie komplexe Ordnungen aufweisen, die für alle chaotischen Systeme typisch sind.

Auf immer mehr Untersuchungsgebieten wurden äußerst empfindliche Formen der Ordnung entdeckt, bedingt durch komplexe Schleifen und Feedbacks. Das Nervensystem weist zum Beispiel eine solche Ordnung auf: Es enthält mehrere Domänen des Chaos. Wenn chaotische Eigenschaften verlorengehen, dann entstehen Erkrankungen wie Depression und Epilepsie. Chaotische Zustände sind reich an Information, wohingegen regelmäßige, nichtchaotische Zustände monoton und wenig flexibel sind. Unser Herz schlägt ebenfalls in einem chaotischen Rhythmus, denn es fluktuiert auch unter normalen Bedingungen und im Ruhezustand. So merkwürdige Muster wie die ventrikuläre Fibrillation erscheinen völlig regelmäßig, wenn sie als Ausdruck eines ihnen zugrunde liegenden chaotischen Zustandes interpretiert werden. Der Verlust der chaotischen Eigenschaften signalisiert nicht Gesundheit, sondern den Beginn einer Erkrankung - und im Extremfalle des Sterbens.

Viele natürliche Systeme befinden sich permanent in einem Zustand des Chaos: Das Wetter ist ein gutes Beispiel. Es unterliegt unzähligen winzigen Schwankungen, von denen jede eine Kaskade von Einflüssen in Gang setzen kann, welche möglicherweise das globale Wettermuster verändert. (Eine heute legendäre Geschichte vom sogenannten "Schmetterlingseffekt" erzählt, daß ein Schmetterling, der in Südkalifornien mit seinen Flügeln schlägt, diejenige Luftturbulenz erzeuge, welche zur Folge hat, daß sich das Wetter in der äußeren Mongolei nächste Woche verändert. In Wirklichkeit wurde dieser Effekt nach der schmetterlingsähnlichen Form eines chaotischen Attraktors benannt, welchen der Meteorologe Edward Lorenz in den 60er Jahren als erster entdeckte.)

Besonders relevant sind Modelle mit "katastrophalen" Bifurkationen. Diese Modelle zeigen, wie sich Systeme durch eine Umordnung ihrer Attraktoren von turbulenten zu neu geordneten Zuständen bewegen. Sie bilden die Auflösung der Umwandlungsprozesse in der Realität ab. Die relevanten Modelle sind diejenigen, in welchen Systeme auf dem

Wege zu neuen, geordneten Zuständen chaotische Phasen durchlaufen. Die chaotische Phase selbst ist nicht völlig willkürlich, auch wenn sie instabil ist: Sie wird von chaotischen Attraktoren beherrscht. Die Evolution aller Spielarten fern vom thermodynamischen Gleichgewicht, vom winzigen Wasserstoffatom bis zum globalen Wirtschaftsunternehmen, unterliegt Bifurkationen mit chaotischen Phasen. Der Sozialpsychologe und Systemtheoretiker David Loye unterstreicht, daß die Chaostheorie ein besseres Verständnis dessen bietet, was in einer Zeit wachsender sozialer, politischer, wirtschaftlicher und ökologischer Krisen geschieht, geschehen kann und veranlaßt werden kann.

Die Hauptelemente des evolutionären Gigatrends - Innovationen, welche einen technologischen Ausdruck finden, Systemkonvergenz hin zu höheren Organisationsebenen und die Bifurkationen sowie das vorübergehende Chaos, welche den Prozeß kennzeichnen - haben die Evolution der menschlichen Gesellschaftsordnungen während der gesamten Geschichte beherrscht. Im modernen Zeitalter hat sich der Evolutionsprozeß beschleunigt, und in der Nachkriegszeit ist er schwindelerregend geworden. Der Wechsel von Stabilität und Instabilität, Ordnung und Chaos wurde sowohl schnell als auch revolutionär. Die Gesellschaft ist komplexer geworden, Technologien haben in der Ausbeutung der planetarischen Quellen freier Energie eine gewaltige Effektivität und Effizienz erreicht, und obwohl von Spannungen zerrissen, kommen mehr und mehr Nationalstaaten doch in einer Vielzahl von wirtschaftlichen, sozialen und Sicherheitsbündnissen zusammen.

DER EGT UND DIE ZUKUNFT

Was können wir auf der Grundlage unserer Kenntnis des EGT von der Zukunft erwarten? Für die Evolutionsmodelle gelten die Extrapolationen nicht, die uns aus den 60er und 70er Jahren vertraut sind, denn diese waren lineare und deterministische Extrapolationen, die auf einer mechanischen Verlängerung der Trends der Vergangenheit in die Zukunft basierten. Die Rhythmen der Veränderung in der Welt des Lebens sind weder deterministisch noch linear. Besonders ausgeprägt sind die Nichtlinearität und die Unbestimmtheit in der Sphäre der menschlichen Geschichte, in welcher der bewußte Wille einzigartiger Individuen mit dem Evolutionsprozeß in eine Wechselwirkung tritt. Die Prinzipien der Evolution sind keine ehernen Säulen, sondern flexible Rahmenbedingungen. Sie sind probabilistische (Wahrscheinlichkeiten folgende) und keine deterministischen Gesetze der Entwicklung komplexer Systeme.

Die Tatsache, daß die Ereignisse in der Menschenwelt nicht rigoros bestimmt sind, bedeutet nicht, daß sie zufällig sind. Auch wenn die Wirkungen nicht mechanisch und deterministisch aus den Ursachen folgen, so folgen doch einige Wirkungen mit höherer Wahrscheinlichkeit als andere. Die Kenntnis der probabilistischen Vorgänge ist eine nützliche Kenntnis. Der Mangel an Gewißheit ist niemals eine Entschuldigung für Ignoranz.

Obwohl die Welt nicht vorbestimmt ist und ihre Zukunft sich nicht mechanisch aus ihrer Vergangenheit ablesen läßt, manifestiert sie doch einen Gigatrend, welcher in der Vergangenheit beständig war und in der Zukunft bestehen bleiben wird - falls es eine Zukunft gibt. Dies muß als Bedingung hinzugefügt werden, weil die Unbestimmtheit bedeutet, daß zu Katastrophen führende Abweichungen immer möglich sind. Wenn es allerdings eine Zukunft gibt, dann ist es sehr wahrscheinlich, daß sie mit dem evolutionären Gigatrend konform sein wird. Der EGT ist die "Bezugskurve" des Diagramms, der Kurs, welcher früher oder später eingeschlagen werden wird, wenn nicht eine Katastrophe eintritt. Dieses Wissen ist wichtig: Es ist der Schlüssel zu einem effektiven Verhalten in einer Zeit, die dauernd von Instabilität, Chaos und Bifurkation erschüttert wird.

Der durch den EGT vorgezeichnete Weg legt nahe, daß zukünftige Gesellschaften stärker strukturiert und komplexer sein werden als die heutigen, daß sie die Energieströme ihres Milieus effektiver und effizienter ausnutzen werden. Staaten und Föderationen von Staaten werden transnational sein, und ihr Netz wird die Welt umspannen. Mit der Konvergenz regionaler Ökonomien auf überregionalen Ebenen wird es neue soziale, wirtschaftliche und politische Systeme auf höheren Ebenen geben. Die Gesellschaftsordnungen werden auf verschiedenen Ebenen Dörfer, regionale Gemeinschaften, städtische Gebiete, Städte, Bezirke, Provinzen, National- und Bundesstaaten sowie kontinentale Vereinigungen und Föderationen in koordinierten wirtschaftlichen, sozialen und politischen Strukturen einbeziehen. Und mit der besseren Nutzung der elektronischen Informations- und Kommunikationstechnologien wird das Informationszeitalter das Industriezeitalter ersetzen.

Abgesehen vom Schreckgespenst einer katastrophalen, weltweiten Bifurkation haben wir guten Grund zu der Annahme, daß eine globale, auf Information aufgebaute Gesellschaft letztendlich die evolutionäre Zukunft der Menschheit ist. Es wäre allerdings eine Selbsttäuschung zu glauben, daß eine globale Informationsgesellschaft eine stabile Struktur haben könnte. Die Hoffnung, es könne nach der gegenwärtigen Krise eine unveränderliche soziale, wirtschaftliche und politische Ordnung geben, ist unbegründet. Die Gesellschaftsordnungen werden instabil und deshalb verwundbar bleiben. Instabilität gilt sowohl im Hinblick auf die schnellen und möglicherweise radikalen Veränderungen der Werte, Weltbilder und Erwartungen der Menschen als auch im Hinblick auf die ebenso schnellen und radikalen Veränderungen, welche machtvolle neue Technologien in der physischen, sozialen und ökologischen Umwelt herbeiführen.

Auch wenn die langfristige Zukunft ebenso abenteuerlich sein wird wie die Gegenwart, so kann unsere nächste evolutionäre Bestimmung doch weit weniger gefährlich sein als heute. Die gegenwärtige Ära der Instabilität kann die Tür zu einer neuen historischen Epoche aufstoßen, in der die Instabilität durch den intelligenten Gebrauch von Informationen abgefangen wird. Durch die Schaffung einer globalen Informationsgesellschaft kann die Menschheit eine neue Dimension der Beherrschung der Instabilität erreichen - sie kann ein breites Plateau betreten, auf welchem der notwendige Systemzustand des Ungleichgewichtes bewußt und effektiv ausgewogen ist. Letztendlich ist dieses die Herausforderung, welche in der Bewältigung des gegenwärtigen großen Umschwungs liegt. Diese Herausforderung besteht für die Unternehmenswelt in der bewußten Bewältigung der Evolution durch den systematischen Einsatz evolutionären Managements.

ESSAY I

KURZE EINFÜHRUNG IN DIE CHAOS-DYNAMIK FÜR DEN EVOLUTIONÄREN PLANER

Evolutionäre Planung ist ein kreatives Spielen mit "deterministischen Wahrscheinlichkeiten" in einem beabsichtigten und zweckgerichteten Wechselspiel mit dem Zustand des Unternehmens. Damit sie die Kunst dieses Spieles beherrschen, müssen evolutionäre Planer die Grundlagen der Dynamik des Chaos verstehen. Diese Aufgabe ist nicht so schwierig, wie sie auf den ersten Blick erscheinen mag.

Damit wir die Chaos-Dynamik verstehen, müssen wir ein sogenanntes chaotisches System betrachten, das heißt, unsere Betrachtung gilt einem System, welches (zumindest teilweise) von chaotischen Attraktoren beherrscht wird. Das moderne Unternehmen ist ein solches System: Es ist in sich zu komplex, hat zu viele Verbindungen zur Außenwelt, und es ist insgesamt gesehen zu weit vom inerten Zustand des thermodynamischen Gleichgewichtes entfernt, als daß es ein vollkommen geordnetes, quasi-mechanisches System sein könnte. Wir können daher den evolutionären Planungsprozeß mit Hilfe der Manipulation eines Systems illustrieren, welches von einem bekannten chaotischen Attraktor beherrscht wird, dem Rössler-Band.

In dieser Simulation nehmen wir an, daß wir eine Messung des Systems, in diesem Falle des Unternehmens, am Zeitpunkt t_1 durchführen. Diesen Zustand bezeichnen wir mit X und kennzeichnen daher diesen spezifischen Punkt in der Entwicklung des Systems mit $X_{(t1)}$ (siehe Abbildung 1). (Die fragliche Messung kann die Kapital-Verfügbarkeit des Unternehmens, die eingesetzten Technologien, die Versorgungsbasis, die Märkte oder andere wirtschaftliche Faktoren betreffen.) Wir lassen einige Zeit verstreichen und führen dann eine neue Messung des Systems durch, welche auf die gleichen Faktoren bezogen ist. In der Zwi-

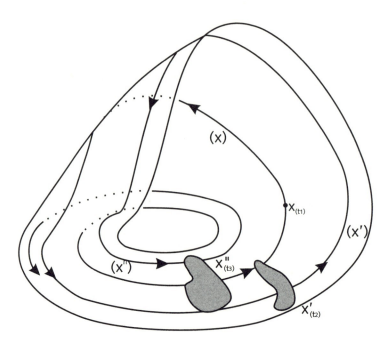

Abbildung 1

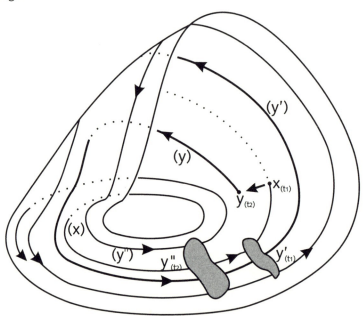

Abbildung 2

schenzeit hat das System (d.h. das Unternehmen) eine Reihe von Zuständen durchlaufen, welche seiner normalen "Entwicklungsbahn" folgen und hier durch die Schrittfolge X - X' - X" angegeben wird. Die nächste Messung findet zum Zeitpunkt t_2 statt, und der gemessene Zustand des Systems wird mit $X'_{(t2)}$ bezeichnet. Wir stellen jedoch fest, daß es unmöglich ist vorherzusagen, wie dieser Zustand aussehen wird, denn die Dynamik des Systems erzeugt keinen Zustand, welcher einzigartige Parameterwerte besitzt. $X'_{(t2)}$ ist kein einzelner, sondern ein der Wahrscheinlichkeit unterworfener Zustand, welcher die Streuung der *möglichen* Zustände des Systems definiert. Es ist unmöglich vorherzusagen, welchen der in der gegebenen Streuung möglichen Zustände das System tatsächlich annehmen wird. $X'_{(t2)}$ ist ein dynamisch nicht determinierter Zustand.

Wir lassen sodann wiederum einige Zeit verstreichen, so daß das System seine Bahn weiter verfolgt. Wenn wir zum Zeitpunkt t_3 wiederum eine Messung durchführen, so finden wir, daß die gleiche der Wahrscheinlichkeit unterworfene Bedingung besteht, jedoch *ist die Streuung diesmal breiter*. $X"_{(t3)}$ kann vom Zustand X aus noch weniger vorhergesagt werden als $X'_{(t2)}$. Allerdings haben wir noch immer die Streuung der Wahrscheinlichkeiten.

Daher trifft es nicht zu, daß "alles geschehen kann". Je mehr Zeit wir dem System lassen, desto größer wird die Streuung der Wahrscheinlichkeiten seiner möglichen Zustände. Das heißt, daß *sich die Unvorhersehbarkeit proportional zur Zeit vergrößert*. Die Wahrscheinlichkeiten sind nicht durch den Mangel an Informationen über die genauen Faktoren bedingt, welche die Entwicklung des Systems bestimmen. Die Chaostheorie sagt aus, daß wir selbst dann nicht genau vorhersagen können, welchen Zustand aus der Streuung der möglichen Zustände ein System annimmt, wenn wir jeden einzelnen Einfluß auf das System kennen. Ein System, welches von chaotischen Attraktoren bestimmt wird, ist *in sich* der Wahrscheinlichkeit unterworfen. In diesem Sinne ist das Chaos nicht vorhersehbar.

Nunmehr nehmen wir an, daß der evolutionäre Planer über eine Möglichkeit zur effektiven Interaktion mit dem System verfügt. Planungsentscheidungen können des Unternehmen zum Zeitpunkt t_1 vom Zustand X in den Zustand Y überführen (siehe Abbildung 2). Danach folgt das Unternehmen der Bahn Y (Y - Y' - Y") anstelle von X. (Die fraglichen Entscheidungen müssen die relevanten Parameter des Unternehmens betreffen, d.h. seinen Zugang zu Kapital, die Art seiner Technologien, seine Lieferungen, seine Marktpartner usw.) Wenn wir die nächste Messung durchführen, finden wir die charakteristische Wahrscheinlichkeitsstreuung vor, diesmal allerdings in Verbindung mit der Bahn Y, nämlich $Y'_{(t2)}$. Wenn wir weitere Zeit verstreichen lassen, wird die Streuung breiter: Zum Zeitpunkt $Y"_{(t3)}$ wird sie breiter sein als zum Zeitpunkt $Y'_{(t2)}$. Obwohl nach einem bestimmten Eingriff die Unvorhersehbarkeit des künftigen Zustandes des Unternehmens noch immer besteht, betrifft sie dann einen anderen Satz Parameterwerte.

Diese Übung in Chaos-Dynamik läßt uns erkennen, daß komplexe Systeme, welche teilweise von chaotischen Attraktoren beherrscht werden, eine sogenannte "sensible Abhängigkeit vom Anfangszustand" zeigen. Einerseits sind sie an sich unvorhersehbar. Anderseits werden sie von ihrem jeweiligen Anfangszustand bestimmt. Das Chaos wird zu Recht als "deterministisch" bezeichnet. Obwohl der zukünftige Zustand eines chaotischen Systems nicht aus einem einzigen Satz von Werten bestimmt werden kann, folgt sein zukünftiger Zustand in einer geordneten Weise aus seinem aktuellen Zustand. Wenn man weiß, *wie* es aus diesem folgt, und wenn man in der Lage ist, *den aktuellen Zustand durch Führungsentscheidungen zu beeinflussen*, können evolutionär planende Unternehmen ein beträchtliches Ausmaß an Kontrolle über ihr Schicksal ausüben. Diese Kontrolle ist wesentlich stärker als bei der konventionellen Planung, welche bald vor Überraschungen steht und in zunehmender Verwirrung endet.

Die Manager unserer Zeit sehen sich vor die Notwendigkeit gestellt, die Topographie der wirtschaftlichen Landschaft zu beobachten und

Organisationsstrukturen zu schaffen, welche zu schnellen und effizienten Anpassungen fähig sind.

Gleichgültig, ob ein Unternehmen groß oder klein, seit langem eingeführt oder neu gegründet ist: Evolutionäre Planung ist für Unternehmen lebenswichtig. Bei einer eingeführten Firma besteht, besonders wenn sie groß und komplex ist, die Gefahr, daß sie in eingefahrenen Geleisen steckenbleibt. Dies kann auch dann tödlich sein, wenn sich diese Schiene höchst erfolgreich erwiesen hat. Das "Vergessen alter Strategien" ist eine wesentliche Voraussetzung für andauernden Erfolg, aber es ist nicht immer einfach, alte Strategien zu vergessen, wenn sie durch große und verknöcherte Organisationsstrukturen verstärkt werden. Eine hierarchisch strukturierte Organisation folgt ihrem "Kopf" möglicherweise bis an den Rand des Abgrundes. Folglich spielt es keine Rolle, wie erfolgreich es bis zu einem gegebenen Zeitpunkt war: Ein großes und komplexes Unternehmen muß im Interesse der Erhaltung ihres Erfolges in eine "organisatorische Bifurkation" eintreten. Es muß seine innere Organisation von

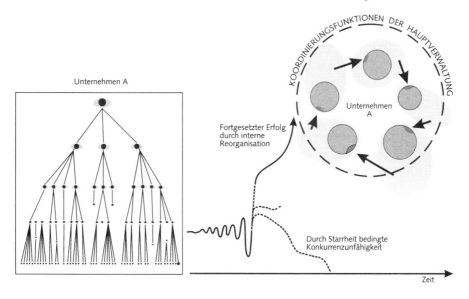

Abbildung 3: Von der "zentralen Programmierung" zur "Parallelverarbeitung" (Abbildung in voller Größe am Ende des Buches. Siehe auch Abbildung 8, Seite 96)

einer hierarchischen in eine nichthierarchische, crosskatalytische Form umwandeln. Statt vorgegebenen Schablonen seiner Hauptverwaltung zu folgen, müssen die verantwortlichen Geschäftsbereiche, Abteilungen und Teams anfangen, betriebliche Entscheidungen zu treffen. Das Unternehmen muß als Ganzes von "zentraler Programmierung" auf "Parallelverarbeitung" umschalten (siehe Abbildung 3).

Kleine und mittlere Spieler stehen, besonders wenn sie neu in der Szene sind, einem anders gearteten Problem gegenüber. Ihre Größe und ihre organisatorische Basis reichen in der Regel nicht aus, um auf alle Technologien und Informationen zugreifen zu können, die erforderlich sind, damit sie auf Märkten konkurrenzfähig bleiben können, welche zunehmend von globalen Spielern beherrscht werden, die nach Gewinn und Marktanteilen dürsten. Wenn sie nicht von den Großen geschluckt werden oder aus der Rentabilitätszone gedrückt werden wollen, müssen kleine und mittlere Unternehmen unter sich übergeordnete katalytische Zyklen schaffen. Dies verlangt nach "konvergenten Bifurkationen" ihrer

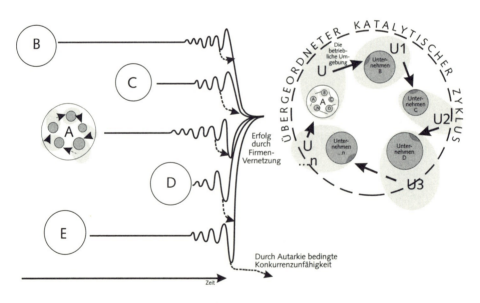

Abbildung 4: Erfolge durch Firmenvernetzung
(Abbildung in voller Größe am Ende des Buches)

Managementmethoden. Am besten erreicht man das durch Vernetzung, strategische Partnerschaften und die Herstellung innovativer Produktions-, Handels- und Marketing-Verbindungen sowie Vereinigungen untereinander (siehe Abbildung 4).

Unternehmen haben gegenüber biologischen Populationen einen großen Vorteil: Sie müssen nicht mit zufälligen Mutationen experimentieren, sondern sie können organisatorische Verfahrensweisen sowie Produktlinien, Betriebe und Technologien zielgerichtet verlagern. Manager können sich mit den fundamentalen Entwicklungstrends vertraut machen und ihr neu erworbenes Wissen dazu benutzen, sich an die sich verändernde Topographie der globalen Wirtschaftswelt anzupassen.

Zweiter Teil
Globales Handeln

4

EVOLUTIONÄRES MANAGEMENT I

Wenn das evolutionäre Denken aus dem Reich der Konzepte in die Sphäre der Praxis gelangt, bietet es sofort eine visionäre Dimension wie auch Regeln, die effektive Entscheidungen zu fällen erlauben. Die Herstellung von visionärem Denken und praktischem Managementwissen sind die Ziele des evolutionären Managements.

Viele konventionelle Managementansätze verharren in einer Form von experimentellem Zweckdenken, welches sich historisch auf ein hohes stabiles Wachstum auf Kosten der Umwelt stützt. Konventionelle Managementmethoden werden zusehends unwirksamer. Neue Formen des Wettbewerbs, eine weltweite wirtschaftliche Umstrukturierung, Wandel und Ungewißheiten in den Märkten, eine Verkürzung der Produktlebensspannen und Zeiträume, in denen technologische Innovationen imitiert und nachgebaut werden, zwingen die Unternehmen dazu, schneller und mit größerer strategischer Kohärenz zu handeln, als sie dieses in der Vergangenheit taten.

Der Versuch, ein Unternehmen der 90er Jahre mit den überkommenen und allein auf das Betriebsergebnis ausgerichteten Methoden der normalen Managementkonzepte zu führen, gleicht der völligen Konzentration seiner Fähigkeiten auf das Fliegen eines Flugzeuges ohne Berücksichtigung des Luftraumes, in welchem man fliegt. Die Kapitäne unserer Zeit können sich nicht mehr ausschließlich mit dem Funktionieren ihres (Flug-)Unternehmens befassen, vielmehr müssen sie einen Kurs steuern, welcher sich auf die "Klimabedingungen", die gegenwärtige Position und den Bestimmungsort sowie den "Verkehr" bezieht, der auf dem Netz der Linien fließt, welches den Globus umspannt. Dieser "Verkehr" ist diversifiziert und komplex. Wenn wir das Bild in die Welt des

Herkömmliche Sichtweise	Evolutionäre Sichtweise
Das Unternehmen ist die Summe seiner Aktivitäten und strategischen Geschäftsbereiche.	Das Unternehmen ist ein ganzheitliches System mit all seinen Abläufen und Strukturen.
Das Unternehmen entwickelt sich in einer linearen, stabilen und voraussagbaren sowie kontrollier- und steuerbaren Art und Weise.	Das Unternehmen entwickelt sich nicht linear, sondern mit nach Wahrscheinlichkeitsgesetzen entstehenden Entwicklungssprüngen und Umwandlungen, die gesteuert, aber nicht vorausbestimmt werden können.
Die angezeigte Organisationsform ist die Matrix-Hierarchie.	Die angezeigte Organisationsform ist eine übergeordnete, katalytische und vernetzte Heterarchie.
Geschäftsbeziehungen mit Lieferanten, Vertriebs-Organisationen und Konkurrenten sind von der Art eines Null-Summen-Spiels des Typs "Ich-gewinne-du-verlierst".	Alle Geschäftsverbindungen sind tatsächlich oder potentiell von der Art, gemeinsam zu gewinnen: "Win-Win-Gewinnen-Gewinnen".
Es gibt klar definierte Grenzen sowohl innerhalb der Firmenbereiche als auch zwischen der Firma und ihrer weiteren Umwelt.	Die Grenzen sind unscharf (fuzzy), und sie sind durchlässig für Information sowie durch funktionale Verbindungen gekennzeichnet.

Managements übertragen, umfaßt der "Verkehr" in seinen Kernbestandteilen Kunden, Konkurrenten, Lieferanten, Händler, Partner in F&E (Forschung und Entwicklung), Subunternehmer und Regierungen.

Es ist an der Zeit, ein zuverlässiges globales Referenzsystem zu benutzen, an dem sich die Unternehmensleiter in dem heute zunehmend überfüllten und turbulenten Luftraum orientieren können. Die Evolutionswissenschaft bietet die Grundlage für ein derartiges System. Das Wissen, das aus den neuen Wissenschaften kommt, ist die Grundlage, die man für die Entwicklung eines effektiven Managementwerkzeuges und dessen praktische Anwendung benötigt. Dieses Werkzeug zu entwickeln ist das Anliegen, das wir im 4. und 5. Kapitel verfolgen.

DIE GRUNDKONZEPTE

Das Veralten der klassischen Ansätze. Ungeachtet des Wandels im Denken der Manager, den wir im 6. Kapitel darstellen, ist die Praxis der Verwaltung weiterhin in erster Linie auf dem Instrumentarium der Mikroökonomie aufgebaut. Die Grundaussagen dieses Ansatzes sind folgende: Jede Firma einer Industrie verfügt über eine Produktivitätsfunktion, die auf den eingesetzten Produktionsmitteln (Arbeit, Kapital) beruhen, aus denen sich die Grenzkosten herleiten. Die Kalkulation der Produktion eines Produktes Q zielt dabei auf der Deckung der Grenzkosten durch die Grenzerträge (GK = GE). In einer idealen Wettbewerbssituation wird der Preis durch Angebot und Nachfrage festgelegt, welche wiederum aus dem Konsumentenverhalten und der Kostenstruktur zusammengesetzt sind. Die Theorien des Monopols wie die des Oligopols sind Variationen über einen Ansatz. Mit anderen Worten fußt die Mikroökonomie auf einem statischen Rechenmodell, das die Summe aller Teile erfaßt, um sie auf ein Ergebnis zu orientieren. Es ist kein Modell, das komplexe dynamische Interaktionen in der Firma, zwischen den Firmen und dem weiteren sozialen, politischen, ökologischen und kulturellen Umfeld, in dem sie agieren, erfassen könnte. Die Mikroökonomie, wiewohl sie eine nutzbare Grundlage zum Verständnis über die Funktionsweise der Marktwirtschaft bietet, erweist sich von geringem Nutzen, um die Entscheidungsträger mit einem Handwerkszeug für das Management moderner Unternehmen auszustatten.

In der Folge steigender Anforderungen moderner Praktiker hat in jüngerer Zeit die Managementtheorie die Beziehungen, die über die spezifizierbaren und isolierbaren Strukturen und Funktionen der Kosten und Erträge hinausreichen, herausgearbeitet. Michael Porters 5 Kräfte zur Bestimmung industrieller Stärken sind das wohl am besten bekannte Modell. Aber selbst in diesem Falle wurden die Beziehungen zwischen Firmen sowie zwischen ihnen und ihren Lieferanten sowie Kunden als das Ergebnis individueller struktureller Faktoren erklärt. Diese sind zum Beispiel die Lieferantenkonzentration, Produktunterschiede, die Regierungspolitik und Kosten der Kundenumschichtung. Die Erklärung bezog sich auch auf einzelne Einheiten wie zum Beispiel Ersatzprodukte und neue Mitbewerber. Porters Ansatz bleibt statisch und grundlegend vereinfachend.

Viele der gegenwärtigen Methoden des strategischen Managements, die in der Management-Beratung von Firmen wie McKinsey, BCG und den führenden Strategie-Küchen wie Braxton Associates eingesetzt werden, sehen das Unternehmen zusammengesetzt aus sequentiell geordneten Teilen oder Handlungen. In diesem Modell besteht eine typische Firma aus dem Einkauf, der Herstellung oder Dienstleistung, dem Lager, dem Vertrieb, dem Marketing und Verkauf sowie der Kundenbetreuung. Jede dieser Aktivitäten und Bereiche gehen in die Kostenrechnung und die Bilanz der Firma ein.

Das strategische Management zielt auf eine Kostensenkung auf das im Wettbewerb vertretbare niedrigste Niveau und auf die Erhöhung des Ertrags. Der Weg, in dem das Management beraten wird, Kostenreduktion und Ertragssteigerung durchzuführen, nennt den Gewinn, der aus der Ausnutzung verschiedener Handelsspannen, aus dem Einsatz von Technologie, der gewonnen Erfahrung und anderen strukturellen Antriebsmomenten jedes Handlungsniveaus zu ziehen ist. Nehmen wir beispielsweise den Fall, daß die Beschaffungskosten um 10% gesenkt werden könnten, wenn das jährliche Einkaufsvolumen verdoppelt wird. Dann wird die Strategie darauf hinauslaufen, den Einkauf zu bündeln. Oder aber das Unternehmen beteiligt sich an einem Wettbewerber, um den Einkauf zusammenzuführen und die Einkaufsvorteile auszunutzen. Wenn der Produktpreis um 20% mit jeder Verdoppelung des Marketingbudgets zu steigern wäre, ist es sinnvoll, die Strategie darauf auszurichten, einen höheren Anteil der vorhandenen Ressourcen in das Marketing zu lenken. Der erfolgreiche Wettbewerber, der ständig über dem Durchschnitt wirtschaftet, ist so in der Lage, die strukturellen Antriebskräfte auf jedem Niveau seiner Aktivitäten auszubeuten.

Diese Aktivitäten-Kosten-Methode erweist sich als praktikabel und ergebnisorientiert. Sie ist im Amerikanischen mit dem Begriff Leverage-Hebelwirkung verbunden und im Deutschen unter Engpaß-Strategie (Einleitung der Mittel in den engsten Raum mit der größten Wirkkraft) bekannt. Als Methode sind auch diese beiden statisch und linear: Die Gesamtkosten und die Ertragskraft der Firma werden zusammengeführt aus der Summe der Einzelkosten je Aktivität und den Wertschöpfungen daraus (siehe Abbildung 5). Im Normalfall werden Interaktionen, Verzögerungen und Wechselwirkungen zwischen den einzelnen Aktivitäten nicht erfaßt. Die Methode bietet auch keine Möglichkeit, das Unternehmen in einer Art "bewegtem Bild", d.h. in einem dynamischen Entwurf seiner Aktivitäten und Prozesse darzustellen. Zu guter Letzt darf nicht außer acht gelassen werden, daß die Aktivitäten-Kosten-Methode an den Grenzen des Unternehmens stehen bleibt und die Kosten und Werte in Verbindung mit der Geschäftsumwelt vernachlässigt.

Solange die dynamische Komplexität begrenzt blieb, waren die gründlichen und ergebnisorientierten Ansätze der Steuerung hinreichend gut. Zunehmend zeigen sich jedoch gegenwärtig Führungsfehler in Unter-

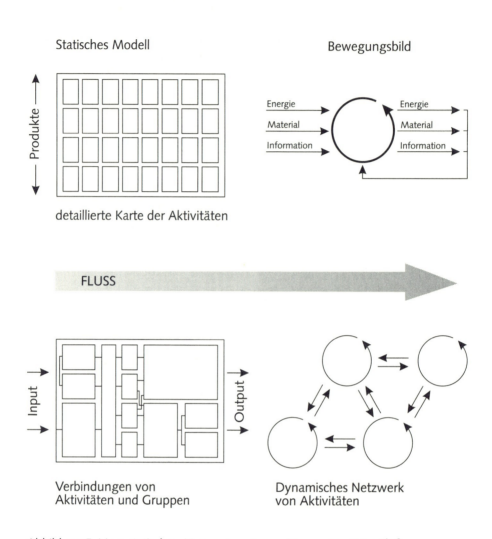

Abbildung 5: Vom statischen Management zum Management im Fluß

nehmen. J. Forresters Artikel über dynamische Wechselwirkungen in der Industrie erschien 1958 in der *Harvard Business Review*. Seit dieser Zeit wurden Anstrengungen unternommen, das Unternehmen ganzheitlich, mit den ihm eigenen dynamischen Systemeigenschaften zu zeigen. Jüngste Veröffentlichungen, wie *Competing Against Time* (Wettkampf gegen die Zeit) von George Stalk jr. und John Hout versuchen die

Wichtigkeit der Prozesse darzustellen, die die Teile des Unternehmens untereinander sowie das Unternehmen und seine Umwelt verbinden. Aber sie haben eine kurze Reichweite und gleichen dem Epizyklus, den Ptolemäus in der Antike entwarf, um seinem Modell der Erde als Mittelpunkt des Universums eine Grundlage zu geben: Es erklärte Details durchaus hinreichend genau (z.B. die Bewegung der Planeten), ohne dabei jedoch eine richtige Vorstellung des gesamten Systems zu vermitteln. Die zeitge-nössische Managementliteratur befindet sich in einem ähnlichen Stadium: Sie erklärt hinreichend viele der Probleme des schnellen Wandels und der komplexen Industrien, ohne eine dazugehörende Grundlage zu entwickeln. Das zugrunde liegende Modell des Management-Alltags folgt vielmehr einer statischen, gründlichen und ergebnisorientierten Sicht der Unternehmen.

Eine neue konzeptionelle Begründung ist gefordert, ein Paradigmawechsel überfällig: Die Geschäftswelt und die Industrieumwelten haben sich als Ganzes grundlegend geändert. Im Laufe dieses Jahrhunderts wurden die Unternehmen selbst grundsätzlich komplexer und verbanden sich (siehe Abbildung 6). Diese Entwicklung begann mit einer Anzahl einfacher Operationen (Rohstoff-Einkauf, Arbeit, Maschinen und Vertrieb) und wuchs mit der Zeit zu neuen Dimensionen, die den Schlüssel seiner Lebensfähigkeit bergen. Diese Dimensionen schließen Maß- und Kontrollmechanismen ein, eine größere Nähe zu Lieferanten, Händlern und Wettbewerbern, eine gemeinsame Kultur und eine Werteskala, Allianzen und Partnerschaften sowie in der jüngsten Zeit eine kostenträchtige Verbindung zum Ökosystem und der Gesellschaft. Mit jeder neuen Dimension wuchsen die Wechselwirkung und die Komplexität.

Die neuen Dimensionen in der Entwicklung der Unternehmen meinen die höhere Ordnung in der Einheit ihrer Beziehungen und Handlungsketten. Innerhalb der Firmen verschwindet die Erkennbarkeit individueller Handlungsvollzüge. In der Folge umreißt die Beschreibung des Unternehmens als einer Organisation, die aus sequentiell geordneten Abteilungen besteht, nicht mehr seine Schlüsseleigenschaften. Die Durch-

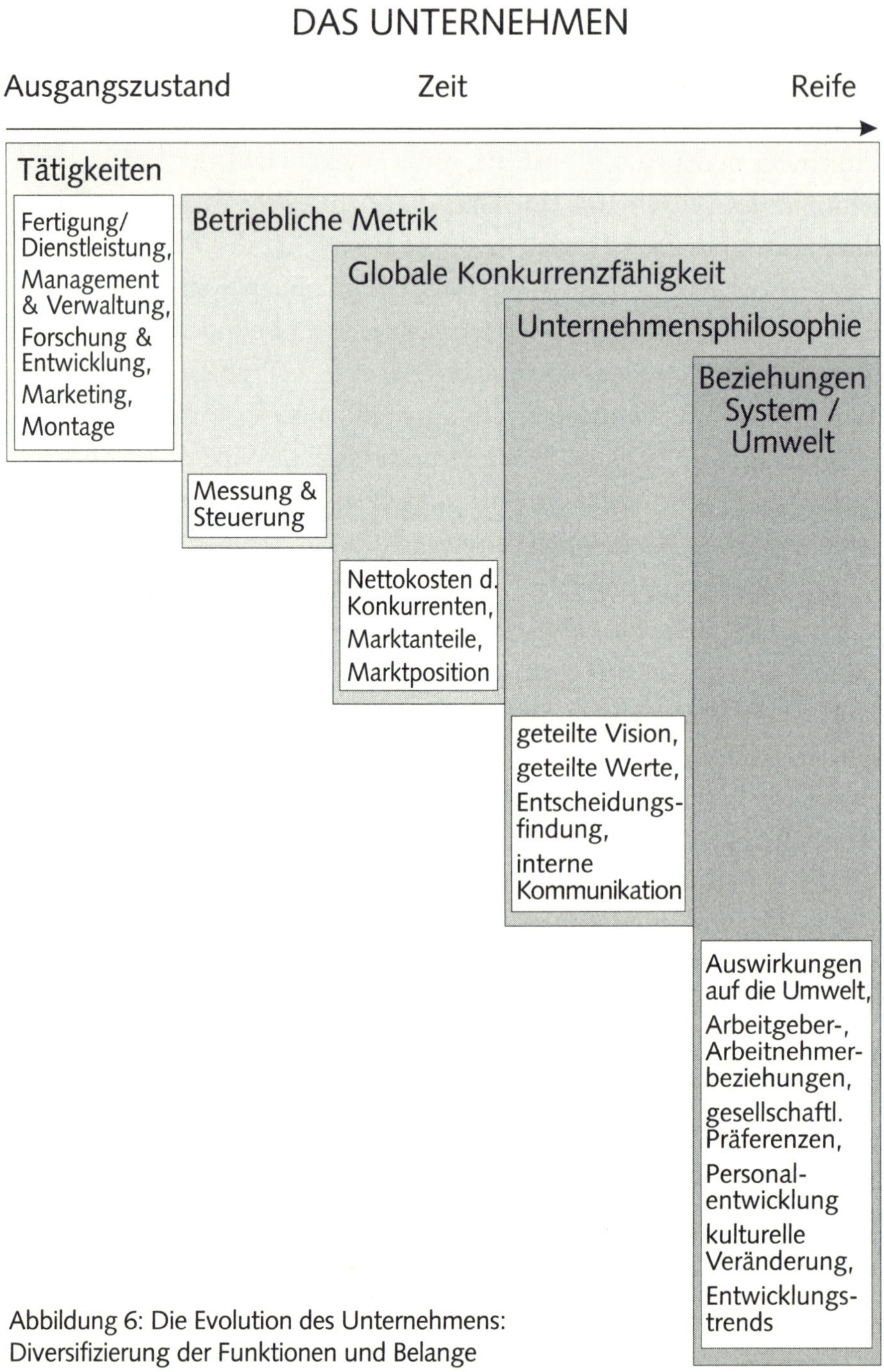

DAS UNTERNEHMEN

Ausgangszustand — Zeit — Reife

Tätigkeiten
Fertigung/ Dienstleistung, Management & Verwaltung, Forschung & Entwicklung, Marketing, Montage

Betriebliche Metrik
Messung & Steuerung

Globale Konkurrenzfähigkeit
Nettokosten d. Konkurrenten, Marktanteile, Marktposition

Unternehmensphilosophie
geteilte Vision, geteilte Werte, Entscheidungsfindung, interne Kommunikation

Beziehungen System / Umwelt
Auswirkungen auf die Umwelt, Arbeitgeber-, Arbeitnehmerbeziehungen, gesellschaftl. Präferenzen, Personalentwicklung, kulturelle Veränderung, Entwicklungstrends

Abbildung 6: Die Evolution des Unternehmens: Diversifizierung der Funktionen und Belange

lässigkeit der internen Schranken und Abteilungsgrenzen wird am besten in der Managementtechnik des "cross-fertilizing" (sich gegenseitig befruchtenden Managements) deutlich, das zunehmend in größeren Unternehmensgruppen zu beobachten ist. Wissenschaftler spielen eine zunehmende Rolle in der Herstellung, Produktionsleiter erwerben Fähigkeiten im Design, die Marketing-Mannschaft lernt die Zwänge der Produktion kennen. Dabei bleiben alle Aktivitäten des Unternehmens eng verbunden mit den Bedürfnissen und Forderungen der Kunden, Lieferanten, Händler und Wettbewerber. Die hierarchischen Strukturen einer Matrix-Organisation werden durch die flexiblen eines mehrschichtigen Netzwerkes verdrängt: Das moderne Unternehmen erhält eine quasi-organische Qualität.

An der Schnittstelle Unternehmen/Umwelt werden Partnerschaften mit Lieferanten, Händlern, Kunden, ja selbst mit den Wettbewerbern zur allgemeinen Grundlage. Auf Grund von Unterverträgen und nicht berichteten Nebenabreden in Geschäften werden die Eigentümeranteile immer weiter dezentralisiert. Und Dank des weiteren Zugangs zu Informationen, einer wachsenden Flexibilität, einem besseren Risikomanagement wie einer Offenheit für Kundenbedürfnisse gehen Firmen Beziehungen und Kooperationen miteinander ein - mit dem Ergebnis, das funktionale Beziehungen immer mehr einbezogen werden (siehe Abbildung 7). Die Interdependenz wächst sowohl zwischen den Firmen durch Joint Ventures, Allianzen, strategische Partnerschaften und eine ganze Spannbreite an informellen Geschäftsnetzwerken, als auch zwischen den Firmen und ihrer physikalischen Umwelt. Diese Entwicklung gilt für die White-Collar-Produktionen (z.B. die Computer-Industrie) wie für die Schwerindustrie oder die Finanzdienstleistungen (wie z.B. Versicherungen).

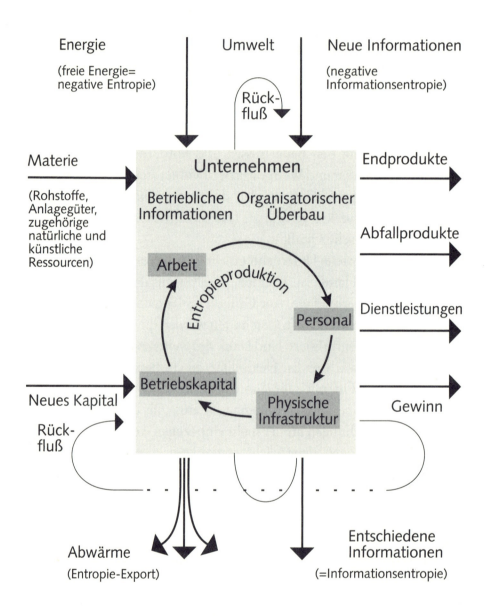

Abbildung 7: Das Unternehmen als System: Die Grundströme

DIE SYSTEMISCHEN EIGENSCHAFTEN DES UNTERNEHMENS

Wie eine lebende Zelle, ein vielzelliger Organismus, ein vollentwickeltes Ökosystem oder eine moderne Gesellschaft ist auch das moderne Unternehmen ein komplexes System, das Materie, Energie und Informationen verarbeitet. Das Modell, das hier zugrunde liegt, ist das eines Systems in einem thermodynamischen Ungleichgewicht mit seinen sich selbst erschaffenden und erhaltenden inneren Strukturen, die wir als *autokatalytischen Zyklus* bezeichnen. Diese Strukturen entwickeln mit ihrer weiteren Umwelt immer komplexere Beziehungen und bilden *übergeordnete katalytische Zyklen*.

Wenn wir das Unternehmen als System betrachten, können wir die Eigenschaften unterscheiden, die für ein effektives Management wichtig sind, und die erforderliche Vision und zugrundeliegende Regeln liefern. Diese neuen unterscheidbaren Eigenschaften umfassen: *Selbst-Lernen, die Herrschaft der Ablauforganisation über die Struktur, das Überwiegen nicht-linearer, zufälliger Wechsel, das Zusammenwachsen durch Allianzen und Partnerschaften, Hyperzyklen mit dem Ökosystem und der Gesellschaft sowie Heterarchien und Netzwerkstrukturen.*

Selbst-Lernen - Der klassische Begriff vom Lernen ist untrennbar von dem der Lehre. Der Begriff des Selbst-Lernen im evolutionären Denken versteht das Erfassen weiterer Dimensionen der Welt als einem selbstorganisierten Prozeß. Ob auf der Ebene eines Marketingteams, einer Verkaufsabteilung, einer Firma oder eines ganzen Industriezweiges, jede Aktivität erneuert und organisiert sich in einer Weise selbst, daß sie nicht auf ihre konstitutionellen Bestandteile zurückgeführt werden kann. Auf jedem Punkt der Zeitachse arbeitet die Aktivität anders und schafft verschiedene Ebenen der Komplexität. Der EGT lehrt uns, daß die Richtung des Selbst-Lernens generell auf größere Vielfalt und Informationsausnutzung weist. Für das Unternehmen oder die Organisation bedeutet dies, daß die Fähigkeit, den Prozeß des Selbst-Lernens einzuleiten und fortzuführen, unabdingbar von ihrer Fähigkeit abhängt, wachsende Komplexität und Informationsflüsse in das vorherrschende Werte- und Organisationssystem zu integrieren.

Die Herrschaft der Ablauforganisation über die Struktur - Bisher sah man Material- und Informationsflüsse in Unternehmen von ihrer Organisationsstruktur bestimmt. Matrixmodelle zeigten Einkauf, F&E, Marketing usw. als einzelne Einheiten, welche Produkte oder Service-Leistungen immer in einem unfertigen Zustand "empfingen", sie verfeinerten sowie ihnen Wert zufügten und sie dann an die nächste Einheit "weiterreichten". Die Aufteilung der Struktur wurde innerhalb der Produktion und der Dienstleistungen sehr fein vorgenommen. In dynamischen komplexen Unternehmen spielen die Abläufe des Empfangens und Weiterreichens eine kritische Rolle in der Kostenkontrolle und Kundenzufriedenstellung. Verzögerungen, auf welcher Ebene sie auch auftreten, verringern die Wettbewerbsfähigkeit der Firma bei der Lieferfähigkeit im Produktbereich und der Durchführung von Dienstleistungen; auch verkürzen sie die erforderlichen Planungsperioden. Verkürzte Planungshorizonte aber bergen die Gefahr zunehmender Fehlerquellen und höherer Lagerkosten. Die Verfügung über ausgefeilte Informationstechnologien (Computer, Telekommunikation, Software, Informationsmanagement) erlaubt es Unternehmen, Abläufe mit kurzen Übertragungszeiten zwischen den Einzelaktivitäten zu steuern und diese Aktivitäten so zu bündeln, daß die Kosten auf der Systemebene minimiert werden. Dabei gehen diese Aufgaben weit über das hinaus, was als Lösungen in der Just-in-time-Produktion gefunden wurde. Der EGT lehrt uns, daß die Schnittstellen zu und der Fluß von Informationen nur mit der Zeit anwachsen können und dann auch die Schnittflächen außerhalb des Unternehmens erfassen. Daraus folgt, daß die Managementaufgaben immer komplexer werden. In der Folge dieses Schwerpunktes ist jetzt der Wettbewerbsvorteil eine wichtige Quelle für das erfolgreiche Unternehmen.

Das Überwiegen nichtlinearen zufälligen Wandels - Die Evolution des Unternehmens ist konstant, aber nicht kontinuierlich, sie ist fortschreitend, aber nicht linear. Von Zeit zu Zeit muß das Management schwierige Entscheidungen fällen - zum Beispiel, ob man mit neuen Produkten oder Dienstleistungen auf neue Märkte geht, ob man das Unternehmen insgesamt oder teilweise refinanziert oder ob die Unternehmensstruktur selbst reorganisiert werden soll. Diese Entscheidungen stellen Bifurkationen auf dem Entwicklungswege des Unternehmens dar: Sie werden durch Instabilität ausgelöst und führen zu chaotischen Phasen. Wir werden aufzeigen, daß es, um solche Prozesse zu beherrschen, der Selbst-Lern-Potentiale in der Organisation bedarf. Mit diesen Potentialen kommt die Entwicklung verschiedener kleiner, paralleler, gezielter Aktionen in Gang, von denen jede die Möglichkeit zum Erfolg in sich trägt. Eine oder eine Anzahl dieser Aktionen bringt es auf den Punkt und erzeugt einen größeren und andauernden Erfolg. Es ist der oft zitierte Weg, auf dem japanische Unternehmen ihre Produktinnovationen erzeugen.

Das Zusammenwachsen durch Allianzen und Partnerschaften - Der evolutionäre Ansatz von übernehmenden und erwerbenden Unternehmen, in strategischen Partnerschaften, informellen Netzwerken und anderen Arten von Interaktionen zwischen Unternehmen und Partnern konvergiert zu einer höheren Organisationsebene. Die Koordinationsfunktionen für die übernommenen, erworbenen oder im Netzwerk befindlichen Einheiten sind Hyperzyklen, welche die vielfältigen Operationen des Unternehmens in die regionalen, nationalen oder weltweiten Industriegruppen integrieren. In der Folge sinken üblicherweise die Stückkosten, und die Preisstruktur wird günstiger, ausgelöst durch die Nachlaßstruktur, Vereinfachungen, zusammengeführte Ressourcen und Rationalisierungen.

Hyperzyklen mit dem Ökosystem und der Gesellschaft - Ausgelöst durch die wachsende geographische Ausdehnung, die technologische Kontrolle, den Verbrauch begrenzter natürlicher Ressourcen und die

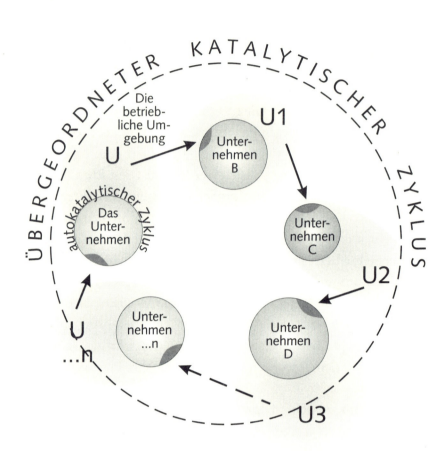

Abbildung 8:
Die beiden Arten katalytischer Zyklen, welche Unternehmen und ihre Umgebung miteinander verbinden. Jedes Unternehmen meistert den autokatalytischen Zyklus, mit dessen Hilfe es seine Ressourcen, seine Infrastruktur und sogar sein Personal erneuert. Allerdings entnimmt jedes Unternehmen die Ressourcen für seine Tätigkeit und seine Selbstreproduktion aus seiner Umwelt, und die Umwelt ist der Empfänger seiner Produkte und Dienstleistungen wie auch seiner Abfälle. Die Aktivität eines Unternehmens beeinflußt daher andere Unternehmen. Die Art und Weise, in welcher Unternehmen sich selbst und ihre jeweilige Umgebung verarbeiten, addiert sich zu einem übergeordneten, katalytischen Zyklus, welcher alle Unternehmen und alle Umgebungen beeinflußt und letztendlich Rückwirkungen auf alle hat. Folglich arbeitet ein gut geführtes Unternehmen nach dem Prinzip des pragmatischen Altruismus: Es entwickelt seine Umwelt und hilft bei der Entwicklung aller Unternehmen, welche diese teilen; und damit entwickelt es sich selbst.

Verschmutzung von Land, Luft und Wasser finden die Unternehmen sich selbst in Interaktion mit dem Ökosystem und der Gesellschaft, und zwar in einer Weise, daß die Wettbewerbsfähigkeit und die andauernde Ertragskraft berührt sind.

Die Nichteinhaltung ökologischer Gesetze und Verordnungen führt zu Bußgeldern, Stop von Produktionsgenehmigungen, Klagen und in manchen Fällen für einzelne Manager zur Haft. Auf der anderen Seite können auf die Natur orientierte Produkte, ein ökologisches Marketing und eine daran geknüpfte Verkaufsstrategie zu einem wachsenden Abverkauf, einer erhöhten Lagerdrehzahl und sinkenden Regierungseingriffen führen.

Der gegenwärtige Kulturwandel ist irreversibel: Der EGT zeigt uns auf, daß die Gesellschaft nicht mehr zu einer präökologischen Periode zurückkehren wird. Die Geschäftswelt jedoch wird sich schnell in die natürliche Umwelt einzubinden haben. Sie wird aber auch zunehmend in die Belange der Erziehung, Kultur und der Lebensqualität integriert.

Heterarchien und Netzwerkstrukturen - In der früheren Zeit der industriellen Revolution war das Unternehmen üblicherweise in Familienbesitz. Es herrschte ein strenges Machtgefüge mit einem Gründervater, seinen Söhnen, angestellten Managern (Verwaltern) und Arbeitern. In dem Maße, in dem die Organisationen spezifischer und diversifizierter wurden, erwiesen sich solche Hierarchien - ob nun linear oder in einer Matrixstruktur - als unfähig, die Komplexität der Geschäftswelt in einer Weise zu behandeln, daß sie Informationen effizient nutzten. Die künstlich aufgebaute Struktur der Managementorganisation korrespondiert nicht länger mit dem höheren Fluß an Energie und Information in einer dynamischen und komplexen Umwelt.

Unternehmen mit einer hierarchischen Matrix-Organisation fanden beispielsweise in ihrem Organisationsschema die Antwort auf diesen Wandel, in dem sie um starre Zielsysteme Netzwerkstrukturen schufen. Das kann bedeuten, daß eine Designerin bei dem Versuch, die formale Struktur der Organisation zu umgehen, um eine kundenorientierte Produktweiterentwicklung zu gestalten, sich arbeitsorganisatorisch bei einem Marketingleiter in einer anderen Abteilung wiederfindet, zu der sie keinerlei hierarchischen Bezug hat.

Eine weitere mögliche Antwort war, Organisationen so zu schwächen, daß sich dann Stabspositionen für operationale Verantwortlichkeiten übernehmen ließen. Hierarchien abzubauen, senkt Lohnkosten und erhöht die Ausnutzung der und die Empfänglichkeit für Information. Sowohl die Entwicklung eines Netzwerkes als auch die Schwächung versorgt Unternehmen mit einer Flexibilität und Kompetenz, die in formalen Strukturen fehlen.

Die nächste Ebene der Organisation ist die Heterarchie mit einer Vielzahl von Ebenen. Arbeit, Maschinen und Netzwerke werden zwar spezialisierter, die Aufgaben werden in einer Weise durchgeführt, daß alle Einzelaktivitäten die Aktivität des Gesamtunternehmens optimieren. Die Rolle des Topmanagements wird mehr und mehr die von Unterstützern: Es koordiniert und integriert die Funktionen der untergeordneten Ebenen in den Rahmen der übergeordneten kohärenten Strategie.

Während des evolutionären Reifens des Unternehmens erwächst die Wichtigkeit der Information. Innerhalb der operativen Strukturen reguliert die Information den Energiefluß und verbindet die Vielzahl der Unternehmensbereiche. Es ist die Information, die das Management in die Lage versetzt, die Operationen des Unternehmens in der Weise zu orientieren, daß es sich selbst in seinem Zustand halten kann, der weit entfernt vom Gleichgewicht ist. Je weiter das Unternehmen in die Bereiche des Ungleichgewichtes eindringt, die in sich selbst über keine Stabilität verfügen, desto entscheidender wird die Rolle der Information. Damit das wachsende Unternehmen in seiner Umwelt überlebt, hat die Information, zu der das Management Zugang hat und die es nutzt, genau, zuverlässig und relevant sowie eingefügt in eine konsistente operationale Wissensbasis zu sein.

Die Schlüsselprinzipien, die wir im folgenden Abschnitt darstellen, verkörpern das evolutionäre Konzept eines Unternehmens als eines offenen interaktiven, informationsintensiven Systems. Sie geben Managern das Handwerkszeug, Systemabläufe aufzubauen, welche die Wettbewerbs- und Gewinnsituationen in einer unstabilen und globalisierten Umwelt optimieren. Aufbauend auf die wachsenden evolutionären Fähigkeiten des Selbst-Lernens, der Herrschaft der Ablauforganisation über die Struktur, des Überwiegens nichtlinearer, zufälliger Wechsel, des Zusammenwachsens durch Allianzen und Partnerschaften, der Hyperzyklen mit dem Ökosystem und der Gesellschaft sowie der Heterarchien und Netzwerkstrukturen entwickeln diese Prinzipien operative Leitlinien für die Führungsebene in einem komplexen und dynamischen Umfeld: dem essentiellen Kontext des Geschäftes im 21. Jahrhundert.

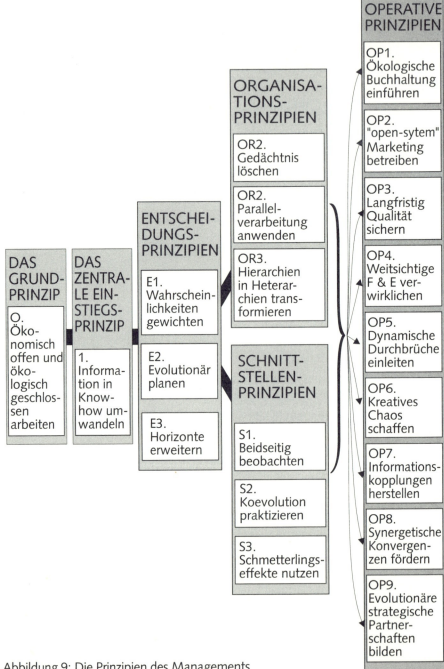

Abbildung 9: Die Prinzipien des Managements

5

EVOLUTIONÄRES MANAGEMENT II

DIE SCHLÜSSELPRINZIPIEN

DAS GRUNDPRINZIP

0. ÖKONOMISCH OFFEN UND ÖKOLOGISCH GESCHLOSSEN ARBEITEN

Ziel: Öffnung des Unternehmens für Informationsflüße aus Wirtschaft, Gesellschaft und Kultur bei gleichzeitiger Schließung der Materie-Kreisläufe mit der Natur. Ersteres ist für den (kurzfristigen) Erfolg, letzteres für die (langfristige) Überlebenssicherung des Betriebs notwendig.

DAS ZENTRALE EINSTIEGSPRINZIP

1. INFORMATION IN KNOW-HOW UMWANDELN

Zweck: Steigerung der Innovationskraft des Unternehmens durch den Aufbau von effizienten Informationsverarbeitungssystemen, die rasch den Zugang zu relevanten Informationen und deren permanente Umwandlung in (firmenspezifisches) Know-how gewährleisten.

ENTSCHEIDUNGSPRINZIPIEN

E 1. WAHRSCHEINLICHKEITEN GEWICHTEN

Zweck: Entwicklung von integrativen, multioptionalen Strategien, die aufbauend auf Zukunfts-Szenarien und der Ausnutzung der Kenntnisse über Freiheitsgrade komplexer realer Prozesse die rationale Entscheidungsgrundlage bilden, die Wahrscheinlichkeiten erwünschter Ergebnisse zu erhöhen.

E 2. EVOLUTIONÄR PLANEN

Zweck: Übernahme der vielschichtigen Dynamik und "Logik" des Evolutionsprozesses in die Methodik des betrieblichen Planungsprozesses: Jede (strategische) Entscheidung muß die Anzahl der Optionen vergrößern, anstatt sie zu reduzieren.

E 3. HORIZONTE ERWEITERN

Zweck: Erweiterung der räumlichen und zeitlichen Prognose-, Planungs- und Entscheidungs-Horizonte, über den dringlichen und unmittelbaren ad hoc Handlungsbedarf hinaus in Richtung auf eine den ganzen Planeten und mehrere Generationen umfassende Dimension.

ORGANISATIONSPRINZIPIEN

OR 1. GEDÄCHTNIS LÖSCHEN

Zweck: Freimachen des Weges für das Lernen neuer Verhaltens- und Vorgehensweisen durch bewußtes Überprüfen und selektives "Vergessen" bewährter, jedoch häufig überholter Routine-Strategien.

OR 2. PARALLELVERARBEITUNG ANWENDEN

Zweck: Dezentralisierung der Informationsverarbeitung und Entscheidungsfindung durch Errichtung und Verteilung mehrerer Zentren über die gesamte Organisation zur Mobilisierung des vorhandenen adaptiven und proaktiven Potentials.

OR 3. HIERARCHIEN IN HETERARCHIEN TRANSFORMIEREN

Zweck: Transformation von hierarchischen Organisationen in koordinierte, mehrschichtige Netzwerke, in denen auf allen Ebenen gelernt wird und Entscheidungen getroffen werden.

SCHNITTSTELLENPRINZIPIEN

S 1. BEIDSEITIG BEOBACHTEN
Zweck: Sicherstellung gleichzeitiger Beobachtung der Situationen und Prozesse innerhalb der Organisation sowie in ihrer Umwelt.

S 2. KOEVOLUTION PRAKTIZIEREN
Zweck: Unterstützung der Unternehmensentwicklung durch bewußte Aufnahme und Verstärkung stimulierender Impulse, die sich aus den katalytischen Hyperzyklen ergeben, die das Unternehmen mit seiner sozialen und natürlichen Umwelt, aber auch mit seinen Konkurrenten verbinden.

S 3. SCHMETTERLINGSEFFEKTE NUTZEN
Zweck: Ausnutzung instabiler und turbulenter Systemzustände, um mittels Hebelwirkungseffekten den Wirkungsgrad unternehmenspolitischer Entscheidungen zu verbessern.

OPERATIVE PRINZIPIEN

OP 1. ÖKOLOGISCHE BUCHHALTUNG EINFÜHREN
Zweck: Internalisierung der realen Sozial- und Umweltkosten in das betriebliche Rechnungswesen und Darstellung dieser Gesamtkalkulation in den Bilanzen.

OP 2. "OPEN SYSTEM" MARKETING BETREIBEN
Zweck: Verschmelzung der Interessen von Kunden und Unternehmen, indem beide gemeinsam Marketingstrategien entwickeln, die ganzheitliche Problemlösungen für den Kunden (und die Gesellschaft) darstellen.

OP 3. LANGFRISTIG QUALITÄT SICHERN
Zweck: Produktion und Dienstleistungen darauf ausrichten, was der Kunde heute will, aber gleichzeitig voraussehen und vorwegnehmen, was er morgen brauchen wird.

OP 4. WEITSICHTIGE F & E VERWIRKLICHUNGEN
Zweck: Auswahl von und Investition in Forschungs- und Entwicklungsprojekte, die über die kurzfristige Maximierung der Gewinne und Konkurrenzfähigkeit hinaus (in einem sich rasch verändernden Umfeld) die langfristige Nutzenstiftung für die Gesellschaft und gleichzeitig damit den Wettbewerbsvorteil des Unternehmens absichern.

OP 5. DYNAMISCHE DURCHBRÜCHE EINLEITEN
Zweck: Selektive Verstärkung von bestimmten Turbulenzen im kreativen Chaos, um damit einen Durchbruch auf eine neue, höhere funktionale Ordnungsebene zu bewirken.

OP 6. KREATIVES CHAOS SCHAFFEN
Zweck: Auflösung und anschließende Erneuerung überholter und reformbedürftiger Strukturen und Verhaltensweisen durch gezieltes Hervorrufen dosierter Turbulenzen und Krisen; Innovationen werden im dabei entstehenden kreativen Chaos und der sich daraus ergebenden Offenheit leichter möglich.

OP 7. INFORMATIONSKOPPLUNGEN HERSTELLEN
Zweck: Intensivierung informationeller und kommunikativer Verkoppelung von dezentralen und (teil-)autonomen Einheiten eines Netzwerkes als notwendige, wenngleich auch nicht hinreichende Voraussetzung und Grundlage zur Funktion, Koordination und Steuerung komplexer Systeme und Prozesse.

OP 8. SYNERGETISCHE KONVERGENZEN FÖRDERN
Zweck: Ausrichtung und Einbettung der Unternehmenspolitik und -strategie in den evolutionären Grundprozeß, der zu synergetischen Konvergenzen strebt, die immer höhere Organisations- und Komplexitätsebenen bilden.

OP 9. EVOLUTIONÄRE PARTNERSCHAFTEN BILDEN
Zweck: Bildung von strategischen Partnerschaften mit dem erklärten Ziel (im eigenen langfristigen Interesse), eine aktive Vorreiterrolle bei der Einführung eines evolutionären Paradigmas in Wirtschaft und Gesellschaft zu übernehmen.

Die oben dargestellten Prinzipien stehen in einem engen logischen Zusammenhang und stellen ihrerseits ein heterarchisch-mehrschichtiges System dar, in dem alle Ebenen und alle einzelnen Prinzipien in enger Wechselwirkung miteinander verbunden sind. Die Prinzipien sind somit keine einzelnen Bausteine, die willkürlich einzeln angewandt werden können, sondern man muß sie als ein Gebäude, eine Ganzheit betrachten, die nur durch die Autoren mehr oder weniger willkürlich - aus didaktischen Gründen zum besseren Verständnis für den Leser - zerlegt und in Einzelteilen dargestellt wurden.

◆ Das Grundprinzip stellt den Ausgangspunkt für einen evolutionären Paradigmenwechsel dar: Die Grund-Norm einer neuen Managementpraxis für ein Zeitalter, in dem die Wirtschaft global wird und dadurch die globale Ökologie - nicht zuletzt auch die überlebenswichtige Grundlage der Wirtschaft - zunehmendem Streß ausgesetzt ist. Offenheit von Systemen gegenüber ihrer Umwelt ist die notwendige Voraussetzung zu ihrer Evolution. Geschlossene Systeme erstarren und sterben ab. Die Öffnung der Unternehmen gegenüber Informationsflüssen aus der Wirtschaft und Gesellschaft ist daher für sie eine Überlebensfrage; aber die Unternehmen werden nicht überleben können, wenn das ökologische System, auf dem sie aufgebaut sind, zerstört wird oder zusammenbricht. Um letzteres zu verhindern, müssen die materiellen Kreisläufe in der Wirtschaft geschlossen werden.

◆ Das Prinzip auf der nächsten Ebene ist deswegen zentral, weil es die Voraussetzung zu effektiver Innovation und Übertragung des evolutionären Paradigmas in die unternehmerische Praxis darstellt. Ein systemisch offenes Unternehmen wird heute von Informationsströmen überflutet. Es muß daher entsprechende Vorkehrungen treffen, um einerseits so früh und andererseits so rasch als möglich Zugang zu relevanten Informationen zu bekommen, um diese dann sofort in anwendbares Wissen umzuwandeln. Dieser Transformationsprozeß bildet die Grundlage zur ständigen Anpassung und Erneuerung - zur Evolution - des Betriebes.

◆ Das erarbeitete Wissen muß ständig analysiert, Prioritäten müssen neu gesetzt und dann innerhalb des jeweiligen optimalen Zeithorizontes in einen offenen Planungsprozeß übertragen werden. Diese Tätigkeiten werden durch die Prinzipien auf der Entscheidungsebene beschrieben.

◆ Die Entscheidungsprinzipien bilden ihrerseits die Basis für die Unternehmensstrategien in Bezug auf die Gestaltung der internen Organisation als auch der Schnittstellen zwischen der Organisation und ihrer Umwelt: Eine Anleitung hierfür bieten die Organisationsprinzipien und die Prinzipien für die Verbindung zwischen der Organisation und ihrer Umwelt.

◆ Zuletzt muß dann die Unternehmensstrategie in Handlungsanweisungen für die operative Ebene, also für die eigentliche betriebliche Tätigkeit des Unternehmens umgesetzt werden. Die operativen Prinzipien beschreiben einige wesentliche Überlegungen dazu.

Nachfolgend wollen wir nun jedes Prinzip etwas detaillierter besprechen.

DAS GRUNDPRINZIP

0. ÖKONOMISCH OFFEN UND ÖKOLOGISCH GESCHLOSSEN ARBEITEN

Die jüngste Geschichte bietet wichtige Lektionen, welche das moderne Management tunlichst annehmen sollte. Die erste Lektion betrifft die Systeme, ob diese nun einzelne Unternehmen oder ganze Volkswirtschaften umfassen. Ein System muß schnell die Fähigkeit entwickeln, in der weltumspannenden Wirtschaft unserer Zeit zu arbeiten. Es muß im Rahmen seiner Tätigkeit auf die globalen Informationsströme hinsichtlich des Kapitals, der Arbeit, der Technologie, des Know-hows, der natürlichen Rohstoffe und anderer Produktionsfaktoren zugreifen sowie sich in die globalisierten Märkte und Nachfragestrukturen einfügen. Gleichzeitig müssen die Unternehmen und die Volkswirtschaften geschlossene Kreisläufe für die Materialströme herstellen, welche sie mit ihrer natürlichen Umwelt verbinden. Diese Kreisläufe haben die Aufgabe, die entnommenen Ressourcen zu regenerieren, zu ersetzen oder wiederzuverwenden. Die Offenheit für die "Ökonomie" - *Öko-"N"-Offenheit* - ist eine Voraussetzung für den Erfolg. Die Geschlossenheit in bezug auf die "Ökologie"- *Öko-"L"- Geschlossenheit* - ist die Voraussetzung für die Tragbarkeit des Unternehmens. Beide gemeinsam sind die Voraussetzung für dauerhaften Erfolg. Wenn dieser sichergestellt ist, ist die grundlegende Aufgabe des Managements erfüllt. In der systematischen Sicht des evolutionären Managements besteht diese Aufgabe in der Entdeckung und in der Erhaltung der optimalen Methoden für die Umwandlung von Materie, Energie und Informationen in nützliche Produkte und Dienstleistungen.

DAS ZENTRALE EINSTIEGSPRINZIP

1. INFORMATION IN KNOW-HOW UMWANDELN

Es sind effiziente Beobachtungssysteme und Techniken der Informationserfassung einzusetzen, damit man effektiv auf die aus den Wissenschaften und der Forschung und Entwicklung erwachsenden Kenntnisse zugreifen kann. Dann muß das zugänglich gemachte Wissen verarbeitet und angewendet werden - unter anderem auf die Produktentwicklung, das Finanzwesen, das Marketing, die Personalentwicklung, die Betriebsführung und das Verhalten (Gesamtstrategie) des Unternehmens.

Die Anwendung des Wissens durch das Management umfaßt nach Ansicht des Managementwissenschaftlers Ronnie Lessem folgende Schritte:

◆ Hervorbringung von Wissen: Eröffnung neuer Wissensgebiete.

◆ Entwicklung des Wissens: Entdeckung der Anwendungsmöglichkeiten auf einer Reihe von Gebieten.

◆ Verfeinerung des Wissens: Umsetzung des Wissens in Routinen, Systeme und Verfahrensweisen.

◆ Verbreitung des Wissens: In Technologie, Schulungsmaßnahmen, Datenbanken und Expertensysteme investieren, welche neues Wissen enthalten.

◆ Anpassung des Wissens: Lösung der Probleme, welche sich bei der Anwendung von Wissen auf bestimmte Situationen unter bestimmten Umständen ergeben.

◆ Belebung des Wissens: Umwandlung der unpersönlichen Quellen des Wissens in lebendige, benutzerfreundliche Anwendungen.

◆ Einführung des Wissens: Aufpassen, daß die Wissensbasis ihr vorgesehenes Ziel erreicht.

ENTSCHEIDUNGSPRINZIPIEN

E 1. WAHRSCHEINLICHKEITEN GEWICHTEN

Wir leben in einer Übergangszeit und das heißt in einem zum Teil chaotischen Zeitalter. Das Chaos ist unbestimmt; seine Entfaltung ist nicht vorhersehbar. Üblicherweise stößt aber die Vorhersage unbestimmter Alternativen auf Ablehnung. Wie kann ich eine wirksame Strategie entwickeln, wenn ich nicht weiß, welche Alternative zum Tragen kommen wird? Traditionell orientierte Manager denken mechanistisch und deterministisch: Wenn sie zum Zeitpunkt A_1 die Handlung A ausführen, erwarten sie zum Zeitpunkt T_2 das Ergebnis B. Diese Art des Denkens ist präzise, aber sie ist unrealistisch. Die Welt ist keine altmodische Maschine, deren Verhalten vorhersehbar ist. Wenn man bei einer mechanischen Schreibmaschine die Taste (A) drückt, erscheint auf dem Papier ein A. Aber wenn man beispielsweise bei einem prozessorgesteuerten Textsystem in bestimmten Situationen auf die Taste (A) drückt, erscheint auf dem Bildschirm nicht notwendigerweise ein (A), denn es verfügt über ein Betriebssystem und Programme, in welchen das Symbol (A) eine Reihe von Operationen in Gang setzen könnte; Ergebnisse unterscheiden sich daher von den ursprünglichen Eingaben.

Computer können auch Programme mit Zufallsvariablen und unbestimmten Verzweigungen ausführen. In so gelagerten Fällen kann niemand das Ergebnis genau vorhersagen, nicht einmal der Programmierer. Jede Operation könnte zu einem anderen Ergebnis führen. Natürlich stimmen die Ergebnisse mit den Algorithmen der Programme überein; weil die Algorithmen aber stochastisch sind, legen sie kein einzigartiges Ergebnis fest. Man kann das Ergebnis nicht im voraus kennen, weil es nicht im voraus festgelegt ist. Die Gewißheit wird durch die Wahrscheinlichkeit ersetzt.

Der Zufall kann in komplizierte Computerprogramme Einzug halten. Er tritt aber immer und notwendigerweise ein, wenn in der realen

Welt komplexe Systeme in Wechselwirkung treten. Man kann einem Planer keinen Vorwurf machen, wenn er Managern eine Reihe möglicher Alternativen für die zukünftige Entwicklung präsentiert - er kann seinen "Szenarios" im besten Falle einen Wahrscheinlichkeitsgrad zuordnen.

Es ist die Aufgabe des Managers, den Lauf der Dinge zu wählen, die zu seinem Ziel führen können. Weil Unternehmensentscheidungen mit der Verteilung der Wahrscheinlichkeiten in der Umwelt in Wechselwirkung treten und die Wahrscheinlichkeit, daß bestimmte Ergebnisse erreicht werden, erhöhen (oder verringern) können, ist die Führungstätigkeit kein passives Spiel, in dem eine wahrscheinliche Zukunft erraten wird. Es ist im Gegenteil ein aktives und zielbewußtes Spiel mit steigerbaren Wahrscheinlichkeiten.

E.2 EVOLUTIONÄR PLANEN

Evolutionäre Planung meint die Planung für ein selbst-organisierendes System in einer sich entwickelnden Umgebung. Sie steht in einem starken Kontrast zur konventionellen Planung. Planung war traditionell ein Instrument der Ausnutzung der Möglichkeiten eines Systems zur Erreichung eines festen Zieles innerhalb einer festgelegten Zeitspanne. In den meisten Fällen war die konventionelle Planung auf ein bestimmtes Buchhaltungssystem abgestellt. Dieses war in den meisten Fällen für ein Jahr, gelegentlich für mehrere Jahre, seltener auf Vierteljahre ausgelegt. Am Ende des Zeitraumes mußten die Planer einen Bericht über die Planerfüllung vorlegen. In diesem Bericht mußte dargelegt werden, in welchem Maße und mit welchem Ergebnis die Möglichkeiten des Systems in Aktion umgesetzt wurden. Die Plandurchführung erforderte die hierarchische Kontrolle von oben, wobei die Unternehmensleitung die untergeordneten Ebenen der Organisation auf die Erfüllung des höchsten Zieles orientierten.

Die evolutionäre Planung unterscheidet sich in jeder wesentlichen Hinsicht von der konventionellen Planung. Sie plant nicht von einem festen Ausgangspunkt bis zu einem festen Endtermin, sondern sie projiziert die gewünschte Dynamik der Organisation übereinstimmend mit den Trends und Bedingungen ihrer Umwelt. Die evolutionäre Planung legt keinen definitiven Endtermin fest, an welchem der Plan als erfüllt gelten kann. Der Planungsprozeß selbst ist ebenso offen wie der Entwicklungsprozeß selbst. Weil man nicht für eine infinite Zukunft planen kann, müssen Zeitscheiben darstellen, daß die Ausgangsbedingungen des Zeithorizontes das Ergebnis früherer Bedingungen sind und daß die Ergebnisbedingungen die Ausgangsbedingungen von Prozessen jenseits des Horizontes sind. Innerhalb des Planungshorizontes selbst müssen Ziele auf Ereignisse abgestimmt werden, und weil diese probabilistisch sind, müssen die Ziele flexibel und veränderbar sein, während man sie zu erreichen sucht. Kein Problem kann endgültig eliminiert werden. Man kann kein Ziel erreichen und sich dann seines Besitzes sicher sein; es gibt keine schnellen Lösungen, die kategorisch richtig oder falsch sind. Planung ist die Projektion des dynamischen Prozesses, der innerhalb und außerhalb der Organisation Gültigkeit besitzt. Weil der Prozeß mehrschichtige Systeme betrifft, muß die Planung mehrere Ebenen und Wechselwirkungen zwischen den Ebenen in beiden Richtungen berücksichtigen.

Evolutionäre Planung schaltet keine Möglichkeiten aus: Sie schafft sie (siehe Abbildung 10). Im Gegensatz zur konventionellen Planung, bei welcher das Fällen einer Entscheidung die Wahl einer Möglichkeit und Ausschaltung der Alternativen bedeutet, sieht die evolutionäre Planung Entscheidungen voraus, welche durch die Wahl einer Möglichkeit eine Reihe weiterer Möglichkeiten eröffnen. Der Spielraum für Innovationen oder gar Überraschungen ist ein Teil des strategischen Planes. Der Planer darf niemals vergessen, daß das Unternehmen, ein komplexes, sich entwickelndes System, über einen großen Vorrat an Kreativität verfügt, welcher immer dann zum Tragen kommt, wenn bestehende Strukturen

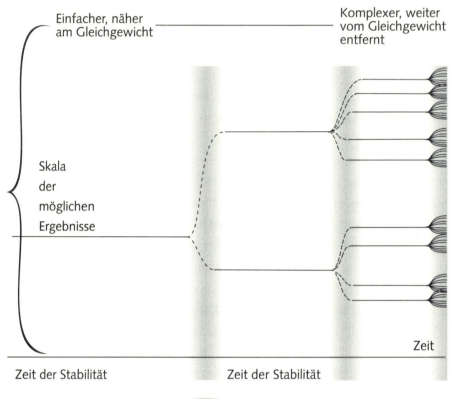

Abbildung 10:
Je weiter der Zustand eines Systems in die Zeit projiziert wird und je weiter sich das System vom Gleichgewicht entfernt, desto größer wird die Palette der Alternativen, die sich nach einer kritischen Instabilität eröffnen. Welche Alternative realisiert wird, ist nicht im voraus bestimmt und kann nicht vorhergesagt werden. Aber die Kenntnis des Zusammenhanges, in dem das System arbeitet, kann Managern bei der Ermittlung des Wahrscheinlichkeitsgrades der Ergebnisse helfen, die in den Alternativen liegen.

und Verfahrensweisen destabilisiert werden. Bifurkationen können ein Teil des Planes sein. Hier sprechen wir nicht von den genauen Ergebnissen (diese sind nicht vorhersehbar), sondern von den Ausgangsbedingungen, welche die Bifurkationen auslösen und eine Reihe neuer Alternativen eröffnen.

Der Planer muß das Spiel des Unternehmens und dessen Umwelt spielen, nämlich das Spiel der Evolution. Dieses Spiel ist probabilistisch, d.h. es ist offen, und es folgt Wahrscheinlichkeiten. Es ist aber nicht willkürlich. Der strategische Planer gewichtet die Ausgangsbedingungen, die Parameterbedingungen und die Palette der Wahlmöglichkeiten, welche sich mit jedem Zuge auftut. Dann projiziert er oder sie die Schritte, welche die Chance erhöhen, daß man dem gewünschten Entwicklungsweg folgen kann. Wissen, Einsicht und Kreativität werden auf das Wechselspiel kritischer Entscheidungen und nichtdeterministischer Prozesse konzentriert. Dank dieses "kreativen Spiels mit dem Zufall" wird die strategische Planung zum strategischen Management. Es versetzt nicht nur das Topmanagement, sondern auch das Management und seine Stäbe auf allen Ebenen des Unternehmens in eine interaktive "Vorreiterposition" gegenüber dem Evolutionsprozeß, welcher sich in dem Unternehmen und in seiner Umwelt entfaltet.

E.3 HORIZONTE ERWEITERN

Vorhersage- und Planungshorizonte sind notwendigerweise offen, jedoch erfordert die Dringlichkeit effektiver Handlungsweisen ihre Beschränkung auf beherrschbare Dimensionen. Jedes Unternehmen bestimmt für sich selbst, was beherrschbar ist, und in vielen Fällen diktiert der Zyklus der Jahresbilanzen die effektiven Planungshorizonte. Dieser Zyklus ist allerdings ein Überbleibsel der Bestandsaufnahme der Ernte, welche in landwirtschaftlich bestimmten Gesellschaften durchgeführt wurde. In unserer komplexen und instabilen Welt ist er ein Anachronismus. Die optimalen Dimensionen befinden sich irgendwo zwischen der globalen und der mehrere Generationen umfassenden Spanne, wenn wir den Raum beziehungsweise die Zeit betrachten. Ein transnationales Unternehmen, welches in mehr als einhundert Ländern auf fünf Kontinenten tätig ist, muß sich auf die globale Ebene erheben. Wenn es sich mit einer Vielzahl von Produkten und Dienstleistungen befaßt, muß auch sein Zeithorizont erweitert werden.

Die Horizonte der Unternehmensplanung und Politik müssen mit der Größe, der Ausdehnung, der Diversifizierung und der Art der Produkte eines Unternehmens übereinstimmen. Am einen Extrem muß eine Firma, welche Entsorgungseinrichtungen für Atommüll projektiert und baut, einen Zeithorizont von weit über hundert Jahren betrachten, denn manche Stoffe, welche sie zu entsorgen hat, bleiben 250.000 Jahre lang gefährlich. Andererseits kann ein Nischenspieler, welcher in ein flexibles Fertigungsnetz integriert ist, mit einem viel kürzeren Zeithorizont auskommen. Wenn seine Produkte und Dienstleistungen ein dauerhaftes Bedürfnis befriedigen, steht nur die Entwicklung seiner eigenen Nische in Frage, und diese tritt wahrscheinlich innerhalb weniger Jahre ein.

In den meisten Fällen beträgt aber der für Unternehmen optimale Zeithorizont etwa zehn Jahre. Innovationen machen sich meistens zwischen fünf und zehn Jahren bezahlt. Innerhalb dieser Zeitspanne wird auch der Wert des Kapitalstocks bestimmt. Kürzere und engere Horizonte könnten sich als mangelhafte Geschäftspraxis erweisen. Sie könnten auch innerhalb des engen Rahmens, in welchem sie konzentriert sind, zu Schocks und Überraschungen führen.

ORGANISATIONSPRINZIPIEN

OR 1. GEDÄCHTNIS LÖSCHEN

In krisenhaften Zeiten neigen Manager dazu, auf "erprobte und bewährte Methoden" zurückzugreifen. Wenn die Umwelt sich verändert und die Krise, oder die Möglichkeit einer Krise, zu einem dauerhaften Lebenseinfluß wird, ist diese Praxis zum Scheitern verurteilt. Die Unumkehrbarkeit ist ein Grundmerkmal der Evolutionsprozesse, und Unumkehrbarkeit bedeutet, daß nichts mehr in der gleichen Art funktionieren wird, welche sich früher als eine brauchbare Handlungsweise erwiesen hat. Neue Bedingungen verlangen neue Praktiken, und diese erfordern, daß alte Handlungsweisen in die Vergangenheit verbannt werden.

Es gibt experimentelle Beweise für den Wert des rechtzeitigen "Vergessens". Wissenschaftler haben bei der Prüfung von Evolutionsstrategien mit Hilfe hochentwickelter Simulationsmodelle herausgefunden, daß Strategieparameter am effektivsten "On-line" erlernt werden, wenn vorgefaßte Ziele fehlen und man auf den besten Lösungen beharrt. Der Erfolg fordert, daß solche Strategien effektiv vergessen werden, welche sich einmal als gut erwiesen haben, sich aber für den weiteren Fortschritt nicht gut eignen. Nicht nur die "stärksten" Individuen sollten sich fortpflanzen, sondern auch die "schwächeren". Sie werden zur Einbringung der Vielfalt benötigt, welche immer dann wertvoll ist, wenn sich die Verhältnisse ändern.

Der Erfolg fordert auch, daß die Kombination bei der Bewältigung der lokalen Umgebung erreichter, individueller Strategien verbessert wird. Die beste Option ist weder ein langes Leben des einzelnen (es ist unwichtig, wie "stark" er ist), noch die Prädestination des augenblicklich stärksten Individuums als "Stammvater" zukünftiger Generationen. Das Vergessen früherer Strategien, auch wenn sie erfolgreich waren, und das Zulassen neuer Ideen und Akteure ist besonders in instabilen Um-

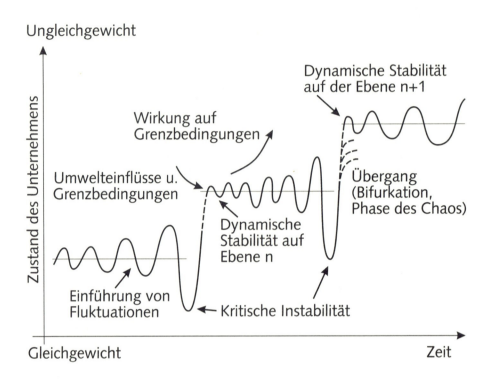

Abbildung 11:
Wie alle komplexen Systeme ist ein Unternehmen niemals völlig stabil, sondern bestenfalls in seinen Interaktionen mit seiner Umwelt dynamisch stabilisiert. Wenn die autokatalytischen und übergeordnet katalytischen Zyklen richtig funktionieren, befindet sich das Unternehmen auf einem bestimmten Niveau der Komplexität und Organisation in einem dynamisch stabilisierten Zustand. Wenn eine Ebene der kritischen Instabilität erreicht wird, verzweigt sich der Entwicklungsweg des Unternehmens; das heißt, es beginnt eine chaotische Phase, welche durch eine grundlegende Umstrukturierung der Organisation aufgehoben wird. Diese ist gekennzeichnet durch die effektivere Nutzung von Informationen bei Herbeiführung einer effizienteren Verarbeitung freier Energie in einer Organisationsstruktur von höherer Komplexität, aber auch größerer Flexibilität und Kreativität.

gebungen wichtig, deren Umgebungssysteme sich an der Schwelle von Bifurkationen befinden (siehe Abbildung 11).

Unter diesen Bedingungen benötigt das Unternehmen dringend neue Strategien und neue Denkweisen. Im Augenblick der Krise ist das Management am besten beraten, wenn es sich nicht an erprobte und bewährte Methoden klammert, sondern Strategien der Vergangenheit vergißt und sozusagen das Fenster aufreißt, um frische Ideen und frische Luft einzulassen.

OR 2. PARALLELVERARBEITUNG ANWENDEN

Die Voraussetzung des Erfolges ist im Kontext der Evolution, wie oben angemerkt, nicht etwa ein riesiges Gehirn, ein zentraler Plan und ein hierarchisch strukturierter Organismus. Um Erfolg zu haben, ist das gleichzeitige Vorhandensein der Fähigkeiten zahlreicher Individuen zur Lösung von Problemen Bedingung. Das gleichzeitige Lernen der vielen war in der sozialen Entwicklung, in welcher mit Verstand und Gedächtnis begabte Individuen ihre lokale Umgebung meistern, immer ein entscheidender Faktor. Das Prinzip des dezentralisierten Lernens revolutioniert auch die Technologien der Künstlichen Intelligenz. Roboter verhalten sich ebenfalls effektiver, wenn sie an Stelle eines zentralen Hauptprogramms Fähigkeiten der Parallelverarbeitung besitzen.

Auf dem Gebiet der Künstlichen Intelligenz wurde einmal angenommen, die effizientesten Roboter seien solche, die menschenähnliche "Gehirne" besitzen. Man versuchte Roboter zu bauen, die zur Bewältigung aller Eventualitäten eine einzige, zentralisierte Einrichtung zum Lernen und Entscheiden besaßen. Diese Erwartung erwies sich als illusorisch, denn man konnte keinen Roboter bauen, der auch nur den Anforderungen einer einigermaßen komplexen Umgebung genügte: Die Kombinationsmöglichkeiten überstiegen bald die Rechenleistung des am höchsten entwickelten Entscheidungszentrums. Andererseits mußte man nur Roboter mit einer Reihe unterschiedlicher Informationsverarbeitungszentralen miteinander verbinden und in diesen jeweils einen einfachen Algorithmus ausführen lassen, damit sie erfolgreich arbeiteten.

Ein solcher Algorithmus ist zum Beispiel die Regel, daß von den 12 Beinen eines "Käfers", wobei jedes Bein selbst Informationen verarbeiten kann, jederzeit mindestens drei auf dem Boden stehen müssen. Ein "dezentralisiert lernender Käfer" kann länger und über ein schwierigeres Gelände gehen als irgendein Roboter mit einem zentralen "Gehirn".

Wenn ein Unternehmen sich auf einem schwierigen Gebiet bewegen muß - und alle Unternehmen müssen dieses gelegentlich oder meistens tun - dann stattet man es am besten mit mehreren, parallel arbeitenden Lern- und Entscheidungszentren aus. In der Praxis bedeutet dies die Umwandlung hierarchischer Entscheidungsstrukturen in ein koordiniertes Netzwerk, in dem auf allen Ebenen Entscheidungen getroffen werden. Jedes Element des Netzes muß seine eigene Umgebung wahrnehmen, seine Wahrnehmung verarbeiten und als Reaktion auf die Wahrnehmung Strategien entwickeln können.

Die lokalen Strategien müssen nur in den Rahmen der Gesamtstrategie des Unternehmens passen. Damit sind zum Beispiel der Zugang zu Kapital und Technologie gemeint, die Marketingziele, die Nutzung von Ressourcen und die Beachtung der Richtlinien der Umweltverträglichkeit, die Rentabilitätskriterien und die Ziele der langfristigen Unternehmensentwicklung. Damit können globale Unternehmen in die Lage versetzt werden, eine große Vielzahl von Situationen zu meistern, von denen zahlreiche unmöglich in der Hauptverwaltung vorhersehbar sind.

Diese Einsicht ist bereits einigen der größten und am meisten diversifizierten Konzerne gekommen, zum Beispiel ASEA-Brown Boveri, der aus über 3.000 individuellen Firmen besteht, und Philips, dem klassischen Giganten, der sich von einer schwierigen hierarchisch-strukturierten Lage erfolgreich in regionale, halbautonome Produktions- und Verkaufszentren umstrukturierte.

Erfolg erzielte auch Lafarge-Coppée, der zweitgrößte Hersteller von Zement, welcher ein Netz kulturell vielfältiger Arbeitsgruppen für die Koordination seines Wachstums von einem spezialisierten Unternehmen zu einem diversifizierten Konzern bildete, der allein im Jahre 1989 um 30 Prozent wuchs und Niederlassungen in zehn neuen Ländern eröffnete.

OR 3. HIERACHIEN IN HETERARCHIEN TRANSFORMIEREN

Die Systemwissenschaft unterscheidet zwischen einschichtigen und mehrschichtigen Systemen sowie solchen mit einem und mehreren Zielen. Die einfachsten Systeme sind einschichtige mit einem Ziel: In der Unternehmenswelt sind solche Systeme kleine Firmen, welche ein bestimmtes Produkt herstellen oder verkaufen oder die genau eine Dienstleistung erbringen. Dieses geschieht durch die Zusammenarbeit weniger Menschen, die oft Mitglieder einer Familie sind. Einschichtige Systeme mit mehreren Zielen sind schwerer zu finden: Sobald mehrere Ziele gleichzeitig verfolgt werden, bildet sich tendenziell mehr als eine Organisations- und Funktionsebene im System heraus. Wirtschaftsunternehmen sind normalerweise mehrschichtige Systeme mit mehreren Zielen. Größere aber stark spezialisierte Nischenspieler sind eine Ausnahme. In diesem Falle sind sie mehrschichtige Systeme mit einem Ziel.

Mehrere Ebenen bieten mehrere Vorteile. Ihre katalytischen Zyklen können die Funktionen der Subsysteme koordinieren (der Einheiten, Abteilungen und Geschäftsbereiche), damit ein optimaler Beitrag eines jeden zum Gesamtsystem sichergestellt ist. Koordination auf der Systemebene kann auch die Nutzung begrenzter Ressourcen durch Integration ihrer Zuweisung im Hinblick auf die Systemeffizienz optimieren. Schließlich sorgen mehrere Ebenen für die notwendige Flexibilität, damit Veränderungen auf ausgewählten Ebenen eintreten können, ohne sich direkt auf andere auszubreiten. Umgekehrt bieten sie eine höhere Beständigkeit gegen Störungen, indem sie die Schäden auf die betroffenen Ebenen begrenzen und sich nicht durch das Gesamtsystem ausbreiten lassen.

Mehrschichtige Systeme müssen keine hierarchischen Systeme sein. Gemäß ihrer traditionellen Definition sind Hierarchien Befehls- oder Kontrollsysteme, in denen Anweisungen stufenweise nach unten durch die Ebenen fließen und nur unverbindliche Signale nach oben gelangen. Die Kirche des Mittelalters, die klassische Diktatur, die organisierte Unterwelt sowie die Mehrzahl aller Streitkräfte der Welt sind Beispiele für hierarchisch geordnete Systeme. Außer in einer stabilen Umgebung, in welcher die Ausübung der Macht "nach dem Gesetz" die erwarteten Ergebnisse erzwingen kann, arbeiten derartige Systeme nicht effektiv. Ein markantes Beispiel dafür war die Seeschlacht von Trafalgar. Als Napoleon in England einfallen wollte und zu diesem Zwecke die englische Flotte zerstören mußte, hat Horatio Nelson die Regeln außer Kraft gesetzt, welche verlangten, daß Schlachten gemäß der "permanenten Kampfanweisungen" der englischen Admiralität zu schlagen seien. Er signalisierte seinen Truppen "England erwartet, daß jeder Mann seine Pflicht tut" und wies seine Kapitäne an: "Verfolgen Sie Ihre eigene Beute". Dies bedeutete: "Wartet nicht auf weitere Nachrichten, und vergeßt die Standardanweisungen, sucht Euch das feindliche Schiff aus, welches Ihr bekämpfen wollt, nähert Euch ihm und bekämpft es, wie Ihr es unter den gegebenen Umständen für das beste haltet."

Die Geschichte hat Nelson Recht gegeben. Obwohl Nelson während der Schlacht von Trafalgar die meiste Zeit bewußtlos war - er war am Anfang von einem Scharfschützen getroffen worden - ist es der englischen Flotte gelungen, den berühmten Sieg über die verbündeten französischen und spanischen Schiffe zu erringen. Es hat den Lauf der Geschichte verändert.

Zu jeder Zeit und an jedem Ort, an dem ein organisiertes System der Herausforderung einer komplexen und turbulenten Umgebung gegenübersteht, werden seine Erfolgsaussichten verbessert, wenn vorher festgelegte Pläne und hierarchische Kommandostrukturen zugunsten von Informationsströmen in beiden Richtungen und Entscheidungen durch mehrere Parteien aufgegeben werden.

Das erfolgreiche Unternehmen muß, wie die erfolgreiche englische Flotte, im Lichte der Entwicklung des Kontextes, im welchem sich seine Systeme und Subsysteme befinden, eine unvorhergesehene Entwicklung des Verhaltens auf den unteren Ebenen zulassen.

Ein moderneres Beispiel bezieht sich auf das Tun einfallsreicher Sekretärinnen, die sich ganz bestimmt nicht an die Spielregeln gehalten haben. Eine schnell wachsende Firma fand sich mit einer großen Menge vertraulicher Arbeiten belastet. Von Zeit zu Zeit waren einige Sekretärinnen überlastet. Das bedeutete, daß die Sekretärinnen einiger Abteilungen viele Überstunden leisten mußten, wohingegen andere Abteilungen nicht ausgelastet waren. Allerdings war es den Sekretärinnen verboten, die Bearbeitung des vertraulichen Materials mit Personen außerhalb ihrer Abteilungen zu teilen. Die Zahl der Klagen und die Unzufriedenheit wuchs, aber das Management sah keine Handlungsmöglichkeiten, weil die Arbeitsbelastung beträchtlichen Schwankungen unterlag. Einige Sekretärinnen haben die Angelegenheit dann in ihre eigenen Hände genommen: Sie verfielen auf den Trick, daß es die beste Art sei, ihre Arbeitsbelastung aufzuteilen, wenn sie die Tatsache geheimhielten, daß das Material selbst vertraulich ist. Sie gaben die zusätzliche Arbeit so weiter, als sei es Routinearbeit, und sie waren mit ihrem Los viel zufriedener. Diejenigen Sekretärinnen, welche sich selbst an die Spielregeln hielten, aber die neue Praxis aus Solidarität mit ihren innovativen Schwestern nicht meldeten, waren frustrierter als jemals zuvor.

Soweit es das Management betraf, gab es jetzt zwei Arten von Sekretärinnen: Diejenigen, welche alle vertraulichen Arbeiten ohne Schwierigkeiten übernehmen konnten, und diejenigen, welche regelmäßig überlastet und unzufrieden waren. Die Personalabteilung beschloß, die Angelegenheit zu "lösen", indem ein Plan aufgestellt wurde, durch welchen den letzteren mit der Einstellung von neuem Personal geholfen werden

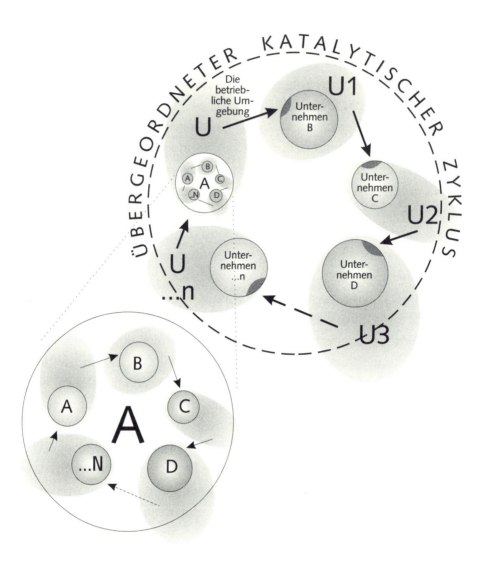

Abbildung 12:
Das Unternehmen an der Schnittstelle Organisation/Umwelt.
Die katalytischen Zyklen, welche das Unternehmen in seine Umwelt integrieren, integrieren auch seine funktionalen Einheiten in die Struktur des Gesamtunternehmens.

sollte. Die einfallsreichen Sekretärinnen sahen sich jetzt einer Situation ausgesetzt, in welcher sie die Wahl hatten, entweder alleine die Leidtragenden der Überlastung zu sein oder aber ständig mit der Gefahr der Entlassung zu leben. Sie gerieten nahezu in Aufruhr. Es gab eine Untersuchung, und das Management entließ einige der Sekretärinnen, welche die Spielregeln gebrochen hatten. Die Lage hat sich aber nicht verbessert. Schließlich dämmerte es dem Management, daß das von den wagemutigen Sekretärinnen erfundene System funktionierte. Die Bestimmungen über die Bearbeitung der vertraulichen Arbeiten wurden geändert, und die Innovation des Personals wurde zur neuen Norm.

Diese beiden Beispiele verdeutlichen Folgendes: Wenn ein organisiertes System - und es ist gleichgültig, ob es sich um eine Flotte oder ein modernes Unternehmen handelt - der Herausforderung einer komplexen und sich verändernden Umgebung ausgesetzt ist, verbessern sich seine Erfolgsaussichten, wenn Entscheidungen auf mehreren Ebenen getroffen werden und festgelegte Schablonen und hierarchische Befehlsketten zugunsten von Informationsflüssen aufgegeben werden, welche in beiden Richtungen verlaufen. Erfolgreiche Wirtschaftsunternehmen müssen ebenso wie effektive Flotten zulassen, daß sich das Verhalten auf den unteren Ebenen angesichts der Evolution des Kontextes, in welchem sich ihre Abteilungen, jeweils wiederfinden, auf unvorhergesehene Weise entwickelt.

In einem mehrschichtigen, nicht-hierarchischen - d.h. "heterarchischen" - System werden die Aufgaben unter den Ebenen aufgeteilt, so daß jede Einheit ein Teilproblem auf ihrer eigenen Ebene in der Weise löst, daß Teillösungen sich zu einer optimalen Lösung für das Gesamtsystem addieren. Eine starre Kontrolle durch die höheren Ebenen ist nicht erforderlich, sondern nur das Zusammenführen und die Integration der auf den unteren Ebenen erarbeiteten Lösungen. Das Gesamtsystem arbeitet dann effizient, wenn alle seine Probleme lösenden Einheiten effizient arbeiten und wenn die Lösungen effektiv koordiniert und funktionell integriert werden (siehe Abbildung 12).

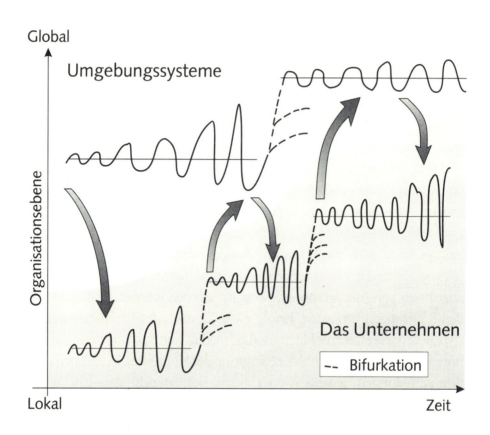

Abbildung 13:
Das Unternehmen befindet sich in ständiger Wechselwirkung mit den sozialen, natürlichen und wirtschaftlichen Systemen seiner Umgebung, welche die jeweiligen Instabilitäten zu gewissen Zeiten abfangen und zu anderen Zeiten verstärken. Stabilität in einem System führt zur Stabilität in anderen Systemen, umgekehrt löst eine kritische Instabilität entsprechende Instabilitäten aus und führt zu Bifurkationen. In der Folge entwickeln sich das Unternehmen und seine Umwelt gemeinsam zu immer komplexeren, umfassenderen und höheren Ordnungsebenen.

Organisatorische Heterarchien sind in einer weit besseren Position, auf eine veränderte Unternehmenssituation effektiv und kreativ zu reagieren als die besten Strategien, die in der Hauptverwaltung erdacht und durch vertikal ausgeführte Hierarchien durchgesetzt werden. Das Topmanagement hat nicht die Aufgabe, die Ziele des Systems festzulegen und alleine zu erreichen, sondern es hat die Aufgabe, die Funktionen der untergeordneten Ebenen innerhalb des Rahmens einer Gesamtstrategie zu koordinieren und zu integrieren.

SCHNITTSTELLENPRINZIPIEN

S 1. BEIDSEITIG BEOBACHTEN

In der Vergangenheit konnten Unternehmen durch eine in der Hauptsache nach innen gerichtete Orientierung mit Erfolg operieren. Es gab keine zwingende Notwendigkeit zur Beobachtung der Umgebung, denn sie erschien stabil, linear und schuf Raum für ein starkes Wachstum. Sie ermöglichte eine allmähliche Anpassung, eine kontinuierliche Unternehmensentwicklung sowie eine Produktivität und Kosten, welche auf der linearen Extrapolation der Trends der Vergangenheit basierten. Manager konnten für ihr Unternehmen die beste Struktur und Spezialisierung durch genormte Regeln suchen, welche von einer zentralen Autorität innerhalb einer maschinenhaften Organisationsstruktur eingeführt wurden. Heute sehen sich die Unternehmen allerdings schnellen Veränderungen und wachsender Ungewißheit gegenüber, und sie verfügen über keine deterministischen Vorhersagen der Zukunft. Sie sehen sich mit der Herausforderung konfrontiert, gleichzeitig an mehreren Punkten mit ihrer Umgebung in Wechselwirkung zu treten und ihre Aktivitäten kontinuierlich in der Weise zu verändern, daß sie Chancen nutzen und Überholtes ausmerzen können. Die Überwachung der internen Arbeitsweise des Unternehmens und der Prozesse, welche in seiner menschlichen sowie natürlichen Umwelt ablaufen, ist zu einem wesentlichen Element der Unternehmensstrategie geworden (siehe Abbildung 13).

Auf ihrer nach innen gerichteten Seite optimiert die Zwei-Wege-Überwachung den Anpassungsgrad und die Effizienz der Organisation. Auf der nach außen gerichteten Seite sammelt sie dagegen Informationen über Kunden, Konkurrenten, Pläne der Regierung, die physische und ökologische Umwelt und sogar über soziale und kulturelle Trends sowie Ereignisse. Die Integration dieser beiden Seiten stellt den Unternehmen die Informationen zur Verfügung, welche sie benötigen, um an der vordersten Stelle der sich ständig verändernden Schnittstelle des Systems mit seiner Umwelt zu bleiben.

S 2. KOEVOLUTION PRAKTIZIEREN

Kein Unternehmen ist eine Insel. Ein Unternehmen kann sich nur durch Interaktion mit anderen Unternehmen optimal entwickeln. Eine wettbewerbsfähige Industrie hilft in einem sich wechselseitig verstärkenden Prozeß bei der Schaffung anderer Industrien. "Hyperzyklen" zwischen verschiedenen Firmen schaffen die Bedingungen für die gegenseitige Intensivierung des Unternehmenswachstums. Diesen Prozeß hat Michael Porter als den fundamentalen "Diamanten" der industriellen Gruppierung beschrieben. Auf der einen Seite besteht er aus der Strategie, der Struktur und Rivalität der Firma und auf der anderen Seite aus den Faktorbedingungen, den Nachfragebedingungen sowie den anderen Firmen der gleichen Branche und den Zulieferindustrien. Der Diamant schafft den sich selbst verstärkenden Zyklus, welcher industriellen Gruppierungen einen Wettbewerbsvorteil verschafft.

Hyperzyklen sind nicht auf Wirtschaftsunternehmen beschränkt, denn jedes Unternehmen ist durch andere Zyklen mit seinem sozialen und natürlichen Umfeld verbunden. Im Rahmen größerer sozialer, wirtschaftlicher, politischer und ökologischer Systeme ist das Unternehmen selbst ein Subsystem.

Seine Zukunft ist direkt an die Zukunft dieser Umgebungssysteme gebunden. Ein höher entwickeltes soziales System bietet besser qualifiziertes Personal an, und eine intakte ökologische Umwelt bietet bessere Rohstoffe und Bodenschätze. Diese sind wichtige Faktoren der Konkurrenzfähigkeit in der gesamten Industrie.

Die Verknüpfung zwischen dem Unternehmen und seinen Umgebungssystemen ist für beide vorteilhaft. Die größeren Systeme können Fluktuationen der Arbeitsweise des Unternehmens verursachen, aber sie können auch bestehende Fluktuationen innerhalb der Unternehmen abfangen. Auch das Unternehmen selbst kann Veränderungen der sozialen, natürlichen und Wirtschaftssysteme in seiner Umgebung anregen oder abfangen. Es gibt eine untrennbare Verknüpfung zwischen Umgebung und Unternehmen.

Dieses Lemma (Stichworte, Grundsätze), daß nämlich die Umgebung, welche mit ihren Unternehmen koevolviert, auch mit ihren Konkurrenten koevolviert, sollte keine Abschreckung darstellen. Vielmehr gilt, daß Altruismus in einer Zeit pragmatisch ist, in der die Systeme sich transformieren. Entweder entwickelt sich das ganze System, oder jeder in ihm riskiert seine Verknöcherung und vielleicht sein Absterben.

S 3. SCHMETTERLINGSEFFEKTE NUTZEN

Schmetterlinge erzeugen in turbulenten Umgebungen ebenso starke Wellen wie Turbinen. Wie Schmetterlinge, die mit ihren Flügeln schlagen und eine Reihe sich selbst verstärkender Turbulenzen erzeugen, welche das Wetter einer Region verändern, so pflanzen sich Veränderungen im Verhalten von Unternehmen durch einen Industriesektor fort und wirken auf seine Umgebung.

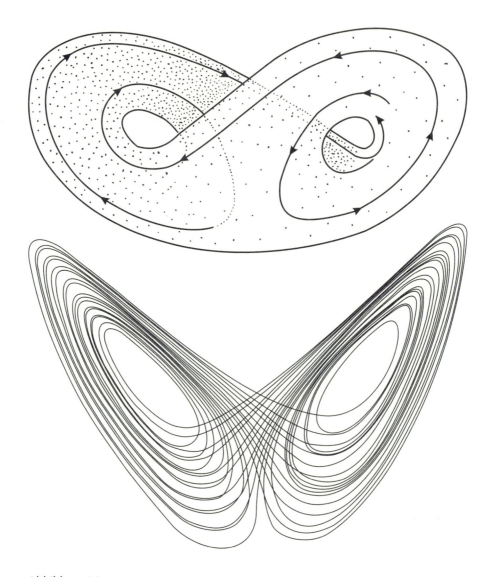

Abbildung 14:
Das von dem Meteorologen Lorenz gezeichnete, annähernd schmetterlingsförmige Computermodell von Luftströmungen in der Atmosphäre, welchen dieser Attraktor seinen Namen verdankt (oben) und ein in jüngerer Zeit von einem Computer gezeichneter schmetterlingsförmiger Attraktor (unten). Der Verlauf der Systemzustände in diesen "Phasenbildern" ist höchst empfindlich: Die geringste Störung kann das System vom einen Flügel des Schmetterlings zum anderen umschlagen lassen.

Der "Schmetterlingseffekt" (siehe Abbildung 14) erscheint, wenn die Rückkopplungen (Feedbacks), Mitkopplungen (Feedforwards) und Informationskopplungen in einem System so instabil sind, daß das System in einen Zustand des deterministischen Chaos getrieben wird. Tatsächlich ist dieses der gegenwärtige Zustand vieler unserer Industrien. Unter diesen Bedingungen erzeugen sogar unbedeutende Handlungen weitreichende sowie durchschlagende Wirkungen.

Zum Beispiel kann die Entscheidung zur Zucht von Weihrauchkiefern (einem schnellwüchsigen Baum, der mit wenig Wasser auskommt) durch die Firma Weyerhauser zwar nicht die weltweit zunehmende Entwaldung umkehren, sie könnte aber eine entscheidende Bedeutung für alternative Produkte und Handlungsweisen haben, welche genau das zu leisten imstande sind. Sogar die Entscheidung eines kleinen amerikanischen Eiskremherstellers, einen "Regenwald-Nuß"-Geschmack auf den Markt zu bringen (das Unternehmen "Ben and Jerry" verwendet eine Nuß, die im Amazonasgebiet angebaut wird), kann die Aufmerksamkeit der Öffentlichkeit auf den Wert dieses Systems lenken, auch wenn allein diese Aktion das Ökosystem des Amazonasgebietes nicht retten kann.

OPERATIVE PRINZIPIEN

OP 1. ÖKOLOGISCHE BUCHHALTUNG EINFÜHREN

Die betrieblichen Prinzipien des Evolutionären Managements beginnen vor der eigenen Haustür, denn sie verlangen eine systemweite Berechnung der Rentabilität des Unternehmens. Das System als Ganzes umfaßt das Unternehmen und die Umwelt. Und diese enthält die relevanten Faktoren des physischen und biologischen Milieus. Die Kosten, welche dem Unternehmen in diesem Milieu entstehen, sind interner und nicht externer Natur. Die Verwendung nicht erneuerbarer Ressourcen, die

Wiederverwendung erneuerbarer Ressourcen, Abfallmanagement sowie Luft-, Boden- und Wasserverschmutzung sind Kostenfaktoren, welche in die Gewinnberechnung eingehen müssen. So wie alles Einkommen und alle Kosten der Firma in der Bilanz berücksichtigt werden, muß das Nettoeinkommen durch Berücksichtigung dieser "Öko-L"-Kosten berichtigt werden. (Wenn die Kosten in einem Berechnungszeitraum nicht entstehen, müssen sie natürlich wieder Eingang in die Kapitalflußberechnungen finden.)

Das Zuckerbrot wie auch die Peitsche liefern die Motivation für dieses System der Kostenrechnung. Einerseits müssen Unternehmen die Kosten staatlicher Regulierung vermeiden. Diese kommen früher oder später, wenn die Selbstregulierung versagt. Gleichzeitig müssen sie durch ein schlechtes Image verursachte Abschläge auf das Aktienkapital vermeiden. Diese sind ein neues Kapitalrisiko für Unternehmen, welche als Teil des "Schornstein-Komplexes" gelten. Die komplementäre Gefahr, daß die Konkurrenz von der Öffentlichkeit als der Saubermann gesehen wird, muß ebenso abgewendet werden. Andererseits kann man einsehen, daß das Phänomen der "grünen" Aktien den weltweiten Aktienmarkt mit Sicherheit beeinflussen und diejenigen Unternehmen begünstigen wird, die als Vorkämpfer für die Umwelt wahrgenommen werden. Besonders wenn sie mit der Internalisierung empfindlicher Sozialkosten kombiniert wird, kann die ökologische Buchhaltung einen eher immateriellen Nutzen versprechen: den Wert, welcher in der guten Absicht liegt. Gute Nachbarn sind gute Partner, in unserer instabilen Welt eine wichtige Erwägung.

OP 2. "OPEN-SYSTEM"-MARKETING BETREIBEN

Unter dem Blickwinkel der Evolution ist das Unternehmen ein offenes System in bezug auf seine Umwelt. Daher ist das Marketing durch die Schaffung, Entwicklung und Unterhaltung eines Netzes zwischenmenschlicher Beziehungen die organische Verlängerung des Unternehmens in seine Umwelt hinein.

Das "Open-System"-Marketing ersetzt das analytische Marketing, welches als die Analyse, Organisation, Planung und Kontrolle des Kunden mit sturer Konzentration auf den Gewinn betrachtet wird. Das evolutionäre Management nimmt keine starre Trennung zwischen dem Kunden und dem Angestellten, den firmeninternen und externen Beziehungen vor. Als durchgehend offenes System ist das Unternehmen der Knoten einer konzentrischen Reihe zwischenmenschlicher Beziehungen, welche von seinem organisatorischen Kern ausgehen. Es gibt keine scharfe Grenze zwischen dem System und seiner Umwelt, dem Angestellten und dem Kunden. Sie alle nehmen am System teil, wenn auch in unterschiedlichen Rollen und in rollenspezifischen Funktionen.

Marketingmanager stehen in einer internen, organisatorischen Beziehung zum Kunden, welche eher interaktiv vernetzt ist, als ihm beobachtend, analysierend und manipulierend gegenübersteht. An Stelle harter, vertikaler und "objektiver" Vorgehensweisen müssen sie ein flexibles, emphatisches und horizontales Denken einsetzen und sich in die voneinander abhängigen und sich entwickelnden Beziehungen verwickeln lassen, welche auf gemeinsame Bedürfnisse und wechselseitige Bedürfnisbefriedigung konzentriert sind.

OP 3. LANGFRISTIG QUALITÄT SICHERN

Das Konzept des Qualitätskreises, welches von japanischen Managern entwickelt wurde, war eine wichtige Innovation. Es muß in unserer instabilen wirtschaftlichen Welt aber durch evolutionäre Prinzipien ergänzt werden. In solchen Branchen, in denen sich die Bedürfnisse und Erwartungen schnell entwickeln, müssen erfolgreiche Wettbewerber die Nachfrage nicht nur erfüllen, sie müssen sie voraussehen. Sie müssen auf der Grundlage der Kenntnis eines fundamentalen Trends arbeiten, welcher die Entwicklung der Bedürfnisse und Erwartungen formt, dem Wissen um den EGT.

Die produzierte Qualität bezieht sich immer auf bestimmte Zeiten und Orte. In einer diversifizierten Welt ist die Qualität am einen Ort an einem anderen Ort verschwenderischer und unnötiger Luxus. Weitergedacht ist in einer Welt im Wandel morgen die Qualität von heute überholt. Das dominante Konzept muß verändert werden: Die Erfüllung der aktuellen Bedürfnisse des Kunden ist nicht immer und nicht notwendigerweise Qualität. Echte Qualität erfüllt die aufgeklärten Bedürfnisse des Kunden, seine eigenen besten Interessen, welche sich auf die jeweilige Zeit und den Ort beziehen. Daher erfordert die Lieferung echter Qualität, daß man auch auf das hört, was der Kunde morgen sagen wird.

OP 4. WEITSICHTIGE F & E VERWIRKLICHEN

Zahlreiche für die Zukunft wichtige technologische Innovationen sind bereits verfügbar. Diese sind zum Beispiel saubere Automotoren, effiziente Solarenergieerzeuger, alternative Kraftstoffe, alternative Hardware und Software für Datenverarbeitung und Kommunikation, Methoden für die Nutzung und Wiederverwertung von Abfällen und so weiter. Dennoch wird eine große Anzahl dieser Innovationen ignoriert oder sogar unterdrückt, weil sie kurzfristige Anpassungen und daher vorübergehende Risiken und Opfer mit sich bringen.

Großkonzerne besitzen Hunderte oder gar Tausende Patente, von denen sie nur einen kleinen Bruchteil zur Produktionsreife führen. Obwohl sich in jüngster Zeit die Zeitspanne zwischen der Forschung und Entwicklung einerseits sowie der Entwicklung und eigentlichen Vermarktung andererseits dramatisch verringert hat, ist die Auswahl der Forschungs- und Entwicklungsprojekte durch die Unternehmen weiterhin konservativ oder bestenfalls kurzfristig orientiert. Für die Forschung, Entwicklung und Anwendung werden solche Technologien gewählt, welche die aktuellen Wettbewerbsvorteile verstärken. Zukünftige Bedingungen und die geänderte Verteilung der Vorteile, welche sie bringen werden, werden dabei viel weniger berücksichtigt.

Evolutionäres Management heißt auch vorausschauende Forschung und Entwicklung. Diese beinhaltet die Nutzung des EGT zur Analyse zukünftiger Veränderungen auf dem Markt und die Auswahl vorhandener Innovationen für die Anwendung sowie neuer Projekte für die Forschung und Entwicklung.

Dabei richtet sich der Blick nicht nur auf den unmittelbaren Gewinn, sondern auch auf den dauerhaften Nutzen, den sie für die Branche und die Gesellschaft insgesamt bringen können. Dies ist kein utopischer Idealismus, sondern gesunder Realismus. Ein Unternehmen wächst dann am besten, wenn es sich mit seiner natürlichen, sozialen und wirtschaftlichen Umgebung gemeinsam entwickelt.

Für die Wirtschaft ist die Einsicht der Koevolution neu, und sie hat bisher, unter dem Druck der Öffentlichkeit, nur auf dem Gebiet der Umwelt zu nennenswerten Forschungs- und Entwicklungsbemühungen geführt. Volkswagen und BMW sind Pioniere auf dem Gebiet des Automobil-Recycling geworden. GM und Toyota haben in Forschungen zur Verringerung der schädlichen Abgase und Verbesserung der Sicherheit auf der Straße investiert. Dupont und Monsanto haben große Investitionen für Forschung und Entwicklung auf dem Gebiet der Reduzierung der Luftschadstoffe getätigt, und Forschungen von Lafarge-Coppée haben Millionen von Litern Industriemüll bei der Zementherstellung eingespart. Die bayerische Lammbräu hat sogar ein "Ökobier" entwickelt, welches aus Hopfen und Gerste aus dem biologischen Anbau gebraut wird.

Dieses sind Indikatoren für einen positiven Trend in der Industrie, aber es sind wenige, und sie sind noch eng auf die Abfallvermeidung und die Bewahrung der Umwelt konzentriert.

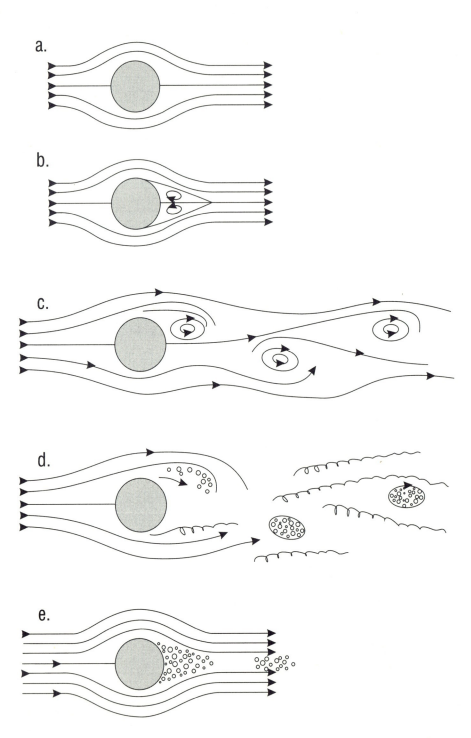

OP 5. DYNAMISCHE DURCHBRÜCHE EINLEITEN

Im Unternehmen wie in der Gesellschaft ist das gelegentliche Chaos ein "normales" Ereignis - es sollte keine Überraschung und Verwirrung hervorrufen. Wenn sich ein in Entwicklung befindliches System einer kritischen Schwelle nähert, steht der Eintritt des Chaos bevor. Die Destabilisierung ist aber ein unumkehrbarer Prozeß: Ein chaotisches System kann nicht auf den prächaotischen Zustand zurückgeführt werden. Es kann jedoch auf einen postchaotischen Zustand angehoben werden, welcher ebenso geordnet und schließlich weit funktionaler ist als der vergangene Zustand des Systems.

Wenn sich Manager chaotischen Bedingungen ausgesetzt sehen, - wobei es keine Rolle spielt, ob sie unbeabsichtigt durch unkontrollierte äußere Ereignisse oder absichtlich durch organisatorische Entscheidungen ausgelöst wurden - würden sie vergeblich auf die bewährte Strategie des Verstärkens vorhandener Strukturen und der Bekräftigung von Standardverfahren zurückgreifen. Die Organisation kann den alten Kontrollen und Steuerungsparametern nicht mehr wirksam unterworfen

---

Abbildung 15:
Lektionen aus der Hydrodynamik:
Durch verstärkten Druck verursachte Turbulenz (eine Form des Chaos) macht einer neuen Ordnung Platz, wenn der Druck über einen kritischen Punkt steigt.
Die relative Bewegung einer Flüssigkeit und eines festen Objektes schafft und überwindet in einer kontinuierlichen Pfeilform die Turbulenz.
a. Das Strömungsmuster ist glatt und geordnet.
b. Die ersten Turbulenzen erscheinen.
c. Die Turbulenzen breiten sich aus.
d. Die Strömung wird völlig turbulent.
e. Die Strömung stabilisiert sich in einem neuen Muster.
Die sogenannte Reynolds-Zahl - angegeben als Strömungsgeschwindigkeit mal Durchmesser des festen Objektes durch Viskosität der Flüssigkeit - steigt monoton von a. bis e., während die Laminarströmung turbulent und (teilweise) wieder laminar wird. Das feste Objekt kann wie ein Pfahl in einer Strömung stationär oder wie ein Floß im ruhigen Wasser beweglich sein.

werden. Andererseits kann die Organisation über das Chaos hinaus getrieben werden, wenn man die destabilisierenden Fluktuationen verstärkt, bis sie eine neue Spielart der Ordnung herbeiführen (siehe Abbildung 15).

Wie bei einer Floßfahrt im Wildwasser kommt man in einer chaotischen Situation nur dann vorwärts, wenn man sich von felsigen Ufern fernhält, kräftig rudert und die Strömung die Richtung bestimmen läßt.

Eine gute Intervention besteht immer aus zwei Elementen: Zum einen schafft sie eine existentielle Unsicherheit, was in unserem Zusammenhang ein organisatorisches Chaos meint, in dem der bestehende Zustand nicht mehr akzeptabel erscheint. Auf der anderen Seite zeigt sie aber auch den zu beschreitenden Lösungsweg. Der EGT ist das Instrument, um den Lösungsweg zu weisen und auszugestalten. Er schafft den Orientierungspunkt, an dem sich Manager in chaotischen Zeiten ausrichten können. Indem sie das Unternehmen gemäß dem Evolutionären Gigatrend zum Fortschritt drängen, schaffen sie eine bessere Ordnung. Fokussiert man die bessere Ordnung, meint dieses das Erreichen solcher Ziele wie das Anzapfen frischer Energiequellen und die Erhöhung des Wirkungsgrades bei der Nutzung vorhandener Energien, ebenso wie der Aufbau von Heterarchien und die Schaffung der parallel arbeitenden Netze.

OP 6. KREATIVES CHAOS SCHAFFEN

Wenn die konventionelle Unternehmensstrategie zur Stagnation oder zu sinkender Rentabilität und Wettbewerbsfähigkeit führt und wenn in der Führungsmannschaft keine neuen Ideen auftauchen, dann ist es an der Zeit, einen chaotischen Zustand selbst anzuregen. Damit ist die Intensivierung, nötigenfalls die Schaffung der Fluktuationen gemeint, welche die betrieblichen Strukturen und Verfahrensweisen destabilisieren können, die das Unternehmen auf seinem fehlgeleiteten Kurs halten. Wenn die Fluktuationen einen kritischen Punkt erreichen, verschwindet die Bindung durch den Status quo: Der potentiell kreative Zustand des Chaos setzt ein.

Dieser ist kein zufälliger oder anarchischer Zustand, sondern ein Zustand äußerst sensibler Abhängigkeit von den Ausgangsbedingungen. Es sind genau diese Bedingungen, welche die Manager beim Hervorrufen des Chaos kontrollieren können. Darüber hinaus können sie in eine ständige Wechselwirkung mit den Bifurkationen treten, welche die Strukturen und Verfahrensweisen der Organisation umgestalten und das System auf eine höhere, funktionalere Ordnungsebene führen.

Der früher als "kreative Zerstörung" bezeichnete Vorgang, der besser "kreatives Chaos" benannt wird, ist die Technik der zweckgerichteten Auslösung von Instabilität in einer Organisation der Gesellschaft. Diese Technik ist so alt wie die Menschheitsgeschichte. Sie wurde von Häuptlingen, Königen, Hohepriestern, Mafiabossen und Unternehmensleitern gleichermaßen eingesetzt. Bisher wurde sie aber nicht mit der bewußten Kenntnis der Dynamik des Chaos benutzt. Das Evolutionäre Management kann die uralte Strategie um den Faktor der bewußten Erkenntnis bereichern, sie zu einer systematischen und zweckgerichteten, damit beherrschbaren und verantwortungsbewußten Strategie machen.

OP 7. INFORMATIONSKOPPLUNGEN HERSTELLEN

Technologische Innovationen führen zu unumkehrbaren Verbesserungen der Fähigkeiten der Muskeln, der Sinnesorgane sowie des Gehirns und verleihen ihren Benutzern bessere Handlungsmöglichkeiten. Aber diese Innovationen können auch die Strukturen überwältigen, welche die Technologien kontrollieren - d.h. sie können organisatorische Instabilitäten auslösen. Technologische Innovationen bedürfen immer der bewußten Kontrolle. An diesem Punkt wird die kreative Verwendung von Informationen und der Kommunikation lebenswichtig. Die Informations- und Kommunikationstechniken dienen nicht nur dem Austausch von Informationen und der Kommunikation, sondern sie können auch die Auswirkungen von Technologien mit hohem Energie- und Materialgehalt in der Produktion und im Verbrauch regulieren.

Die Regulierung im technologischen Sinne basiert auf der von Norbert Wiener so bezeichneten "Informationskopplung". Der gewöhnliche elektrische Schalter ist ein Beispiel für dieses Prinzip: Wenn er zwischen den Stellungen "Aus" und "Ein" hin und her bewegt wird, öffnet oder schließt er einen Energiefluß, welcher um mehrere Dimensionen größer ist als derjenige, welcher den Schalter bewegt. Das Gehirn arbeitet selbst mit Informationskopplung: Winzige Signale von den Sinnesorganen aktivieren kraftvolle Muskeln und leiten das Verhalten.

Die neue Hardware und Software der Informationsverarbeitung und Kommunikation heben die Informationskopplung auf neue Höhen der technologischen Effizienz. Energetisch sparsame Hochgeschwindigkeitsrechner überwachen oder "automatisieren" komplexe, energiereiche Fertigungsprozesse und lenken den Start und die Bahn von Raketen, welche durch den interplanetaren Raum reisen.

In Forschungslabors werden ähnliche Techniken für den Bau von Simulationsmodellen für das Verhalten komplexer Systeme benutzt. Diese Vorgehensweise gestattet die risikofreie Prüfung energiereicher und riskanter Unternehmungen mit einem geringen Aufwand an Energie.

Branchen, in denen muskelverstärkende Technologien eingesetzt werden, zum Beispiel die Forstwirtschaft, die Agrarindustrie, bei schweren Maschinen und im Transportwesen, erzeugen ökologische Ungleichgewichte und thermische oder chemische Verschmutzungen. Die Technologien, welche die Leistungsfähigkeit des Gehirns erweitern, nämlich die Informations- und Kommunikationstechnik, können die negativen Auswirkungen regulieren oder steuern.

Diese Technologien können zur Messung der kritischen Variablen, der Berechnung der wahrscheinlichen Auswirkungen und der Steuerung der Entwicklung der ökologischen Kreisläufe eingesetzt werden. Sie können auch zur Mitteilung der für diese Prozesse wichtigen Informationen von einer Industrie zur anderen sowie zwischen der Industrie und der Gesellschaft benutzt werden.

Letzten Endes ist die Antwort auf die technologisch bedingten Probleme weder die Abschaffung von Technologien noch die verstärkte Nutzung der gleichen Technologien, sondern die richtige Nutzung der richtigen Technologien.

OP 8. SYNERGETISCHE KONVERGENZEN FÖRDERN

Evolutionäres Management ist Management in der Hauptströmung der Veränderung. Es soll das Unternehmen in Einklang mit wirtschaftlichen und gesellschaftlichen Trends bringen. Dazu ist es unter anderem erforderlich, daß Manager ein wesentliches Merkmal der Evolution berücksichtigen, die synergetische Konvergenz auf immer höheren Ebenen der Organisation. In unserer Zeit konvergieren Unternehmen innerhalb der Industriesektoren in Gruppen, welche durch Hyperzyklen verstärkt werden. Nationalstaaten konvergieren in regionalen Wirtschafts-, Umwelt-, Währungs- und Verteidigungsgemeinschaften. Zwischen den Unternehmen in allen Teilen der Welt, besonders in Nordamerika, Europa und den Staaten des pazifischen Beckens, findet eine Konvergenz statt. Zwischen Nationen tritt eine Konvergenz auch in Lateinamerika, Afrika und Südostasien ein. In Europa ist sie aber am weitesten fortgeschritten.

Die Auflösung der Sowjetunion und Jugoslawiens widerspricht der internationalen Dimension des Konvergenzprozesses nicht. Sie unterstreicht im Gegenteil die unbedingte Notwendigkeit, sich ihm anzuschließen. Die Führer der Zentralregierungen "in Abwicklung" haben die Dynamik der Konvergenz weder in der UdSSR noch in Jugoslawien begriffen. Gorbatschow und seine Partei hat ebenso wie die Regierung in Belgrad und die serbische Armee folgendes nicht erkannt: Damit sich die verschiedenen Republiken des Herrschaftsbereiches wieder integrieren können, müssen sie sich zuvor dissoziieren. Trotz seiner unbestreitbaren Leistungen - er hat Glasnost eingeführt und die Perestroika auf den Weg gebracht - hat Gorbatschow die Tatsache nicht verstanden, daß die Konvergenz ein organischer Prozeß der spontanen Bildung von Hyperzyklen sein muß. Er versuchte, ein willkürlich integriertes System zu reformieren statt zuzulassen, daß es sein eigenes, natürliches Gleichgewicht findet und die Reintegration von dort aus beginnt. Anderseits war Jelzin die Dynamik der Konvergenz möglicherweise nicht bewußt, aber der von ihm gewählte politische Kurs stimmte ihn auf sie ein. Aufgrund dieser Tatsachen ist die Perestroika, eine der größten und wagemutigsten politischen Erneuerungen aller Zeiten, gescheitert, während die Gemeinschaft unabhängiger Staaten, ein in Eile entstandenes Projekt, zur Wirklichkeit wurde.

Es ist für unternehmerisch tätige Menschen ebenso wichtig wie für die Regierenden, daß sie dem Konvergenzprozeß folgen und ihn nicht bekämpfen. Jeder Aspekt des wirtschaftlichen Umfeldes ist am Ende des 20. Jahrhunderts durch die von Hyperzyklen angeregten Prozesse der Assoziierung und Integration geprägt. Manager, welche diesem Trend zu folgen verstehen, werden auf dem Wellenkamm reiten; sie werden nicht von der Welle überrollt. Dies verlangt eine Unternehmensstrategie, welche die relevanten Dimensionen des Konvergenzprozesses aktiv fördert, unter anderem durch Gemeinschaftsunternehmen, durch Netze selbständiger Firmen, durch unternehmensübergreifende und internationale Investitionen, durch internationales Marketing und durch strategische Partnerschaften.

Die verschiedenen Arten der synergistischen Konvergenz üben einen starken Einfluß auf die Unternehmenswelt im ausgehenden 20. Jahrhundert aus. Manager müssen diesem Trend folgen, sich ihm anpassen und ihn soweit möglich durch Gemeinschaftsunternehmen, Unternehmensnetze, firmenübergreifende und internationale Investitionen, internationales Marketing und evolutionäre Partnerschaften proaktiv fördern.

OP 9. EVOLUTIONÄRE PARTNERSCHAFTEN BILDEN

Strategische Partnerschaften sind in vielen Bereichen der Wirtschaftstätigkeit schon Wirklichkeit geworden, und sie entwickeln sich immer schneller. In den 50er und 60er Jahren wurden den Unternehmen die gemeinschaftlichen Unternehmungen durch politische Zwänge mehr oder weniger aufgezwungen, während Fusionen und Übernahmen in den 70er und 80er Jahren an Boden gewannen. Ende der 80er und Anfang der 90er Jahre sind Gemeinschaftsunternehmen und andere Formen der strategischen Allianz sowohl populär geworden als auch weit verbreitet.

Wenige Firmen, gleich welcher Größe, können ihre finanzielle Gesundheit, ihre technologische Basis oder ihre Glaubwürdigkeit auf dem Markt jedesmal aufs Spiel setzen, wenn sie eine neue Dienstleistung oder eine neue Produktpalette einführen. Der Sinn evolutionärer, strategischer Partnerschaften liegt aber nicht nur in der Verteilung des Risikos, sondern in der effektiven Steuerung der Unternehmen in einer instabilen Umwelt.

Die ESP sind wesentliche Durchsetzungsmechanismen des Evolutionären Managements. (Die Abkürzung - in englisch heißt ESP "extrasensorial - d.h. außersinnliche - perception" - ist keine falsche Benennung, denn strategische Partner sehen in der Tat weiter als die konventionelle Sicht der Wirtschaft.) Die Durchsetzung weitblickender Prinzipien, zumindest kurzfristig, wird mit einiger Wahrscheinlichkeit gewisse Opfer verlangen. Dieses Opfer ist eine Investition in die Zukunft, und es wäre nur dann irrational, wenn uninformierte oder skrupellose Konkurrenten die Übergangszeit zu ihrem Vorteil ausnutzen würden. Evolutionäre Partnerschaften sind zum einen notwendig, um die Last der Anpassungen zu verteilen, und zum anderen zur Abwehr des Problems, welches skrupellose Konkurrenten und Trittbrettfahrer darstellen können.

Im Gegensatz zu Partnerschaften innerhalb der von Michael Porter beschriebenen, sich selbst stärkenden Industriegruppen fördern ESP die Zusammenarbeit durch Wettbewerbsfähigkeit und nicht die Konkurrenz. Allianzen dieser Art sind ein Teil der neuen Funktionalität der Wirtschaft. Der japanische Managementberater Kenichi Ohmae hat darauf hingewiesen, daß der Fortschritt der wirtschaftlichen, technologischen und kulturellen Komplexität die Unternehmen dazu zwingt, auch im Interesse ihrer Wettbewerbsfähigkeit ihre Ressourcen zu vereinen und zusammenzuarbeiten. Kooperation ist erst recht angesagt, wenn die bestehende Konkurrenz Anpassungen verlangt, welche nicht nur den kurzfristigen Interessen eines bestimmten Unternehmens dient, sondern den allgemeinen Interessen des ganzen Gebietes, auf dem es tätig ist.

Management ist kein organisiertes und geordnetes Spiel, in welchem die Spieler im voraus festgelegte Pläne zum Erreichen vorbestimmter Ziele verfolgen. Vielmehr ist es ein ständiges Spiel mit dem Zufall und der Wahrscheinlichkeit in einer Umwelt, in welcher sich nicht nur die Steine und die Spieler, sondern auch die Regeln des Spieles plötzlich verändern können. Man muß über ein gesundes und relevantes Wissen verfügen, wenn man in diesem probabilistischen und instabilen Kontext eine zuverlässige Orientierung behalten will.

Die neuen System- und Evolutionswissenschaften beweisen diese Tatsache: Sie definieren die Dynamik des geschichtlichen Fortschritts. Wenn wir unsere Evolution nicht in einer Kurzschlußhandlung abbrechen, wird der evolutionäre Gigatrend in der Zukunft ebenso Bestand haben wie in der Vergangenheit. Die neuen Erkenntnisse über die Evolution gestatten eine bewußte Förderung des Fortschritts, wohingegen der Fortschritt in der Vergangenheit das Ergebnis von Versuch und Irrtum war.

Am Ende des 20. Jahrhunderts hat die bewußte Wahl die zufällige Mutation als Werkzeug der Evolution abgelöst. Wir haben wirklich die Wahl: In einer turbulenten Umwelt können auch lokale Handlungen zu globalen Veränderungen führen. Global denkende Manager sind sowohl effektive Geschäftsleute als auch verantwortliche Mittler der menschlichen Evolution.

ÜBERSICHT
MERKSÄTZE FÜR DEN UMBAU EINES UNTERNEHMENS

Grundsatz:
Aus einem wettbewerbsfähigen Unternehmen heraus eine Abteilung oder ein Team bilden, die den Grundsätzen des Öko-N offen und Öko-L geschlossen folgt (a sustainable sector).

Im Führungsverhalten:
Herstellung von Visionen und die Unterstützung von Führungsverhalten, das die Mitarbeiterbeteiligung in den Mittelpunkt stellt.

Im Wettbewerb:
Den Schwerpunkt weniger auf Strukturen setzen, sondern mehr auf Abläufe und Prozesse als Quelle von Wettbewerbsvorteilen. Im einzelnen sind die Hilfsmittel: Zeitmanagement, Ressourcengewinn durch Synergien und exaktes Kostencontrolling in allen Feldern (auch im Bildungs- und Informationsmanagement).

In der Unternehmenskultur:
Identität ist eine sensible Angelegenheit. Sie öffnet das Umfeld in einer Weise, daß es nur noch kleiner und zeitgenau eingesetzter Impulse bedarf, um größere Folgen zu erzeugen, die langsam in das Umfeld diffundieren.

Im Informations- und Bildungsmanagement:
Investitionen in Informationsgewinnung, -behandlung oder -verbreitung sind als notwendige, weniger als zusätzliche oder verlorene Mittel zu betrachten.

Im strategischen Management:
Strategien als einzelne, kleine, parallele und gutgezielte Aktionen entwickeln, die auf der Arbeit operationaler Teams und Abteilungen aufbauen.

6

DIE DYNAMIK DER INSTABILITÄT

DIE GLOBALE DYNAMIK

Die Entwicklung der heutigen globalisierten Welt ist nicht in jeder Einzelheit erkennbar, denn nicht einmal der größte Supercomputer wäre fähig, ihre unzähligen Reaktionen und Wechselwirkungen zu berechnen. Allerdings kann man die Konturen des Prozesses auf eine Weise betrachten, welche die ihm zugrunde liegende Dynamik hervorhebt. Diese Betrachtungsweise erfordert eine gewisse Vereinfachung, die jedoch nicht zu Lasten der Substanz geht.

Die klassische Methode der Vereinfachung bestand in der Vernachlässigung des Ganzen und der Konzentration auf das Teil. Weil die essentielle Dynamik jedoch oft nur auf der Ebene des Ganzen zum Vorschein kam, schüttete diese Methode das Kind mit dem Bade aus. Die neue Methode betrachtet das Gesamtsystem in den Begriffen ihrer Grunddynamik und erfaßt so die wesentlichen Faktoren, wobei ein Schwund an Details keinen Substanzverlust bedeutet. Im Gegenteil: Das Erfassen der Dynamik bringt weitere Details in eine Ordnung ein, denn zusätzliche Daten erhalten den ihnen angemessenen Platz - sie erläutern den essentiellen Prozeß und helfen, es sinnvoll zu bewältigen.

Die Dynamik des globalen Systems ist eine evolutionäre Dynamik. In dieser wechseln sich Stabilität und Instabilität ab. Gegenwärtig befinden wir uns in einer Phase weltweiter Instabilität. Wenn wir also den Kontext verstehen und bewältigen wollen, in welchem Unternehmen tätig sind, müssen wir Kenntnisse über die Dynamik der Instabilität besitzen. Mit anderen Worten, wir müssen die Dynamik instabiler (evolutionärer)

Abbildung 16: Ein übergeordneter katalytischer (Hyper-) Zyklus

Systeme kennen. Deshalb betrachten wir jetzt ein Schema, welches uns aus dem letzten Kapitel bereits bekannt ist: das Schema eines übergeordneten katalytischen Zyklus (siehe Abbildung 16).

In die Kreise können wir Nukleinsäuren eintragen - damit erhalten wir diejenigen Hyperzyklen, welche die Grundlage der lebenden Zelle sind. Wir können die Zellen selbst dort einsetzen und bekommen einen funktionell integrierten, mehrzelligen Organismus. Wenn wir einzelne Organismen eintragen, erhalten wir eine Gruppe, eine Population oder ein Ökosystem als Ergebnis.

Wenn die einzelnen Organismen Menschen sind, ergeben sich weitere Möglichkeiten. Menschen können auf bestimmte Ziele gerichtete Kreise bilden, welche technologische Komponenten beinhalten, wobei die Schleife insgesamt einer Form der Produktion oder Dienstleistung dient. Diese Schleife wäre dann ein Unternehmen. Wir können die Unternehmen selbst in den Kreisen plazieren und bekommen sich selbst erhaltende Industriegruppen. Da diese aus einzelnen Unternehmen bestehen und weil das einzelne Unternehmen menschliche und technologische Komponenten besitzt - und Menschen ihrerseits aus Zellen bestehen, welche wiederum aus Nukleinsäuren aufgebaut sind, erhalten wir eine Reihe von Kreisen, welche sich in anderen Kreisen befinden. Die Logik dieser Reihe ist die Logik der Fraktale, nämlich die selbstähnliche Wiederholung eines bestimmten Musters in kleineren (oder größeren) Dimensionen (siehe vorderes Vorsatzpapier).

Während die Logik der Sequenz diejenige von Fraktalen ist, ist die Dynamik diejenige der Evolution: Jeder Kreis nährt sich aus sich selbst, entwickelt sich selbst und konvergiert mit anderen Kreisen auf der nächsthöheren Ebene. Die Reihenfolge der Kreise bildet eine Spirale oder Wendel, welche von der physikalischen Grundlage des Lebens in die planetaren Regionen der Biosphäre reicht.

Die Biosphäre selbst ist der umfassendste dieser Kreise und der Kontext sowie die Umwelt aller lokalen Kreise. In dem sich selbst stabilisierenden Zyklus der Biosphäre verläuft der wichtigste Energiefluß: derje-

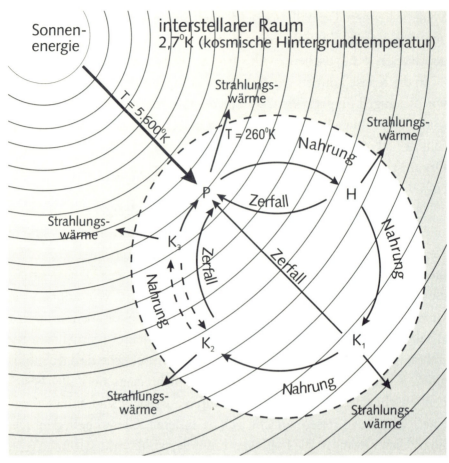

T = Temperatur in Kelvin P = Pflanzen
H = Herbivoren (Pflanzenfresser) K_1 = Karnivoren (Fleischfresser) (Beute)
K_2 - K_n = Karnivoren (Fleischfresser) (Beute / Jäger)

Abbildung 17:
Die Biosphäre ist geschlossen für Materie und offen für die Energie, welche ihr von der Sonne zugeführt und in den sie umgebenden Weltraum abgestrahlt wird. Das Wärmegefälle zwischen der freien Energie, welche die Erde von der Sonne erreicht, und der in den Weltraum abgestrahlten Abwärme treibt alle unumkehrbaren Prozesse auf der Oberfläche dieses Planeten an. Diese Prozesse konfigurieren und rekonfigurieren Materie in zunehmend komplexen Systemen. Sie gehen von der Umwandlung der Sonnenenergie in Biomasse durch die Grünpflanzen aus und kulminieren in den komplexen, von freier Energie angetriebenen Zyklen kontinentaler Ökosysteme.

nige von der Sonne zur Erde. Die Sonnenenergie setzt sich mit der extrem hohen Temperatur von 5.600^0 Kelvin in Bewegung und erreicht die Erdatmosphäre mit 260^0 K. Hier kühlt sie sich ab, während sie durch die Vegetation teilweise in grüne Blätter umgewandelt wird (Photosynthese). In dem riesigen Netz der Nahrungskette werden pflanzliche Stoffe in verschiedene Arten von Biomasse umgewandelt. An jedem Punkt der Umwandlung entsteht Wärme, und die Abwärme wird an die Umgebung abgestrahlt. Die Gesamtsumme der Strahlungswärme einschließlich der Sonnenwärme, welche von nackten Landflächen und den Ozeanen reflektiert wird, verläßt die Erde und tritt in den interplanetaren Raum ein. Der Weltraum ist in unserem Sonnensystem wie überall $2,7^0$K kalt. Diese Temperatur ist die sogenannte kosmische Hintergrundstrahlung, der Überrest des ursprünglich superheißen Großen Knalls, welcher das bekannte Universum hervorgebracht hat. Die Differenz zwischen der Energiequelle von 260^0 K und der $2,7^0$ K kalten Energiesenke treibt die lebenswichtigen Prozesse der Biosphäre an (siehe Abbildung 17).

Das menschliche Leben ist in dieses "Biosphären-Werk" integriert. Ursprünglich war das menschliche Leben darin vollständig integriert. Unter den Bedingungen der Anpassung für alle Arten in die vorhandenen Überlebensnischen und dem Konkurrenzkampf mit anderen Spezies hätte sich die Menschheit nicht anders entwickeln können. Im Laufe der Zeit ist aber das Verhältnis zwischen dem Menschen und der Natur angespannter geworden. Diese Entwicklung beschleunigte sich seit der Erfindung der Landwirtschaft vor etwa zehntausend Jahren. Im Gegensatz zu den nomadischen Stämmen passen menschliche Siedlungen eher die Umgebung ihren Bedürfnissen an, als daß sie sich ihrer Umwelt anpassen. Diese Entwicklung führte zu Störungen der katalytischen Zyklen, welche sich im Laufe der Zeitalter der Mutationen und der natürlichen Selektion entwickelt hatten.

Je weiter sich die menschlichen Gemeinschaften entwickelten und ausbreiteten, desto größer wurden die Konfliktfelder mit ihrer Umwelt.

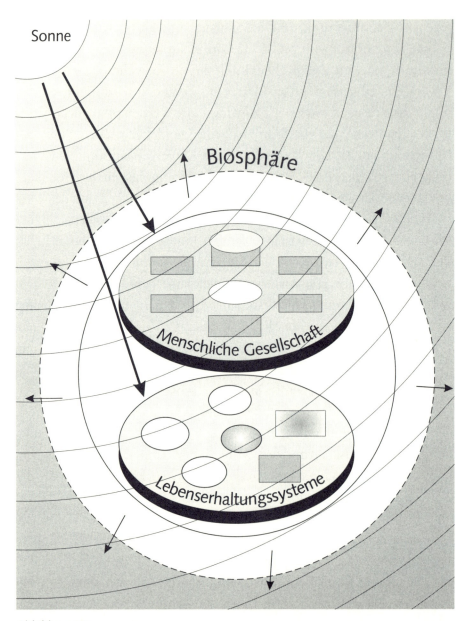

Abbildung 18:
Menschliche Gesellschaftsordnungen sind bezüglich der Energie- und Materialflüsse ein Teil der Biosphäre. Als Antrieb ihrer menschlichen, sozialen und technologischen Prozesse entnehmen die Gesellschaften Energien aus den physischen Lebenserhaltungssystemen, welche ihrerseits freie Energien von der Sonne beziehen. In jüngster Zeit

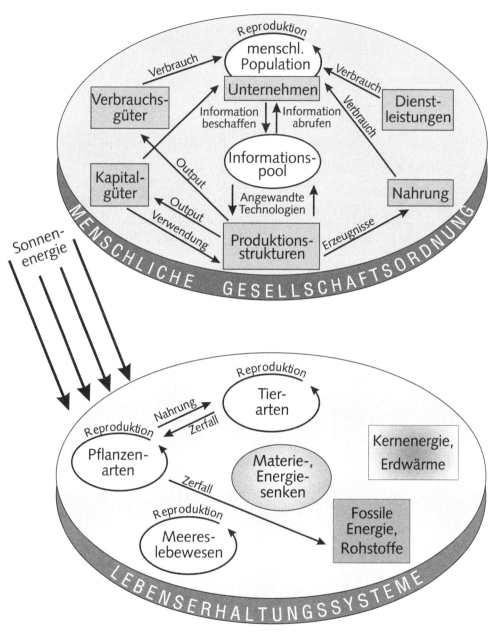

wurden auch andere Quellen freier Energie in der physischen Umwelt angezapft, einschließlich der Kernenergie und Erdwärme. Allerdings bleibt die physische Umgebung sowohl die Senke als auch die Quelle der für den Menschen relevanten Energien, und ihr thermodynamisches Gleichgewicht bezüglich des Eintritts

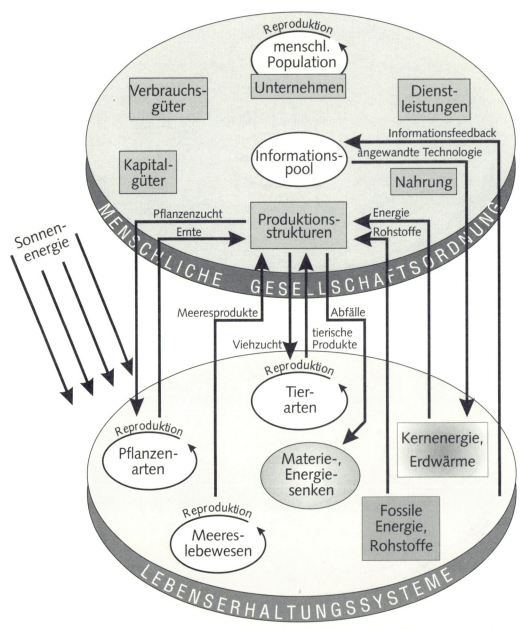

der Sonnenstrahlung und des Austritts der Abwärme muß beachtet werden. Würden diese Schwellen überschritten, so würde das Lebenserhaltungssystem in einen neuen Zustand des dynamischen Gleichgewichtes getrieben, welcher schreckliche Folgen für die menschlichen Gesellschaftsordnungen hätte.

In der Vergangenheit hat das - hauptsächlich in der Form von Erosion und dem Auslaugen fruchtbarer Böden - zu lokal begrenzten Ökokatastrophen geführt. Diese haben ihrerseits Wanderungsbewegungen ausgelöst und zum Aufstieg sowie Fall von Zivilisationen beigetragen. In der Gegenwart dagegen haben menschliche Aktivitäten globale Auswirkungen, welche die Biosphäre als Gesamtsystem beeinflussen. Die katalytischen Zyklen, welche das Lebenserhaltungssystem der Menschheit in Gang halten, stehen auf dem Spiel (siehe Abbildung 18).

Wenn diese Zyklen neuen dynamischen Spielregeln unterworfen werden, müßten die menschlichen Gemeinschaften und Lebensweisen sich an die veränderten Bedingungen anpassen. Das wäre eine Katastrophe. Bei einer Bevölkerung von fast sechs Milliarden Menschen, welche zum größten Teil am Existenzminimum leben, hat das System nur einen geringen Spielraum. Der Kurs, den die Menschheit eingeschlagen hat, löst in ihrer Umwelt Instabilitäten aus, und die Dynamik dieser Instabilitäten ist in starkem Maße nichtlinear. Wie wir gesehen haben, tritt ein destabilisiertes System in eine chaotische Phase ein, aus der es niemals in seinen Ursprungszustand zurückkehren kann. Mit einer beachtenswerten statistischen Wahrscheinlichkeit findet die neue Stabilisierung des Systems auf einer höheren Organisationsstufe statt. Dabei koordinieren weitere katalytische Zyklen die Subsysteme dieses Systems und integrieren so das Gesamtsystem in seine Umgebung. Es ergibt sich ein Ratscheneffekt: Die gesellschaftlichen Systeme werden auf zunehmend höhere Organisationsebenen gezogen.

In der Geschichte finden wir Zeugnisse für den evolutionären Ratscheneffekt. Steinzeitliche Jäger und Sammler, welche ihre Lebensgemeinschaft auf der Verwandtschaft ihrer Mitglieder aufbauten, entwickelten sich zu auf Arbeitsteilung beruhenden Siedlungen. Im Laufe der Jahrtausende entfalteten sich diese zu komplexen und ausgedehnten Gesellschaftsordnungen, welche auf Landwirtschaft und Viehzucht basierten - wie z.B. die Jahrtausende überdauernden Reiche Ägyptens, Persiens, Indiens und Chinas. In Europa führte der Niedergang des Römischen Reiches zu der

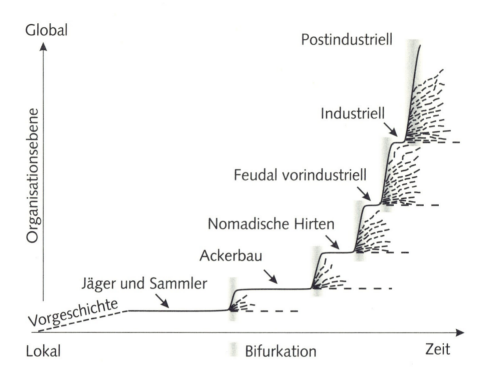

Abbildung 19:
Im Laufe der gesamten bekannten Geschichte haben sich die menschlichen Gesellschaftsordnungen auf zunehmend höheren organisatorischen Ebenen konvertiert. Dieser Prozeß begann mit den steinzeitlichen Stämmen der Jäger und Sammler und kulminiert gegenwärtig in dem Entstehen postindustrieller Gesellschaftsordnungen. Jede Bifurkation, die in der Hauptsache durch die verbreitete Übernahme fundamentaler Technologien angetrieben wurde, hat die Gesellschaftsordnung auf komplexere Organisationsebenen getrieben. Heute hebt die verbreitete Übernahme der neuen Informations- und Kommunikationstechnologien den Prozeß auf die globale Ebene.

Übergangsphase der feudalen Gesellschaftsordnung, die ihrerseits den modernen, industriellen Nationalstaaten Platz machte.

Jeder Phasensprung wurde durch die Destabilisierung der vorherigen Phase und den technologisch bedingten Sprung auf eine höhere Organisationsstufe angetrieben. In unserer Zeit ist das System der Nationalstaaten auf dem Wege zur kritischen Instabilität, und die neuen Technologien der Information und Kommunikation ermöglichen den Sprung auf die kontinentale und globale Organisationsebene (siehe Abbildung 19).

Dieser Prozeß kann, wie alle kritischen Phasensprünge, kaum reibungslos und kontinuierlich verlaufen. Die typische Dynamik der Systementwicklung bleibt wirksam, wobei verstärkte Fluktuationen zu vorübergehendem Chaos und schnell aufeinander folgenden Bifurkationen führen. *Die Instabilität unserer Zeit kann als eine Instabilität von Kaskaden lokaler Bifurkationen betrachtet werden, welche die menschliche und natürliche Welt im Verlaufe eines epochalen Überganges von in Nationen verwurzelten Industriegesellschaften zu einer global vernetzten, postindustriellen Gemeinschaft überfluten.*

LEHREN FÜR DAS MANAGEMENT

Die Kaskade der Bifurkationen bedeutet für Unternehmen mitten im globalen Übergang unserer Zeit eine Veränderung der wirtschaftlichen Umgebung. Neue Technologien werden verfügbar, und alte Technologien werden durch sie ersetzt. Neue Märkte öffnen sich, während andere verschwinden. Neue Gebiete werden für Wachstum und Rentabilität erschlossen, und etablierte Gebiete verlieren ihre Bedeutung. Ein bisher vorhandener Wettbewerbsvorteil verlagert sich entsprechend. In Begriffen der Topographie kann man sagen, daß sich in der Landschaft der Weltwirtschaft einige Hügel der Rentabilität in einer Schrumpfung befinden, während sich andere erheben. Die führenden Manager stehen vor der Herausforderung, von einem ehemals hohen, aber schrumpfenden Hügel auf einen vielleicht früher unbedeutenden Hügel zu springen, der sich gegenwärtig im Wachstum befindet.

Dieser Zusammenhang besteht nicht einzigartig: In der Natur sind ganze Arten vor ähnliche Herausforderungen gestellt. Wenn sich das

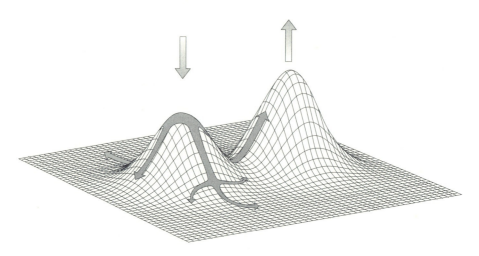

Abbildung 20:
Eine "Anpassungslandschaft" mit einem steigenden und einem abfallenden Gipfel. Der abfallende Gipfel wird von einer Spezies oder einem Unternehmen besetzt. Sie oder es steht vor der Aufgabe, das Tal zu durchqueren und den sich erhebenden Hügel zu erreichen.

Klima und das Ökosystem verändern, wandeln sich auch die ökologischen Nischen, und sie können für vorhandene Populationen unwirtlich werden. Die Höhen und Tiefen der Angepaßtheit von Spezies und ihrer Umgebungen stellen die Umwelt dar, welche Biologen die "Anpassungslandschaft" nennen (siehe Abbildung 20). Tendenziell haben die biologischen Arten bei der Navigation in dieser Landschaft Schwierigkeiten, denn sie können nicht über die Täler hinweg auf benachbarte Gipfel sehen, um ihre Anpassungsstrategie zu revidieren, sondern sie müssen auf zufällige Mutationen und die natürliche Auswahl vertrauen, damit sie Veränderungen überleben. Darin liegt die Schwierigkeit: Wenn eine Spezies sich auf dem Gipfel ihres Anpassungshügels befindet, vermindert jede Mutation ihre Angepaßtheit an ihre Umwelt.

Auf dem Gipfel führt zunächst jeder Weg abwärts, der an einen anderen Ort führt. Schlecht angepaßte Mutanten erhalten selten die

Chance, ihre Art fortzupflanzen und ein Tal zu einem anderen Hügel hin zu durchschreiten - tendenziell werden sie durch die natürliche Selektion ausgemerzt. Dies hat zur Folge, daß eine ehemals dominante Spezies oft durch die Herausforderung geschlagen wird, sich von ihrem Gipfel der Angepaßtheit wegzuentwickeln. Es ist kein Wunder, daß die überwiegende Mehrzahl aller Spezies verschwunden ist, welche zu einem beliebigen Zeitpunkt die Erde bevölkert haben. Wenn sich in der Umwelt eine Spezies in einer verschwindenden Nische befindet, wird sie normalerweise von einer vormals unbedeutenden Spezies ersetzt, welche zufällig gut an die neu auftauchende Nische angepaßt ist. Die vorher randständige Spezies rückt mitten auf die Bühne und wird zur dominanten Art. Hochspezialisierte Arten, die nur unter bestimmten Umweltbedingungen überleben und sich nur unter ihnen fortpflanzen, sind in diesem Prozeß für die Ausrottung anfällig: Sie werden auf ihrem Gipfel gefangen und verschwinden mit ihm. Andererseits können "Generalisten" besser überleben, weil sie in der Lage sind, ihre Nische zu wechseln (zu anderen Beutetieren oder Pflanzen überzugehen und eine bessere Widerstandsfähigkeit gegen veränderte Umweltbedingungen zu entwickeln) (siehe Abbildung 21).

Wenn ein Unternehmen sein Verschwinden vermeiden will, muß es lernen, von einem schrumpfenden Hügel der Marktanteile und der Rentabilität herabzusteigen und neue, aufsteigende Hänge zu erklimmen. Manager dürfen sich nicht an verschwindende Hügel binden - das heißt, sie dürfen nicht versuchen, verschwindende Märkte mit überholten Strategien und Technologien sowie unveränderten Organisationsstrukturen zu verteidigen. Dieses würde nur zu schwindenden Gewinnen und negativem Wachstum führen, und letztendlich würde ihr Unternehmen durch Firmen ersetzt, die für die Ausbeutung der neuen wirtschaftlichen Umwelt besser geeignet sind. Das Management muß vielmehr die Flexibilität entwickeln, die zur Verlagerung von Strategien, Technologien und Märkten erforderlich ist. Flexibilität ist besonders für die "Nischenspieler" erforderlich, deren Abhängigkeit von einem Produkt, einem

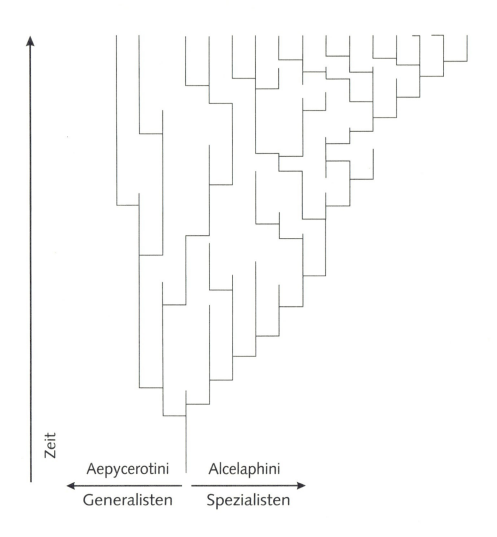

Abbildung 21:
In einem Milieu, welches sich verändert, überleben die Generalisten länger.
Die Ahnen des Impala, einer Spezies mit der Bezeichnung AEPYCEROTINI, waren Generalisten. Die Linie von Hirschen scheint die letzten sechs Millionen Jahre mit nur einer oder zwei "Speziationen" überlebt zu haben. Während des gleichen Zeitraumes sind aber die stärker spezialisierten ALCELAPHINI, die Vorfahren der modernen Kuhantilopen und des Weißschwanzgnus, durch bis zu 27 Spezifikationen gegangen, weil die veränderten Bedingungen auf den Ebenen Afrikas ganze Populationen aus ihren engen ökologischen Nischen drängten und sie durch Arten ersetzten, welche besser an die neuen Nischen angepaßt waren. Ihre Geschichte sollte jedem zu denken geben, der in einer sich verändernden Umwelt überleben will.

Markt und einer Technologie ihre Verwundbarkeit durch eine veränderte Umwelt verdoppelt. Aber auch diversifizierte globale Unternehmen, welche auf einer Vielzahl von Märkten präsent sind und schnellen Zugang zu neuen Technologien und zusätzlichem Kapital haben, müssen die Fähigkeit der Anpassung an ihre sich rasch verändernden Hügel und Täler des Wachstums und der Rentabilität pflegen (siehe Abbildung 20). Alle Manager unserer Zeit sehen sich vor die Notwendigkeit gestellt, die Topographie ihrer wirtschaftlichen Welt zu beobachten und Organisationsstrukturen zu schaffen, welche zu schnellen und effizienten Anpassungen fähig sind.

Anders als die biologischen Spezies ist es für Unternehmen unmöglich, mit zufälligen Mutationen erfolgreich zu experimentieren; sie müssen Produktlinien, Strategien, Betriebe und Technologien zweckgerichtet ändern. Würden diese Konzepte und Strategien im Kontext kurzfristiger Trends eingesetzt, so würde eine Spielart des Wall-Street-Syndroms entstehen: Man würde für kurzfristige Erfolge investieren und die Interessen verlagern, sobald die Gewinne realisiert wurden. Abgesehen von der fragwürdigen Ethik bringt diese Art des Opportunismus in einer sich schnell verändernden Umwelt ein erhöhtes Risiko mit sich. Im Zusammenhang der fundamentalen Entwicklungstrends versetzen relevante Informationen, gekoppelt mit der organisatorischen Flexibilität, das Management in die Lage, das Unternehmen ständig an das veränderte Wirtschaftsmilieu anzupassen. Sie ermöglichen die Voraussicht und das bewußte Spiel mit den Wahrscheinlichkeiten, die zu den gewünschten Veränderungen im Geschäftsklima führen können.

Die grundlegenden Prinzipien des Evolutionären Managements haben das Ziel, Managern bei der Anpassung ihres Unternehmens an die Schwankungen und Veränderungen im Klima der Weltwirtschaft die notwendigen Instrumente zur Verfügung zu stellen. Das Paradigmaprinzip legt die grundlegende Philosophie fest: sie stellt sicher, daß das Unternehmen auf Dauer offen gegenüber der Wirtschaft und geschlossen hinsichtlich der Verwendung seiner natürlichen Ressourcen ist. *Das*

Einstiegsprinzip beschreibt den Kompaß, mit dem der Kurs des Unternehmens gelenkt wird, wobei das Prinzip den evolutionären Gigatrend mit seinem globalen Schub und seinen lokalen Bifurkationen sichtbar macht.

Die organisatorischen Prinzipien - *Gedächtnis frei, Parallelverarbeitung und mehrschichtige Heterarchie* - stellen die fundamentalen Elemente der organisatorischen Flexibilität bereit, welche zur effektiven Nutzung der Information erforderlich ist. Sie besteht im Vergessen alter Strategien, auch wenn sie erfolgreich waren, in der Verteilung der Entscheidungsfindung über das gesamte Unternehmen und in der Schaffung netzförmiger Heterarchien, in denen Informationen in allen Richtungen fließen können. Diese sind die Wahrzeichen eines anpassungsfähigen Unternehmens. Gekoppelt mit den Verbindungsprinzipien an der Schnittstelle Organisation/Umwelt - *der Zwei-Wege-Überwachung, der Koevolution und der Schmetterlingsturbine* - versetzen diese Prinzipien das Unternehmen nicht nur in die Lage, sich an die manifesten Verschiebungen in der Topographie der Unternehmenswelt anzupassen, sondern sie vorherzusehen und anstehende Veränderungen zu beeinflussen. Schließlich helfen die Handlungsprinzipien - *die Öko-"L"-Buchhaltung, das "Open-System"-Marketing, die weitsichtige Qualität, die vorausschauende Forschung und Entwicklung, das kreative Chaos, der dynamische Durchbruch, die Informationskopplung, die synergistische Konvergenz und die evolutionären strategischen Partnerschaften* - dem Management sicherzustellen, daß das Unternehmen den Gipfel des von ihm gewählten Hügels mit Gewißheit erklimmt.

ESSAY II

WARUM JAPAN ERFOLGREICH WAR
Eine kurze Darstellung des kulturellen Hintergrundes

Eine plötzliche Öffnung für globale Strömungen setzt die katalytischen Zyklen, die das Leben und die Ordnung in einer Gesellschaft erhalten, zwangsläufig unter Druck. Allerdings brechen nicht alle Zyklen unter diesem Druck zusammen, denn einige sind flexibler als andere und widerstehen dem Druck leichter. Japan ist zweifellos der bemerkenswerteste Fall einer schnellen Anpassung bezüglich der internationalen Strömungen im Finanzwesen, der Technologie und dem Handel. Warum die Japaner den Belastungen einer schnellen Öffnung für die "made in Europe" und "made in USA" globalen Strömungen widerstehen konnten, ist einer näheren Betrachtung wert.

Obwohl das Denken der Japaner eine ganz andere Rationalität als das des Westens hat, ist es nicht abstrakt, sondern sehr konkret und auf greifbare Dinge ausgerichtet. Dieses Denken ist ein nationales Wesensmerkmal mit langen, geschichtlich begründeten Wurzeln. Die Japaner wurden vor Jahrhunderten sowohl mit dem indischen Buddhismus, welcher Japan über China erreichte, als auch mit dem chinesischen Konfuzianismus konfrontiert. Dank ihrer Fähigkeit zur Anpassung haben sie diese Fremdkulturen nicht unbesehen übernommen, sondern nur diejenigen ihrer Merkmale, die ihre eigene soziale und politische Ordnung stärkten. Der japanische Buddhismus hat sich, wie der japanische Konfuzianismus, zu einer praktischen Religion entwickelt.

Die Vielfalt der Religionen hat Japans eigene Kultur nicht zerschlagen. In Japan gibt es noch immer drei bedeutende Religionen, daneben eine Unzahl kleiner Sekten und Glaubensbekenntnisse. Die Shinto-Religion hat ihren Ursprung in Japan und entwickelte sich parallel zur japanischen Gesellschaftsordnung. Der Buddhismus hat um die Mitte des sechsten

Jahrhunderts Wurzeln geschlagen, während der christliche Glaube im 16. Jahrhundert Kontakt aufnahm und kurz danach unterdrückt wurde. Vor etwa hundert Jahren trat er dann umso stärker in Erscheinung. Die Japaner haben allen diesen Religionen das entnommen, was ihrer Orientierung und ihren Interessen am besten entsprach. Sie haben sogar eine Art der Kompetenzverteilung unter den Weltreligionen erreicht: Der Konfuzianismus dient der Ethik, Shinto und Buddhismus dienen der traditionellen Religion, und das Christentum ist der moderne Glaube für den Kontakt mit der westlichen Welt.

Seit der Meiji-Restauration, in der Meiji-Tenno Mutsuhito 1868/69 den Einfluß der Shogune beseitigte und Japan für Europa öffnete, hat die japanische Gesellschaft eine Vielzahl europäischer Werte aufgenommen. Dies bedeutet aber nicht, daß Japan und die Japaner westlich geworden wären. Die Werte der westlichen Kultur wurden aufgenommen, im Absorptionsprozeß umgewandelt und zu einem Teil der japanischen Kultur transformiert. Die Folge war die Modernisierung Japans ohne tiefe "Verwestlichung". Das Erlernen der englischen Sprache war zum Beispiel ein Teil der Verwestlichung, aber es war ein untergeordnetes und eher oberflächliches Ergebnis der kulturellen Absorption.

Das Erlernen des Umgangs mit der Technologie war dagegen ein Element der Modernisierung und wurde zu einem bedeutenden Merkmal der japanischen Gesellschaft. Natürlich war die Neigung zur Technologie immer vorhanden, sie hatte in der Vergangenheit nur einen traditionelleren Ausdruck gefunden. Die Samurai beispielsweise waren bereits sehr an Waffen interessiert, der Spitzentechnologie ihrer Zeit, und sie waren auf diesem Gebiet Experten. Sie verweigerten aber zwischen dem 17. und dem Beginn des 20. Jahrhunderts den Einsatz der Schußwaffen.

Im Absorptionsprozeß wurde die westliche Technologie umgewandelt, und sie wurde leistungsfähiger als im Westen. Ein Grund dafür liegt in der sozialen Ausrichtung der japanischen Kultur. In der japanischen Gesellschaft ist nicht der einzelne, sondern die Gruppe die entscheidende soziale Einheit. Der Japaner ist vom engen Kreis der Familie bis zur umfassenderen Familie der Nation in soziale Einheiten eingebettet; und es ist diese Einbettung, welche seine persönliche Würde im traditionellen Sinne des Schutzes und der Sicherheit garantiert. Er erhält durch die Mitgliedschaft in einer Gruppe ein sicheres Einkommen, ein Heim und vor allem Seelenfrieden.

Die Geschichte Japans ist insgesamt durch den Vorrang der Gruppe charakterisiert. Der Individualismus und Liberalismus nach westlichem Muster waren praktisch unbekannt. Den Menschen wurden von der frühesten Kindheit an der Gehorsam gegenüber ihren Vorgesetzten, ihren Eltern und den Ältesten gelehrt. Die japanische Spielart des Konfuzianismus stärkte die Loyalität zur Gruppe. Die Religion der kaiserlichen Familie war der Shintoismus, aber die Ethik der Bürokratie war konfuzianisch. Während China jedoch ein Land des zivilen Konfuzianismus war, wurde Japan eine Nation des militanten - und später militaristischen - Konfuzianismus. Der einfache Krieger ehrte seinen Daimyo, seinen unmittelbaren Herrn, der Daimyo ehrte seinen Shogun, und der Shogun bot dem Kaiser seine Gefolgschaft an, obwohl er ein autonomer Herrscher war. Noch in den 80er Jahren war der Kaiser das Symbol des Staates Japan und der Einigkeit seiner Menschen, wenn er auch nicht mehr als Gott verehrt wurde.

Die Vorstellungen der Japaner von ihrer Regierung und Wirtschaft sind nationalistisch und paternalistisch. Es kann nicht überraschen, daß Japan in der Nachkriegszeit, während des wirtschaftlichen Wiederaufbaus, eine nationalistische und kapitalintensive Wirtschaft auf der Grundlage der Seniorität und der lebenslangen Beschäftigung aufgebaut hat. Seit der Meiji-Restauration hatte der Staat die Rolle des Zahlmeisters, und die konfuzianische Arbeitsmoral war seit dieser Zeit vorherrschend - die ersten Industriearbeiter kamen sogar zum größten Teil aus der Kriegerkaste. Dann erfuhren die *Zaibatsu*, die Finanz-Cliquen, ihren Aufstieg. Sie waren regierungstreu und wuchsen unter dem Schutz des Staates schnell. Der konfuzianische Geist der Gruppenloyalität wurde auf die Produktions-

und Finanzunternehmen im gleichen Maße übertragen, wie sie früher auf den Kaiser und den Staat übertragen worden waren.

Heute widmen die Angestellten der großen Industriekonzerne ihr Leben in der gleichen Weise dem Unternehmen, wie ihre Väter und Großväter sich ihrem Daimyo gewidmet haben. Die Loyalität zum Staat ist stark und die Gewerkschaftsbewegung entsprechend schwach. Die japanische Wirtschaft hat sich auf einer Grundlage entwickelt, die sich völlig vom individualistischen Liberalismus Englands und Nordamerikas unterscheidet.

Die Loyalität zum Unternehmen, kombiniert mit der Orientierung auf die Nutzung von Ideen und Erfindungen zu praktischen Zwecken, haben in Japan zu der einzigartigen Fähigkeit geführt, westliche Technologien und wirtschaftliche Verhaltensweisen nicht nur zu absorbieren, sondern sie noch zu verbessern. Ein Japaner kann in seinem Leben viele Jahre mehr und an jedem Arbeitstag viele Stunden länger für die gleiche Firma arbeiten als sein westlicher Kollege, ohne das Gefühl zu haben, er bringe ein Opfer. Sogar seine Freizeitaktivitäten finden im Umkreis der Firma statt. Zusammen mit einer stark praktischen Orientierung verschafft dieses der japanischen Wirtschaft einen bedeutenden Wettbewerbsvorteil.

Dritter Teil
Globale Evolution

7
INSTABILITÄTEN DES GLOBALEN SYSTEMS

Der Weg zur Globalisierung der heutigen Wirtschaft und Gesellschaft ist reich an Windungen und Kehren. Es ist ein evolutionärer Weg, behaftet mit Instabilität und Chaos. In den Worten der Chaostheorie: Dieser Weg unterliegt Bifurkationen. Neben politischen und geopolitischen Krisen, welche einerseits durch nationale Machtkämpfe und andererseits durch internationale Aggression ausgelöst werden, wird die Welt des ausgehenden 20. Jahrhunderts von zwei Spielarten der Instabilität dominiert: der "Öko-N"- und der "Öko-L"-Instabilität. Die erstgenannte würde als unbeabsichtigte und nicht vorhergesehene Nebenwirkung politischer Entscheidungen beschleunigt, die letztere durch die ebenso unbeabsichtigten wie über lange Zeit ignorierten Einwirkungen der Wirtschaftssysteme und Technologien auf die Umwelt.

Die in den politischen Systemen wirkenden krisenhaften Entwicklungen lösten nationale und regionale Instabilitäten aus, was bis zu den jüngsten Ereignissen zu verfolgen ist. Die ökologischen Wirkungen, die bisher lokal waren, breiten sich andererseits in jüngster Zeit aus und sind im Begriffe, sich zu globalen Wirkungen zu entfalten.

ÖKONOMISCHE INSTABILITÄTEN

Eine große Welle wirtschaftlicher Instabilität in unserer Zeit war die Folge einer egalitären Entscheidung der Großmächte nach dem Ende des Zweiten Weltkrieges. Die Entscheidung bestand in der Auflösung der verbliebenen Kolonien und der Verleihung des Status souveräner

Nationalstaaten an alle organisierten Gesellschaftssysteme. Dieser noble Zug hatte eine ganze Reihe unvorhergesehener Folgen. Es entstand nicht etwa ein System gleichberechtigter Staaten, in dem die Rechte und Pflichten in Einklang waren, sondern es bildete sich die Dritte Welt heraus und damit erneut die Trennung der internationalen Gemeinschaft: Der entwickelte "Norden" und der unterentwickelte "Süden" erhielten ihre Gestalt.

Die Entkolonialisierung brachte die ehemals kolonialisierten und die noch abgeschieden lebenden Völker in den Umkreis der modernen Welt. Die Völker der Kolonien waren durch asymmetrische Bindungen mit ihren Kolonialherren verbunden, sie waren sorgfältig vom Rest der Welt getrennt. Die "Mutterländer" wollten nicht, daß ihre Kolonien Zugang zu den Technologien und Informationen erhielten, welche den Weg zur Autarkie bahnen und Forderungen nach Unabhängigkeit nähren würden. Die staatliche Unabhängigkeit öffnete die Schleusentore, aber ihre Einbeziehung in die Weltwirtschaft erwies sich für die meisten der jungen Staaten als traumatisch. Die Verbreitung besserer Praktiken in der Gesundheitsvorsorge führte zur Bevölkerungsexplosion, während die globalen Ströme der Information, der Energie, des Handels und der Technologie die eben befreiten Völker in einem desorientierenden und brisanten Strudel gefangen hielten. Die entkolonialisierten Staaten wurden, wie die ebenfalls unvorbereiteten Länder Lateinamerikas und der Karibik, fragmentiert und polarisiert.

Mit nur wenigen Ausnahmen waren die Regierungen der neuen und juristisch souveränen Staaten unfähig, dauerhafte soziale und wirtschaftliche Fortschritte herbeizuführen. Teure staatliche Fluggesellschaften, luxuriöse Limousinen und Einrichtungen für den Tourismus sowie einige wenige Krankenhäuser für die Elite standen in einem schmerzhaften Gegensatz zu den in Armut gefangenen Dörfern und dem Elend der Vorstädte. Ausländische Mächte und multinationale Konzerne beuteten die Situation zu ihrem alleinigen Nutzen aus, sie konzentrierten sich auf die kleine Gruppe der Privilegierten, welche die Verbindungen hatten und auf die Märkte vordrangen. Statt sich den entwickelten Ländern in einer Welt der Demokratie und Gleichheit anzuschließen, verharrten die gerade entkolonialisierten Staaten in ihrer eigenen Welt der Unterentwicklung.

Mit dem Zusammenbruch der Entwicklung wurde die Armut und die Verschuldung endemisch. Es entstand ein Teufelskreis, in dem die Armut das Bevölkerungswachstum förderte und das Bevölkerungswachstum den sozialen und wirtschaftlichen Fortschritt hemmte und damit die Armut verstärkte. Heute ist dieser Kreislauf im größten Teil Afrikas südlich der Sahara, Mittel- und Südamerikas, der Karibik sowie West- und Südasiens in vollem Gang.

Eine zweite Welle der "Öko-N"-Instabilität begann im Jahre 1985 mit Michail Gorbatschows Politik der Glasnost. Sie öffnete die Zweite Welt der sozialistischen Staaten gegenüber dem Rest der Welt. Diese Entwicklung ist der Öffnung der Dritten Welt vergleichbar, die der Entkolonialisierung folgte. Das Ergebnis in der zweiten Welt trat ebenso unerwartet und weitaus schneller ein. Sobald die Völker Osteuropas von der autokratischen Einparteienherrschaft befreit waren, organisierten sie sich, demonstrierten und rebellierten dann. Polen und Ungarn bereiteten den Weg, Ostdeutschland, die Tschechoslowakei, Rumänien, Bulgarien und die baltischen Staaten folgten kurz danach.

Glasnost sollte zu Perestroika führen: Die "Offenheit" sollte den "Umbau" hervorbringen. Aber die Perestroika stagnierte, bevor sie recht begonnen hatte: Als geplanter Prozeß vergrößerte sie den Spielraum für private und unternehmerische Initiativen nur wenig, und sie baute die schlimmsten Auswüchse der Staatsbürokratie ab. Die Frustration, welche die Perestroika auslöste, führte zum Sturz der Führer, welche die Veränderungen in Gang gebracht hatten. Gorbatschow sah sich einem nahezu vollständigen Zusammenbruch der Wirtschaft gegenüber, dem Zerfall der Autorität der Partei und des Staates in den Republiken, Spannungen zwischen Moskau und den nichtrussischen Republiken sowie Unabhängigkeitsbewegungen in den baltischen und islamischen

Republiken. In den Industriegebieten entstanden Arbeiterbewegungen nach dem Muster der polnischen "Solidarität", und durch die chronische Knappheit an Lebensmitteln und die Inflation entstanden Unruhen. Gorbatschow war auch wachsendem Widerstand von Seiten der Reformer ausgesetzt, die der Meinung sind, er sei nicht weit genug gegangen, und von Seiten der Hardliner, die glauben, er sei zu weit gegangen. Es bedurfte des ständigen Streites mit den Ersteren und eines beinahe fatalen Putsches der Letzteren, damit die Perestroika wirklich in Gang kam.

Und als die Perestroika endlich wirklich in Schwung kam, war sie keine "Perestroika" mehr - damit ist der schrittweise und von oben gelenkte "Umbau" der Gesellschaft und der Wirtschaft gemeint - sondern eine vollständige und außer Kontrolle geratene Umwandlung. Die Überholung des sowjetischen Systems erfordert nicht die ursprünglich von Gorbatschow geplante Perestroika, sondern die von Jelzin vertretene radikale soziale und wirtschaftliche Umwandlung. Das etablierte System der Produktion und das Einparteiensystem, das es verwaltete, ist nicht zu reformieren. Es muß letztendlich aufgegeben werden.

Eine Bifurkation dieser Art ist unumkehrbar. Sie ist aber nicht sicher. Sie schreitet wie alle evolutionären Bifurkationen im allgemeinen vorwärts, kann aber zeitweise stehenbleiben. Und wenn sie stehenbleibt, dann ist es höchst wahrscheinlich, daß sie früher oder später im Chaos zusammenbricht. Stagnation kann nur durch die brutale Gewalt einer Diktatur ausgelöst werden: Das Chile Pinochets und das China Dengs sind eindeutige Beispiele hierfür. Sobald sich die Macht des diktatorischen Regimes abschwächt, kommt der Prozeß wieder in Gang, und er setzt sich solange fort, bis er entweder eine grundsätzlich neue Gesellschaftsordnung schafft oder auf einen weiteren, vorläufig nicht zu überwindenden Widerstand stößt.

Der durch Instabilität ausgelöste, evolutionäre Prozeß der Bifurkation ist in ganz Osteuropa in vollem Gang. Er findet sogar in Bulgarien, Rumänien und Albanien statt, wo er sich schmerzhafter, aber ebenso unumkehrbar entfaltet. Ungarn, Polen und die Tschechoslowakei sind allerdings nicht den gleichen wirtschaftlichen und politischen Schwankungen ausgesetzt, welche die ehemaligen Mitgliedsstaaten der Sowjetunion selbst erschüttern. Ihre Probleme sind etwas weniger ernst, und ihre langfristigen Interessen liegen eindeutig in der Integration mit Westeuropa. Und doch unterliegen alle Staaten im Prozeß der Bifurkation Schwankungen. Auch die östlichen Bundesländer des wiedervereinigten Deutschland erleben periodische Krisen. Die Arbeitslosigkeit steigt, die industrielle Produktion fällt, und das Vertrauen in die dort hergestellten Güter ist verschwindend gering. Im Frühjahr 1990 wurde geschätzt, es werde 3 bis 5 Jahre dauern, bis die 5 neuen Bundesländer den Lebensstandard der 11 alten erreicht haben. Nur sechs Monate später sprach man von 10 bis 15 Jahren. Die Schätzung der Kosten des Umbaus für die Bundesrepublik (Bund, Länder und Gemeinden) sind um das Zehnfache auf ein bis zwei Billionen Mark gestiegen.

Die Staaten Osteuropas sind mitten in einem evolutionären Vorgang: Sie müssen den größten Teil ihrer bisherigen Praktiken ändern. Ein funktionierender, wenn auch vergleichsweise ineffizienter, öffentlicher Sektor läßt sich nicht leicht abbauen. Sogar in Ungarn, dem am weitesten entwickelten Wirtschaftssystem der Region, besaß der Staat Ende 1990 noch 80 Prozent der Produktionsanlagen. Die Umwandlung des öffentlichen Sektors in Osteuropa verlangt Verwaltungseinrichtungen, welche in den vergangenen 40 Jahren zerfallen sind und von Grund auf neu geschaffen werden müssen.

Die Wellen der Instabilität, welche durch die Entkolonialisierung und Glasnost erzeugt wurden, treten in eine Wechselwirkung. Die Kapitalströme nach Osteuropa haben eine negative Auswirkung auf das Kapital, das für die Entwicklungsländer verfügbar ist. Der Anteil der direkten Investitionen des Auslands in diese fiel von weltweit über 30 Prozent in den 70er Jahren auf weniger als 20 Prozent Mitte der 80er Jahre. Der verstärkte Kapitalstrom nach Osteuropa leitet die Ströme um, welche in die ärmeren Länder Lateinamerikas, Afrikas, des Nahen Ostens und Südasiens geflossen sind.

Diese politisch bedingten "Öko-N"-Instabilitäten zeigen die Dynamik der Instabilität, die immer von der Störung etablierter katalytischer Zyklen in der Gesellschaft herrührt. Als die Entkolonialisierung und Glasnost eingeschlossene und unterentwickelte Wirtschaftssysteme gegenüber den globalen Informations- und Kapitalströmen öffneten, setzten sie traditionelle Lebensstile und geschlossene Gesellschaften den plötzlichen Auswirkungen der entstehenden globalen Informationsgesellschaft aus. Die in der Ersten Welt hervorgebrachten Technologien zerbrachen die etablierten, funktionierenden Strukturen in der Zweiten und Dritten Welt.

Mehr als 90 Prozent aller seit dem Ausbruch des Zweiten Weltkrieges durchgeführten wissenschaftlichen und technischen Forschungen und Entwicklungen sowie mehr als 90 Prozent der Neuentwicklungen fanden in den industrialisierten Ländern statt. Diese Tatsache war für die USA und Westeuropa von Vorteil, wo die Entwicklungen aus etablierten sozialen und wirtschaftlichen Ordnungen entstanden. Für den Rest der Welt - außer Japan - bedeutete die Konfrontation einen Kulturschock. Die neuen Technologien sind keine einfachen Erweiterungen klassischer industrieller Technologien mit qualitativen und quantitativen Verbesserungen, mit verbesserter Geschwindigkeit und Zuverlässigkeit, sondern sie sind fundamental anders. Damit sie effektiv eingesetzt werden können, erfordern sie neue Arbeitsgewohnheiten, neue Verhaltensmuster der Konsumenten und neue Formen der sozialen sowie wirtschaftlichen Organisation.

Die neuen Technologien nutzen den neuen globalen Spieler, aber sie versetzen die nationalen Wirtschaftssysteme in eine schwierige Lage. Großunternehmen sind fähig, überall dort selbständige Einrichtungen zu betreiben, wo sich eine Chance dazu bietet. Gesellschaftsordnungen können dieses Kunststück nicht immer nachmachen. Die Herstellung eines gesunden Fundamentes für betriebliche Effektivität und betriebliches Know-how braucht Zeit; die notwendigen menschlichen und organisatorischen Ressourcen können nicht durch die Ausgabe von ein paar Millionen Mark geschaffen werden. Die unvermittelte Einführung neuer Technologien in einem nicht angepaßten sozialen System führt zum schroffen Bruch jahrhundertealter kultureller Bindungen. Sitten und Gebräuche, Organisationsformen und Glaubenssysteme, die zwischen der Gesellschaft und der Umwelt vermitteln, werden plötzlich irrelevant oder erhalten sogar eine zerstörerische Wirkung. Die traditionellen Fähigkeiten des Arbeitsmarktes, welche stark durch Sitten und Traditionen beeinflußt sind, werden nahezu nutzlos. Fertigkeiten, die in einer Gesellschaft lebenswichtig waren, werden unwichtig oder überflüssig, wenn diese Gesellschaft in die globale Wirtschaft einbezogen wird.

Die Zeit, der es bedarf, um die Strukturen und Geisteshaltungen zu entwickeln, mit welchen man in der neuen, globalen Welt tätig sein kann, ist von der Entwicklung einer Gesellschaft und der Kultur ihrer Menschen abhängig. Die großen Erfolgsgeschichten spielten sich in Kulturen ab, die über ein angepaßtes kulturelles Erbe verfügten. Wie wir zuvor dargestellt haben, bauen Japan und die "kleinen Drachen Asiens" auf einem konfuzianischen Erbe mit einer großen Arbeitsdisziplin und einer hohen Wertschätzung der sozialen Ordnung. Sie haben auch eine ausgeprägte Betonung der Bildung und eine Geschichte der Assimilation fremder Kulturen gemeinsam. Diese Faktoren fehlen zum größten Teil in den Kulturen Südasiens, Afrikas, Arabiens und Lateinamerikas. Ihre Werte und Gewohnheiten, die an sich den gleichen Wert haben, sind nicht so leicht an den Lebensstil, die Arbeitsgewohnheiten und Organisationsmuster anzupassen, welche von einer industriellen und postindustriellen Gesellschaft verlangt werden. Es muß eine neue Klasse von Managern, kaufmännischen Angestellten und Technikern neben neuen organisatorischen und physischen Infrastrukturen entstehen. In vielen Teilen der Dritten Welt läßt der Teufelskreis aus Armut, welche die Fruchtbarkeit erhöht, und der Fruchtbarkeit, welche die Armut vergrö-

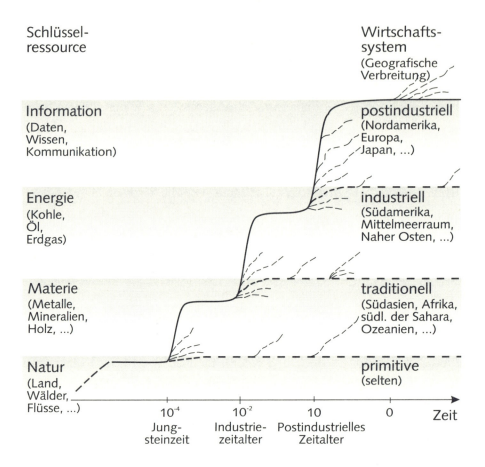

Abbildung 22:
Die großen technologischen Revolutionen der Geschichte haben primitive Gesellschaftsordnungen in die traditionellen landwirtschaftlichen umgewandelt. Diese wurden ihrerseits in die industriellen und in jüngster Zeit in die postindustriellen Wirtschaftssysteme transformiert. Sie verlagerten die Schlüsselressource von der "Natur" zur "Materie", zur "Energie" und in der Gegenwart zur "Information". Diese Revolutionen haben aber nicht alle Gesellschaftsordnungen gewandelt, denn einige blieben auf ihrem bisherigen Entwicklungsstand stehen. Daher existiert in unserer Zeit eine breite Vielfalt von Wirtschaftssystemen, welche von den überlebenden, sogenannten primitiven Gesellschaften zu zahlreichen traditionellen, reichen, sowie einer Hauptströmung aus sich entwickelnden, industriellen Wirtschaftssystemen bis hin zur Avantgarde der "entwickelten", postindustriellen Wirtschaftssysteme führen. Keine dieser Gesellschaftsordnungen ist aber stabil, denn alle unterliegen weiteren Transformationen und damit der Alternative des Zusammenbruchs oder Durchbruchs.

ßert, diese Umwandlung nicht in Gang kommen. Das kulturelle Erbe Rußlands und Osteuropas ist hierfür günstiger. Die Menschen verfügen über ein bestimmtes Bildungsniveau, und sie sind besser in der Lage, ihre Arbeitsgewohnheiten an die Forderungen einer international konkurrenzfähigen Wirtschaft anzupassen. Wenn genügend Zeit und Kapital zur Verfügung gestellt wird, gibt es die Möglichkeit, daß sich die östliche Hälfte des Kontinents der westlichen Hälfte als organischer Teil der postindustriellen Wirtschaftsordnung anschließt.

Die Entkolonialisierung und Glasnost waren gut gemeinte, aber schlecht vorbereitete Entscheidungen. Sie ignorierten die folgende wichtige Tatsache: Wenn eine isolierte und geschützte Gesellschaft plötzlich gegenüber der Welt geöffnet wird, tritt zwangsläufig eine bedeutende Umwandlung ein (siehe Abbildung 22). Wenn dieser Prozeß nicht rechtzeitig vorbereitet und seine Entfaltung nicht bewußt geführt wird, dann führen Verschuldung, Inflation und Arbeitslosigkeit zu einem Zusammenbruch der Gesellschaftsordnung.

Es gilt, die Lektionen aus diesen Tatsachen zu lernen. Ein besseres Verständnis der Dynamik der Instabilität sagt uns: Wenn diejenigen katalytischen Zyklen plötzlich gestört werden, welche die Menschen in einer sozialen und wirtschaftlichen Ordnung erhalten, dann bricht die sozialökonomische Ordnung zusammen. Falls genügend Zeit vorhanden und die lokale Kultur hinreichend anpassungsfähig sowie flexibel ist, dann kann an die Stelle des Zusammenbruchs der Durchbruch treten. Aber selbst in dem positiven Szenario ist es wahrscheinlich, daß das Chaos der Übergangszeit einen hohen Preis fordert. Wäre man besser mit der Dynamik der Instabilität vertraut, so würden die politischen Aktivitäten, welche in etablierte katalytische Zyklen eingreifen, besser vorbereitet. Es gibt keine Anzeichen dafür, daß die Handlungen der Väter der Entkolonialisierung und von Glasnost durch diese Kenntnis beeinflußt worden wären.

ÖKOLOGISCHE INSTABILITÄTEN

Der Übergang auf die globale Ebene fordert sowohl in Form der Anpassung und Umwandlung der Volkswirtschaft als auch in Form der Belastung der Natur durch die Wirtschaft einen hohen Preis. Die Einwirkung der Wirtschaft auf die Natur ist nur in ihrem Umfang und ihrer Intensität neu. Die Ansiedlungen der Menschen haben seit der Jungsteinzeit zu Umweltbelastungen geführt. In unserer Zeit haben aber der Umfang und die Intensität der Belastung durch moderne Wirtschaftssysteme ein beispielloses Ausmaß erreicht.

Die Umweltbelastung löst eine Folge ökologischer Instabilitäten aus, die sich zu einer deutlich werdenden Instabilität von globalen Dimensionen summiert. Es werden katalytische Zyklen in Mitleidenschaft gezogen, die nicht erst seit Jahrhunderten oder Jahrtausenden, sondern seit Hunderttausenden, wenn nicht Millionen von Jahren in der Natur bestehen. Wenn diese Zyklen aufgebrochen werden, entsteht eine Übergangsphase der Anpassung, und es führt normalerweise zur Bildung neuer und andersartiger Zyklen. Falls sie nicht durch die Einwirkung des Menschen vergiftet, radioaktiv verstrahlt oder völlig zerstört wird, würde die Biosphäre die heutige Belastung überleben. Aber würde die *Menschheit* überleben? Diese Frage ist immer noch offen. Die vorhandenen Zyklen legen die Belastbarkeit der Biosphäre durch den Menschen fest. Sie ermöglichen einen sicheren Lebensraum, die Erzeugung einer angemessenen Menge an Nahrung sowie nichtfossiler und nichtnuklearer Energie, Reisen auf Land- und Wasserwegen sowie die Entsorgung der Abfälle. Andere Zyklen werden mit hoher Wahrscheinlichkeit die augenblicklich vorhandene Belastbarkeit verringern. Es ist zweifelhaft, ob eine Bevölkerung von fast sechs Milliarden Menschen die Verlagerung von einem Typ Zyklen zu einem anderen überleben kann. Das Sterben von Millionen von Menschen, ganz zu schweigen von Milliarden, wäre eine unbegreifliche Katastrophe. Und die Überlebenden würden diese

Erfahrung keineswegs unbeschadet überstehen. Gewalt, Krankheiten und massive Völkerbewegungen würden die Soziosphäre erschüttern und Gesellschaftsordnungen in der ganzen Welt in Gefahr bringen.

Die in der Entwicklung begriffene, globale Instabilität muß offengelegt, erkannt und ihre Auswirkungen müssen gelindert werden, bevor es zu spät ist.

Die wichtigsten Faktoren der globalen Instabilität sind das Wachstum der menschlichen Bevölkerung - voraussichtlich auf 12 bis 14 Milliarden - und die Einwirkungen der modernen Technologien auf die Umwelt. Wenn weniger Menschen und weniger schädliche Technologien vorhanden wären, gäbe es mehr Spielraum für die Anpassung. Unter den gegebenen Umständen aber lebt die Menschheit an der Grenze der Belastbarkeit der Biosphäre, und Fehler - wie auch Untätigkeit - werden für Menschen sowie für die Natur immer gefährlicher.

Ein wachsender Anteil der Weltbevölkerung lebt am oder in der Nähe des Existenzminimums. Schätzungsweise 100 Millionen Afrikaner leiden unter akuter Unterernährung, und mehr als 60 Millionen leben am Rande des Verhungerns. In Südasien leben etwa 200 Millionen Menschen ständig unter dem Schatten der Hungersnot. In 21 von 35 armen Entwicklungsländern standen im Jahre 1985 weniger Kalorien pro Person zur Verfügung als 1965. Während der letzten zehn Jahre fiel der Verbrauch von Grundnahrungsmitteln pro Kopf in fast der Hälfte der 115 Länder der Dritten Welt. Vor zwei Jahrzehnten gab es nur ein Land (Tschad), in dem das Bruttosozialprodukt pro Kopf fiel. 1980 waren es 35, und im Jahre 1990 waren es mehr als 90 Länder. Die Zahl der äußerst armen Länder wächst. Für 1964 führte die UN 24 Staaten auf der Liste der "am wenigsten entwickelten Länder" auf, 1980 waren es 31, und im Jahre 1990 waren es 42 Länder - ein Anstieg um 75 Prozent in zwanzig Jahren. Die Regierungen der Dritten Welt melden fast überall eine sinkende Lebenserwartung, eine steigende Säuglingssterblichkeit und wiederkehrende Hungersnöte. Drei Viertel der Menschheit verliert den Wettlauf zwischen dem Bevölkerungswachstum und der Entwicklung.

Der Einfluß auf die Natur der Weltbevölkerung ist heute auch unvergleichlich höher als zu irgendeiner Zeit in der Geschichte. Er wächst noch immer, trotz der Schutzmaßnahmen, die in einigen Teilen der Welt durchgeführt werden.

Zum Beispiel wird die Gesamtmenge der schädlichen und toxischen Gase sowie Stäube auf 1,5 bis 2 Milliarden Tonnen pro Jahr geschätzt. Jedes Jahr werden etwa 7 Milliarden Tonnen Kohlendioxid in die Atmosphäre gejagt (45 Prozent davon durch die Industriestaaten), und schätzungsweise 70.000 verschiedene chemische Substanzen werden in die Luft, in den Boden und in das Wasser abgelassen. Die Ozeane nehmen nach offiziellen Berichten jedes Jahr 200 Millionen Tonnen Klärschlamm, Industrieabfälle und Baggergut auf - und diese Zahl ist fast mit Sicherheit zu niedrig geschätzt.

Am schlimmsten sind dabei die Millionen von Tonnen an radioaktiven Abfällen, die durch Kernkraftwerke und die Herstellung von Kernwaffen erzeugt werden. Dabei handelt es sich unter anderem um Brennstäbe, hochradioaktive Flüssigkeiten und sogenannte schwach radioaktive Abfälle. Einige von ihnen sind bei Berührung tödlich, von anderen ist bekannt, daß sie Krebs, Sterilität, Immunkrankheiten, Geburtsfehler und genetische Mutationen verursachen können. Sie befinden sich zum größten Teil in Zwischenlagern und warten noch auf ihre Endlagerung.

Abfälle anderer Art entstehen durch sorglosen Umgang mit dem Wohlstand. Trotz wachsender Kritik an der Wegwerfkultur und einem beachtlichen Anstieg der Wiederverwertung sind viele wohlhabende Völker noch immer rohstoffhungrig und verschwenderisch. Man schätzt, daß ein Kind, welches in den Vereinigten Staaten geboren wird und 82 Jahre lang lebt, insgesamt 225 Millionen Liter Wasser, 21.000 Tonnen Benzin, annähernd 200.000 Kilo Stahl und einen Wald von 1.000 Bäumen verbrauchen wird. Während seiner Lebenszeit wird er oder sie etwa 80.000 Kilo Abfall produzieren.

Die Menschheit hat die Umwelt seit dem Beginn der Zivilisation belastet, aber niemals im heutigen Umfange oder mit der heutigen

Intensität. Die Biosphäre ist zwischen 1,5 und 2 Milliarden Jahren alt, aber die Sauerstoff-Stickstoff-Atmosphäre der Erde begann sich erst vor 300 bis 400 Millionen Jahren zu bilden, als sich auf den Kontinenten in der Form von Wäldern und Grasland eine Vegetationsdecke entwickelt hatte. Arktische, Wald-, tropische, Steppen- und Wüstenlandschaften bildeten sich heraus, und Pflanzen wuchsen auf unterschiedlichen und zunehmend komplexen Böden. Eiszeiten und Zwischeneiszeiten führten zu einer weiteren Diversifizierung der Biosphäre. Aber der ökologische Einfluß unserer Vorfahren während mehrerer Eiszeiten und zwischeneiszeitlichen Perioden blieb gering; erst mit der Domestizierung von Pflanzen und Tieren sowie der intensiven Ausbeutung der unmittelbaren Umgebung an begann der meßbar störende Einfluß auf die Umwelt. Mit der Einführung der Landwirtschaft wurden die Eingriffe tiefer.

In der Gegenwart verdichten sich die Eingriffe katastrophal. Zu viele Haustiere - Schafe, Rinder, Pferde, Kamele - überweiden die Grasnarbe und fördern die Verdichtung und Verkarstung des Bodens. Wenn die Vegetationsdecke entfernt ist, bläst der Wind den brüchig gewordenen Mutterboden davon, und es entstehen Wanderdünen und Barchane (Binnendünen). Durch diese Prozesse gehen zur Zeit jährlich etwa 5 bis 7 Millionen Hektar an produktivem Boden verloren.

Die modernen landwirtschaftlichen Methoden tragen zu diesem Verlust bei. Chemische Düngemittel sowie Insektizide und Herbizide überlasten die Böden, und die Auswaschungen vergiften das Grundwasser sowie die Küstenbereiche. Sogar sauberes Wasser hat eine negative Wirkung, wenn es im Übermaß benutzt wird. Bewässerungssysteme, welche unterirdische Wasserläufe anzapfen, müssen überschüssiges Wasser liefern, weil bis zu 50 bis 60 Prozent im Boden versickern. Das Sickerwasser löst Salze aus dem Boden und führt zu einer Versalzung des Grundwasserspiegels. Wenn dieser Spiegel auf eine Höhe von zwischen 1,5 und 3 Meter unterhalb der Oberfläche steigt, versalzt der Mutterboden. Durch diese sekundäre Versalzung haben weltweit etwa 120 bis 150 Millionen Hektar bewässerter Böden ihre Fruchtbarkeit verloren.

Allein in den Staaten der ehemaligen UdSSR haben etwa 20 Millionen Hektar bewässertes Land dieses Schicksal erlitten. Weitere stark betroffene Staaten sind unter anderem Ägypten, Indien, China und Iran sowie in jüngerer Zeit die USA, Australien, Mexiko und Argentinien.

Diese Entwicklungen belasten die primäre Produktivität der Biosphäre. Dem Verlust der primären Produktivität in der Biosphäre liegt eine allgemeine Faustregel zugrunde. Wenn etwa 70 Prozent einer Landfläche intensiv kultiviert werden, benötigt man weitere Gaben von Düngemitteln, stärkere Bewässerung und mehr mechanische Energie, um den Ertrag pro Fläche auch nur zu halten. Während die Dosierungskurve steigt, bleibt die Produktivitätskurve eben. Später sinkt sie trotz erhöhter Zufuhren: Der übermäßig ausgebeutete Boden bricht zusammen. Wissenschaftler am Institut für Photosynthese und Bodenpathologie an der russischen Akademie der Wissenschaften haben ermittelt, daß diese Regel in der Geschichte eine bedeutende Rolle gespielt hat. Sie trug unter anderem zum Aufstieg und Fall der Zivilisationen in Mesopotamien bei. Dort trat der Bodenkollaps beim Einsatz der klassischen Methoden der Landwirtschaft innerhalb von ein bis zwei Jahrhunderten nach der kritischen Kultivierungsschwelle ein. Siedlungen mußten verkleinert oder aufgegeben werden, und ganze Zivilisationen gingen nieder. Bei der heutigen intensiven Landwirtschaft (der Anteil jedes Mannes, jeder Frau und jedes Kindes am weltweiten Düngerverbrauch stieg von 5 Kilogramm im Jahre 1950 auf 26 im Jahre 1986) könnte der Bodenkollaps innerhalb von Jahrzehnten eintreten. Falls dieser weit verbreitet auftritt, wäre die Folge eine globale Nahrungsmittelverknappung.

Industrielle Technologien beschleunigen die Zerstörung der primären Produktivität der Biosphäre. In einigen Industriezentren im Ural, in Sibirien und in der Ukraine fallen ein bis zwei Tonnen Industrieabfälle pro Person an. Fremdstoffe, Industriestaub, Asche und Ruß dringen in das Land ein und führen zu einer Vielzahl geochemischer Anormalitäten. Sie können in einem Bereich von bis zu 150 Kilometern in jeder Richtung von der Quelle der Verschmutzung die Pflanzen, das Wasser, das Vieh und die Menschen vergiften. Sogar die Straßen und die Eisenbahnen verschmutzen die Umwelt. Böden und Pflanzen in einer Entfernung von 15 bis 20 Kilometern auf jeder Seite enthalten Blei und Quecksilber sowie Kohlenwasserstoffe.

Die Umwelteinflüsse der modernen Technologien beeinträchtigen auch das Wetter auf der Welt. Wenn sich das Kohlendioxid und andere in der Atmosphäre enthaltenen Treibhausgase (Methan, Ozon, Chlorkohlenwasserstoffe und Stickoxide) verdoppeln, würde eine globale Erwärmung mit steigenden Durchschnittstemperaturen in Gang kommen. In diesem Jahrhundert ist der Gehalt an solchen Gasen mit einer Geschwindigkeit von nahezu einem Prozent jährlich gestiegen. Damit übereinstimmend weisen klimatologische Aufzeichnungen einen jährlichen, mittleren Anstieg der globalen Lufttemperatur von etwa $0,5°C$ seit 1905 aus. Wenn die Emission der Treibhausgase fortgesetzt wird, so könnte dies bis zum Jahre 2030 zu einer weltweiten Erwärmung zwischen $0,5°$ und $2,5°C$ führen sowie um bis zu $3,6°$ oder $4,5°C$ im Jahre 2050. Diese Erwärmung würde wesentliche Veränderungen der Niederschlagsmuster bewirken. Die Folgen wären für alle ökologischen Nischen katastrophal, aber sie sind kaum mit Bestimmtheit vorauszusagen. Möglicherweise würde der Monsun den indischen Subkontinent verfehlen und die Wüsten in Zentralasien bewässern; das tropische Afrika könnte austrocknen, während Wasser auf den Sand der Sahara niedergeht. Ein Teil der Permafrostböden in Nordkanada und Sibirien würde schmelzen, dafür aber Böden freilegen, welche nicht für eine intensive Kultivierung geeignet sind.

Geringere Niederschläge können zu Schwierigkeiten für die tropischen Regenwälder führen. Ihr Überleben hat enge Toleranzbereiche, weil tropische Gebiete nur leichten Temperaturschwankungen und geringfügigen Veränderungen der Niederschlagsmengen ausgesetzt sind. Wenn ihre Versorgung mit Wasser sich verschlechtert, können Regenwälder in Zentralafrika und Brasilien absterben. Falls der CO_2-Gehalt der Atmosphäre auf das Doppelte des heutigen Wertes steigt, würde das nicht nur die tropischen Regenwälder, sondern auch die nördlichen Wälder beeinflussen, welche sich von Skandinavien bis Kanada sowie von Nordsibirien um die nördliche Erdhalbkugel ziehen. Von Wissenschaftlern am Biosphärenprojekt des International Institute of Applied Systems Analysis (IIASA) erarbeitete Projektionen zeigen: Wenn sich der Kohlendioxidgehalt der Atmosphäre verdoppelt, wären bis zu 40 Prozent des nördlichen Waldgürtels nicht mehr in der Lage, die vorhandenen Baumarten zu tragen.

Heute gehen etwa dreitausend Quadratmeter Wald pro Tag verloren. Vor der Jungsteinzeit gab es auf diesem Planeten etwa 6,2 Milliarden Hektar Wald. Jetzt sind es noch etwa 4,2 Milliarden Hektar.

Der Verlust eines Drittels der Bäume auf der Erde hat bedeutende ökologische Folgen. Bäume absorbieren CO_2, halten Wasser im Boden fest und verhindern seine Erosion; außerdem bieten sie unzähligen Pflanzen-, Tier- und Insektenarten Schutz und gewährleisten so die notwendige biologische Vielfalt. Zur Wiederherstellung des Gleichgewichtes müßten in der Dritten Welt etwa 130.000 Quadratkilometer (etwa die Fläche des Staates Malaysia) aufgeforstet werden. In den Industriestaaten wären etwa 40.000 Quadratkilometer erforderlich, was der Fläche von Dänemark entspricht. Dies würde die wichtigsten Wasserscheiden stabilisieren, eine Verringerung des Kohlendioxidgehalts der Atmosphäre um 20 bis 25 Prozent bewirken und den dringlichsten Bedarf an Brenn- und Nutzholz decken.

Die Bodenzerstörung, die Entwaldung, die Luft- und Wasserverschmutzung sowie bestimmte Phänomene, wie zum Beispiel das Ozonloch, sind nur Einzelteile eines komplexen Bildes. Die Biosphäre gleicht einem lebendigen System, nicht einem Haufen Ziegelsteine: Man kann nicht in eines ihrer Elemente eingreifen, ohne die anderen zu beeinflussen. Die Eingriffe des Menschen haben spezifisch und lokal einige Elemente der Natur beeinflußt, und die Auswirkungen machen sich nunmehr generell und weltweit bemerkbar. Im Laufe der früheren Geschichte war die menschliche Bevölkerung klein und die Einwirkungen bescheiden genug, um globale Probleme zu vermeiden. Mit den industriellen Revolutionen der Moderne wuchsen die Intensität und der Umfang der Einflüsse. Heute haben sie die kritische Schwelle erreicht. Damit ist die Schwelle gemeint, an welcher die fundamentalen katalytischen Zyklen der Natur ernsthaft beeinträchtigt werden. Wenn wir eine globale ökologische Instabilität abwenden wollen, müssen wir die katalytischen Zyklen zu bewahren suchen, von welchen wir zur Erfüllung unserer Grundbedürfnisse abhängig sind. Die Emission synthetischer und das Einführen großer Mengen organischer Substanzen stört das Gleichgewicht zwischen Sauerstoff und Ozon, Kohlenstoff und Stickstoff sowie unzähliger anderer Substanzen im Boden, im Wasser und in der Luft. Normale biologische, geologische und chemische Zyklen sind aus dem Gleichgewicht geraten und vermindern die autokatalytischen Fähigkeiten der Biosphäre.

Menschliche Handlungen interagieren mit komplexen und äußerst sensiblen Rückkopplungssystemen. Zum Beispiel: Arme Menschen schneiden Büsche auf der Suche nach Brennholz ab und entblößen so weite Landstriche. Die freigelegten Böden erodieren und werden ausgewaschen oder weggeblasen. Böden werden auch durch das Fällen von Bäumen, durch übermäßige Bewässerung, durch zu intensive Kultivierung und durch den Einsatz chemischer Düngemittel zerstört. Das Land und die Flüsse, die Meere und die Luft werden durch die giftigen Emissionen und durch die Abfälle städtischer Gebiete und von Industriegebieten verschmutzt. Industrieschadstoffe verursachen auch sauren Regen, und der saure Regen trägt zum Waldsterben bei. Wenn Bäume sterben, wird das in ihnen gebundene Kohlendioxid an die Umwelt abgegeben, und dadurch wird der CO_2-Gehalt der Atmosphäre erhöht. Dies verstärkt die Luftverschmutzung und unterstützt den Treibhauseffekt, der wiederum zur Veränderung des Klimas beiträgt. Die Änderung des Wetters beeinträchtigt die landwirtschaftliche Produktion und führt zum Waldsterben. Die Folge sind niedrigere Ernten und weniger gesunde Ökosysteme - eine Verringerung der allgemeinen Tragfähigkeit der Biosphäre.

8

KULTURWANDEL
IN DER GESELLSCHAFT

DER ZUSAMMENBRUCH DES NEOLITHISCHEN IRRTUMS

Die wirtschaftlichen und ökologischen Instabilitäten, welche die Menschheit am Ende des 20. Jahrhunderts erschüttern, spiegeln sich in den aktuellen Veränderungen von Werten und Glaubenssätzen wider. Werte und Glaubenssätze haben sich von einer Kultur zur anderen und von einer Generation zur anderen zwar immer verändert, bisher jedoch haben solche Veränderungen auf lokale Ereignisse und Bedingungen reagiert - auf Eroberungen, auf den Aufstieg von Religionen und Ideologien sowie auf technologische Innovationen. In unserer Zeit beginnen die Werte und Glaubenssätze, global auf verbreitete Prozesse zu reagieren.

Der gegenwärtige Wertewandel ist außerordentlich tief. Es ist ein grundlegender Kulturwandel, ein Wechsel von Werten und Glaubenssätzen, welche mit unterschiedlicher Deutlichkeit und Intensität seit zehntausend Jahren gültig waren.

Die landwirtschaftlich orientierten Gesellschaften der Levante haben in den letzten zehn Jahrtausenden daran geglaubt, daß sie die Natur beherrschen könnten, und ihre Religion spiegelt diese Annahme wider. Während die Gottheiten der orientalischen Religionen das Gleichgewicht der Natur respektierten und den Menschen halfen, innerhalb der natürlichen Ordnung einen Ausgleich untereinander zu finden, trug der allmächtige Gott der jüdisch-christlichen Kulturen dem Menschen auf, fruchtbar zu sein, sich zu vermehren und sich die Erde untertan zu machen. Wo der Geist von Konfuzius, das Tao oder die zehntausend Götter des Hinduismus und die Lehren des Gautama Siddharta Buddha vorherrschten, bauten die Menschen pastorale und landwirtschaftliche Gemeinschaften auf, welche sich in einer relativen Harmonie mit ihrer Umwelt befanden. Die Völker, deren Geist sich in den weltlichen Religionen widerspiegelte, begaben sich dagegen auf einen anderen Weg.

Allerdings erwies sich die Unterwerfung der Erde als ein riskantes Unternehmen. Weil die westlichen Gemeinschaften ihre Rohstoffbasis von Zeit zu Zeit erschöpften und ihre Umwelt ausbeuteten oder zerstörten, provozierten sie Naturkatastrophen. Unter dem Eindruck der sieben Plagen, des Leides eines Hiob und der strafenden Hand Gottes in Sodom und am Berge Ararat nach der Sintflut betrachteten sie diese als Akte Gottes. Der Jehova des Alten Testaments erwarb sich einen strengen Ruf.

Der Glaube, ein erfolgreiches Volk könne die Natur meistern, blieb ungebrochen und wurde durch den Glaubenssatz ergänzt, ein solches Volk könne auch andere Stämme und Zivilisationen beherrschen. Die Weltreiche Alexanders und Cäsars wurden auf dieser Grundlage errichtet. Größe wurde gleichbedeutend mit Macht, und die Macht wurde durch hierarchische, soziale und politische Strukturen ergriffen und gehalten. Die monotheistischen Religionen reflektierten und stützten diese Strukturen durch den Mythos der allmächtigen Gottheit. Wie oben, so unten: So wie ein souveräner Gott den Himmel regierte, so herrschte ein souveräner König auf der Erde. Über Jahrhunderte hinweg beanspruchten die irdischen Herrscher eine göttliche Herkunft und taten, was sie konnten, um die Erde zu unterwerfen.

Obwohl das moderne Zeitalter Kirche und Staat trennte und den Weg für eine unabhängige Forschung bereitete, verstärkte sie den Glauben an Herrschaft, Macht und Hierarchie. Glaubenssätze dieser Art schienen gerechtfertigt, wenn die "zivilisierten" Nationen Europas "wilde" Völker kolonialisierten, wenn es "die Last des weißen Mannes" war, die Wildnis zu zähmen, und wenn der Mensch, wie es Francis

Bacon in seinem berühmten Satz formulierte, der Natur ihre Geheimnisse aus dem Leib riß und sie zu seinem eigenen Nutzen einsetzte. Die erobernde Kultur des Abendlandes überwältigte die auf den Ausgleich ausgerichtete Kultur des Morgenlandes ebenso wie die ökologischen Kulturen der traditionsgebundenen Völker Afrikas, des präkolumbianischen Amerika und der abgelegenen Winkel Australiens und Ozeaniens. Der Westen hat die Welt erobert und Prozesse auf die Spitze getrieben, die schon in der Jungsteinzeit begonnen haben.

In all den Hunderttausenden von Jahren der Steinzeit haben die menschlichen Gemeinschaften nicht ernsthaft in ihre Umwelt eingegriffen. Sie lebten in geschlossenen ökologischen Systemen, in welche nur wenige Dinge außer der Energie der Sonnenstrahlung Eingang fanden und von welchen kaum etwas anderes als die in den Weltraum abgegebene Abwärme ausstrahlte. Die meisten anderen Energien und Dinge blieben in den Systemen und wurden durch die katalytischen Zyklen der Natur wiederverwertet. Nahrung und Wasser kamen aus der unmittelbaren Umgebung und wurden, nachdem sie vom Menschen verarbeitet worden waren, zur Wiederverwertung an die gleiche Umgebung abgegeben. Der menschliche Organismus trat auch im Tod wieder in die Erde ein und bereicherte ihn zur Ernährung der Pflanzen. Nichts von dem, was der Mensch hervorgebracht hat, war biologisch nicht abbaubar oder toxisch. Keine menschliche Tätigkeit störte oder zerstörte die wesentlichen katalytischen Zyklen der Natur.

Diese Situation änderte sich, als die Menschen lernten, die Natur zu manipulieren. Die Beherrschung des Feuers gestattete die Lagerung verderblicher Nahrungsmittel über längere Zeiträume und ließ es zu, daß Stämme sich immer weiter von der Quelle ihrer Lebensmittel entfernten. Siedlungen bildeten sich in unterschiedlichen Umgebungen, und sie begannen, ihre Umgebung für ihre Bedürfnisse umzugestalten. Die Menschen lernten, zu jagen und dann Samen zu säen sowie Flüsse für die Bewässerung und die Entfernung ihrer Abfälle zu benutzen. Sie begannen, Nahrung aus einer absichtlich veränderten Umgebung zu entnehmen, während Abfälle weiterhin bequemerweise verschwanden: Rauch löste sich in der Luft auf, und Müll wurde flußabwärts geschwemmt sowie in den Seen und Meeren verteilt.

Die Ausübung der Landwirtschaft verschaffte den Menschen die Illusion der Herrschaft über die Natur. Die natürliche Welt erschien friedlich und offen, eine unendliche Rohstoffquelle und eine unendlich große Senke für menschliche Abfälle. Auch wenn eine lokale Umgebung degenerierte (wie oben angemerkt, war der Bodenkollaps ein immer wieder auftretendes Phänomen), gab es reichlich jungfräuliches und nicht ausgebeutetes Land, welches erobert und besiedelt werden konnte.

Und doch: ob es von den Menschen erkannt wurde oder nicht, war die Ökologie der menschlichen Siedlungen immer ein geschlossenes System sich selbst erhaltender katalytischer Zyklen. Bis zu einem gewissen Grade konnten diese Zyklen gezwungen werden, mehr von dem zu erzeugen, was der Mensch brauchte - zum Beispiel einen höheren Ernteertrag pro Einheit des Landes. Wenn aber die Schwellen überschritten wurden, brachen die Zyklen zusammen, und die Menschen mußten weiterziehen. Sie gaben ihren Glauben auf ein offenes System der Natur nicht auf, wie sie Umgebungen fanden, die nicht ausgebeutete Ressourcen und leere Senken bieten konnten. Als die Menschheit aber zahlenmäßig wuchs und ihre Bedürfnisse größer wurden, kam der Zeitpunkt, an welchem diese Illusion nicht mehr aufrechterhalten werden konnte. Genau in dieser Zeit leben wir heute.

Heute wird der neolithische Irrtum ernsthaft in Frage gestellt. Das ist nicht verwunderlich, denn die durch Milliarden von Menschen erzeugte Last führt zu höchst sichtbaren Einflüssen. Unsere Generation war die erste, die aufgrund globaler statt lokaler ökologischer Zwänge bedeutende Beschränkungen auf dem Gebiet der erneuerbaren Ressourcen erfahren hat. Unsere Generation war auch die erste, welche die Effekte einer endlichen globalen Ressourcensenke erlebt hat. Die Abfälle, welche wir heute wegwerfen, verschwinden nicht mehr in der Luft, sondern sie kommen zurück und plagen uns und unsere Nachbarn. Der Müll, den wir in das Meer kippen, löst sich nicht mehr in einem endlosen Wasserbecken auf, sondern kehrt zurück, und vergiftet das Leben im Meer und verseucht unsere Küsten; und der Rauch unserer Feuer steigt nicht mehr auf und bleibt verschwunden - das von ihnen freigesetzte Kohlendioxid bleibt in der Atmosphäre und verändert unser Wetter. Sogar unsere Körper werden zu einer Quelle der Boden- und Grundwasserverschmutzung. Während unseres Lebens nehmen wir so viele synthetische Stoffe auf und absorbieren so viel Strahlung, daß unsere Friedhöfe sich in Lagerstätten für Gefahrstoffe verwandeln.

Es steht ein Kulturwandel bevor, welcher tiefgreifender ist als jeder andere, der seit der Jungsteinzeit stattgefunden hat. Dieser Wechsel begann an den Rändern der Gesellschaft, mit der Hippie-, der New-Age- und der frühen Grünenbewegung, und er breitet sich immer weiter nach innen, in das Zentrum des Establishments aus. Junge Unternehmer schließen sich ihm an, und die ältere Generation der Manager hört zu, Regierungen beachten ihn, und nur die am stärksten reaktionären Elemente weigern sich, es ernst zu nehmen.

DIE WESENTLICHEN ASPEKTE DES KULTURWANDELS

Ökologische Themen tauchten im Jahre 1988 in der Hauptströmung der Gesellschaft auf. Die Zeugnisse der Medien sind beeindruckend. Innerhalb von zwölf Monaten veröffentlichte die *National Geographic Society Earth '88* (Erde '88), *Time* betitelte seine Neujahrsausgabe 1989 *Earth, Planet of the Year* (Erde - Planet des Jahres), *The Economist* kam mit einem Leitartikel *"Costing the Earth"* (Was die Erde kostet) heraus, eine Ausgabe des *Scientific American* (Spektrum der Wissenschaft) hatte den Titel *Managing Planet Earth* (Den Planeten Erde managen) und *The New Yorker* veröffentlichte einen 35seitigen Artikel mit dem Titel *"The End of Nature"* (Das Ende der Natur).

Die Politiker griffen diesen Trend schnell auf. Fast die Hälfte der Rede, welche Margaret Thatcher im September 1988 vor der Royal Society hielt, war dem Thema der ökologischen Ungleichgewichte und der Notwendigkeit gewidmet, das Konzept der umweltverträglichen wirtschaftlichen Entwicklung zu akzeptieren. In seiner Rede vor der UN im Dezember '88 sprach Michail Gorbatschow von der ökologischen Katastrophe, welche auf die traditionelle Art der Industrialisierung folgt. Königin Beatrix der Niederlande widmete ihre gesamte Weihnachtsansprache an die Nation der Bedrohung des Lebens auf der Erde. Präsident Bush ernannte mit William Reilly, dem ehemaligen Vorsitzenden des *World Wildlife Fund*, einen hauptberuflichen Umweltschützer zum Leiter der EPA, der Environmental Protection Agency (mit dem deutschen Umweltministerium vergleichbar). Die internationale Staatengemeinschaft beschloß, die Stockholmer "World Conference on the Environment" von 1972 zu wiederholen und die dort angesprochenen Fragen in der sogenannten "Earth Summit" in Rio (Juni 1992) weiterzuverfolgen.

Das neue Bewußtsein übertrug sich innerhalb kurzer Zeit in die Welt der Wirtschaft. Die Titelgeschichte von *Newsweek* vom November 1990, *"The Greening of Business"* (Das Grünen der Wirtschaft), behandelte Umweltschutzmaßnahmen, welche Unternehmen in der ganzen Welt ergriffen hatten. Im Dezember des gleichen Jahres hielt die *Business Week* in New York City eine Konferenz zur Verantwortung für die Umwelt ab, welche der "unternehmerischen Verantwortlichkeit und den wirtschaftlichen Chancen im Jahrzehnt des globalen Erwachens" gewidmet war. Der Herausgeber John W. Patten beendete seine Ansprache, indem er den Worten des UNEP-Exekutivdirektors Mostafa Tolba beipflichtete, welche dieser vor der Umweltkonferenz "Globe '90" (Globus '90) gesprochen hatte: "Unsere Welt und unsere Zukunft stehen auf dem Spiel; wir können und wir sollten nicht schwanken." Marjorie Keller, Redakteurin und Herausgeberin der *Business Ethics*, schrieb, es gebe Anzeichen dafür, daß sich ein neues, "lebensbejahendes Paradigma" in der Wirtschaft entwickle, welches mit dem Aufbau einer besseren Welt zu tun habe. Es habe auch damit zu tun, die Wirtschaft als Werkzeug zu benutzen.

In der Gesellschaft insgesamt hat der Kulturwandel seinen Mittelpunkt in Grundwerten und Schlüsselwahrnehmungen. Die grundlegenden Wandlungsprozesse verlaufen in den folgenden Bereichen und Beziehungen:

◆ **Die Beziehung zwischen Mensch und Natur.** Der Grundgedanke des Abendlandes folgte bis heute dem neolithischen Irrtum. Er betrachtet den Menschen als Beherrscher der Natur zum Erreichen seiner eigenen Ziele. Das neue Bewußtsein sieht die Menschheit als einen organischen Bestandteil des sich selbst erhaltenden und sich selbst entwickelnden Systems der Natur im planetaren Zusammenhang der Biosphäre.

◆ **Ganzheit und Fragmentierung.** Die Geisteshaltung des klassischen Industriezeitalters war atomistisch und fragmentiert. Sie betrachtete die Gegenstände isoliert von ihrer Umgebung, die Menschen individuell und voneinander getrennt sowie in ihren jeweiligen Umfeldern austauschbar. Das neue Bewußtsein nimmt Verbindungen sowie die Kommunikation zwischen den Menschen und der Natur wahr, und es betont die Einheit sowohl in der Welt der Natur als auch in der des Menschen.

◆ **Besitz und Tragbarkeit.** In der traditionellen industriellen Kultur wurde die Anhäufung materieller Güter als der Gipfel des Erfolges betrachtet, und man kümmerte sich nur wenig um die als Energie, Rohstoffe und sonstige Ressourcen ausgedrückten Kosten. Das neue Bewußtsein stellt die Tragbarkeit der wertschöpferischen Prozesse in den Vordergrund. Es betont die Flexibilität und den Ausgleich unter den Menschen sowie zwischen dem Menschen und der Natur.

◆ **Konkurrenz und Kooperation.** Die klassische Industriegesellschaft förderte ein machthungriges, um den Gewinn konkurrierendes Arbeitsethos. Sie nahm die Wirtschaft als Arena für den Kampf ums Überleben und den Gewinn wahr und vertraute das Zusammenkommen des Wohls des einzelnen und der Gemeinschaft der von Adam Smith so bezeichneten "unsichtbaren Hand" an. Das neue Bewußtsein betont den Wert der

Zusammenarbeit stärker als die Konkurrenz und mäßigt die Konkurrenzlust des modernen Arbeitsethos durch die Toleranz und die Wertschätzung der Vielfalt sowie den Mut, mit Institutionen und Praktiken zu experimentieren, welche die Harmonie zwischen den Menschen sowie zwischen dem Menschen und der Natur befördern.

◆ **Männerherrschaft und Partnerschaft.** Nicht zuletzt war die Gesellschaft in der Hauptsache von Männern dominiert. Sie war global und hierarchisch orientiert und sah eine starke Konzentration der Macht und des Reichtums als den besten Weg an, auf dem die Interessen der Regierungen und der Unternehmen gefördert und ihr Reichtum erhalten werden konnte. Das neue Bewußtsein richtet sich an der Partnerschaft von Männern und Frauen aus, und es ist eher mitbestimmend als hierarchisch orientiert. Es bewertet das Teilen und die gegenseitige Ergänzung und stellt sich gegen Kommandostrukturen und blinde Gehorsamkeit.

In der Unternehmenswelt hat ein entsprechender Wandel stattgefunden. Obwohl die Fragestellungen unternehmensspezifisch sind, lehnt sich das neue Denken in der Geschäftswelt eng an den fundamentalen Kulturwandel in der Gesellschaft an.

◆ **Hierarchische oder verteilte Entscheidungsfindung.** Die Philosophie des klassischen Unternehmens bestand in der Schaffung einer disziplinierten Hierarchie, in der das Topmanagement über alle entscheidenden Parameter der Unternehmenstätigkeit entschied. Die neue Unternehmenskultur bewegt sich hin zur dezentralisierten Entscheidungsfindung durch netzähnliche Strukturen, in welchen die Menschen, die einem bestimmten Problem am nächsten sind, die Aufgabe lösen und die Verantwortung für die alltäglichen Entscheidungen tragen.

◆ **Mensch oder Maschine.** Das klassische Management betrachtete den Menschen als den verlängerten Arm der Maschine und ersetzte "unzuverlässige" Menschen durch "zuverlässige" Maschinen, wo immer dies möglich war. Die neue Unternehmenskultur ist der Ansicht, daß der Mensch in allen Phasen der Unternehmenstätigkeit lebenswichtig ist und nicht durch die Automatisierung ersetzt werden kann.

◆ **Mechanische Aufgaben oder verantwortungsvolle Tätigkeiten.** Die Unternehmen alter Art teilten die Aufgaben nach der Taylorschen Methode in einfache und eng spezialisierte Fertigkeiten auf; sie mechanisierten den Arbeitsprozeß in der Art und Weise, die Charlie Chaplin in *Modern Times* karikiert hat. Das neue Unternehmen nutzt halbautonome Arbeitsgruppen und optimiert ihren Beitrag durch die Übertragung eines umfassenden Verantwortungsbereiches, der ihren vielfältigen Fähigkeiten und ihrer vielseitigen Leistungsfähigkeit entspricht.

◆ **Kontrolle oder Selbstbestimmung.** Das Management der alten Art setzte in allen Arbeitsphasen rigorose Kontrollen ein - es benutzte dabei Aufsichtspersonal, Spezialisten und automatisierte Kontrollverfahren. Der neue Stil verläßt sich auf die Selbstbestimmung durch halbautonome Arbeitsgruppen und umfassend vernetzte Unterabteilungen.

◆ **Komplementäre Geschlechterrollen.** In der alten Unternehmenskultur wurden Frauen typischerweise als ungelernte oder angelernte Arbeitskräfte betrachtet, und ihnen wurden einfache oder Routineaufgaben übertragen - am Fließband, bei der Reinigung und im Sekretariat. Die neue Kultur des Unternehmens bringt die Frau auf alle Ebenen der Entscheidungsfindung - sie erkennt die gegenseitige Ergänzung der Fertigkeiten, Belange und Persönlichkeiten von Männern und Frauen.

◆ **Überreste des alten Denkens.** Obwohl Unternehmenskulturen von Natur aus flexibel sind, sind sie durch eingeführte Methoden und Verfahrensweisen belastet. Die wirtschaftliche Rationalität, welche das moderne Industriezeitalter aufgebaut hat, beherrscht das Denken der Manager noch immer, obwohl einige ihrer Aspekte überholt sind. Die Wirtschaftswissenschaft, mit welcher die Manager aufgezogen wurden, nimmt eine Welt der Gewißheit, des technologischen Optimismus und ein hohes Maß der Ersetzbarkeit für nicht erneuerbare Ressourcen an. Die von den meisten Unternehmen eingesetzten Methoden der Finanzbuchhaltung ignorieren die angebotsseitigen Beschränkungen in einer Umwelt, in welcher Ressourcen nur in einem begrenzten Umfang vorhanden sind. Das Bruttosozialprodukt und andere Indikatoren verschleiern die umweltrelevanten Kosten der wirtschaftlichen Tätigkeit. In Ertrags- und Kapitalflußberechnungen veranlassen die tatsächlich für die Berechnung des gegenwärtigen Wertes künftiger Kosten benutzten Ansätze die leitenden Angestellten dazu, die Kosten (wie auch den Nutzen) zu ignorieren, welche etwas weiter in der Zukunft liegen. In manchen Berechnungen werden die Kosten der nicht erneuerbaren Ressourcen tatsächlich zum Nettoeinkommen addiert, weil die zulässigen Abschreibungen keine Kapitalauslagen verlangen. Folglich bieten die gegenwärtig eingesetzten Buchhaltungssysteme ein unrealistisches Bild der Kosten, des Nutzens, der Kapitalflüsse und des Unternehmenswertes.

In der Gesellschaft beginnt ein tiefgreifender Kulturwandel, und parallel zu diesem findet ein Wandel der Unternehmenskultur in der Welt der Wirtschaft statt. Aber der Kulturwandel in der Wirtschaft ist von alten Überresten des Denkens belastet - er findet nicht so schnell statt, wie er sich vollziehen *könnte und sollte*. Eine weitere Öffnung des Bewußtseins der Manager ist notwendig, damit sie die Notwendigkeiten unserer Zeit erkennen.

9
WANDLUNGEN DER ÖFFENTLICHEN FÜHRUNG

EXPERIMENTE DER NATIONALEN POLITIK

Nationale und globale Instabilitäten beeinflussen auch die Regierungen. Eine Reihe von Nationalstaaten versucht, neue Richtungen einzuschlagen, und erprobt neue Handlungsformen, die für die Wirtschaft von großer Bedeutung sind.

Die Regierungen bewahren sich wichtige Einflußmöglichkeiten, obwohl ihre Macht in der Welt der Wirtschaft heute insgesamt viel geringer ist als früher. Für verschiedene Industriezweige können sie günstige Bedingungen schaffen oder abschaffen. Die Faktorbedingungen werden durch den Umfang und die Verteilung von Subventionen beeinflußt, durch die Haltung zu den Kapitalmärkten und im weiteren Sinne durch die Sozial-, Kultur- und Schulpolitik, welche die Qualifikation und oft auch die Verfügbarkeit von Arbeitskräften beeinflußt. Die Regierungen können auch die Nachfrage auf den nationalen Märkten formen, Standards für Produkte aufstellen und die Bedürfnisse der Käufer beeinflussen. Für militärische Hardware und Software bleiben sie die wichtigsten Käufer. In einigen Staaten gilt dies auch für Fernmeldeausrüstung, Flugzeuge und soziale Baumaßnahmen sowie Leistungen. Die Präsenz der Regierungen auf diesen Märkten kann einen entscheidenden Einfluß auf die Faktorbedingungen bezüglich der Position der lokalen Industrie gegenüber dem fortschrittlichsten Wettbewerber darstellen.

Die Regierungen werden sich zunehmend der entscheidenden Natur der ihnen verbliebenen Einflußbereiche bewußt. Sie bewegen sich mit

Vorsicht, denn Wählerverhalten und Interessengruppen müssen berücksichtigt werden. Einerseits müssen demokratische Regierungen auf die Trends reagieren, welche sich in der öffentlichen Meinung herausbilden, andererseits haben sie die Rahmenbedingungen in ihren Volkswirtschaften zu setzen. Die Entwicklungsländer entwickeln sich nicht, und die entwickelten Länder stagnieren und stehen wachsenden Bedrohungen gegenüber. Die Unruhe in den Städten und die Umweltbelastung durchdringen das Gefüge der am weitesten entwickelten Gesellschaftsordnungen.

Eine entschiedene Haltung seitens der Regierungen stellt eine neue Phase in der Entwicklung der öffentlichen Macht dar. Vor dem Zweiten Weltkrieg hatten die Vereinigten Staaten und einige westeuropäische Länder keine Schwierigkeiten, die Richtung des technologischen Fortschritts festzulegen und auch den Welthandel und die Finanzwelt zu beherrschen. Im Osten mit diktatorischen Methoden und im Westen mit solchen der Rechtsprechung kontrollierten die Regierungen der Großmächte fast nach Belieben jeden Teil des sozialen und wirtschaftlichen Lebens ihrer Völker. In der Nachkriegszeit wurden die Regierungen aber zunehmend von der steigenden Flut der Komplexität und wechselseitigen Abhängigkeiten überrollt. Die Großmächte traten in ein immer heftigeres Konkurrenzverhältnis. Diese Konkurrenz galt nicht nur untereinander, sondern auch gegenüber neuen Mächten und Herausforderern wie Japan, Europa und den neuen Industriestaaten Südostasiens. Währungs-, Handels- und Investitionsfragen wurden miteinander verflochten, und sie wurden komplex. Die Produktion auf der internationalen Ebene entglitt der Kontrolle der Regierungen. Mit Ausnahme des Rüstungssektors und der Raumfahrt gilt dies auch für den technologischen Fortschritt.

Der Aufstieg Japans, die Integration und dramatisch veränderte Situation Europas sowie der immer schlimmer werdende Morast der Krisen in Afrika, Lateinamerika und im Nahen Osten stellte nationale Regierungen vor politische Probleme, welche keine klassischen Lösungen zuließen. Eine dirigistische Politik würde wirtschaftliche und soziale Ungleichheiten nur verschlimmern und ernsthafte Verzerrungen auf den Märkten verursachen - ein größerer Einfluß der Regierung würde nur zu mehr Restriktionen führen. Gleichzeitig zwingen wirtschaftliche, soziale, politische und ökologische Krisen die Regierungen zur Konzentration ihrer Energie und zur Mobilisierung ihrer Möglichkeiten. Da Volkswirtschaften durch traditionelle Methoden nicht mehr beherrschbar waren, wurden alternative Regierungsmethoden notwendig. Experimente in dieser Richtung tauchen immer öfter auf.

Die wichtigste Überlegung ist die Harmonisierung des wirtschaftlichen Wachstums mit der ökologischen Tragbarkeit. Diese verlangt eine besondere Art des Eingriffs in die Marktwirtschaft. Die aufgeklärteren Regierungen versuchen, ein wirtschaftliches Klima zu schaffen, welches zu einem umweltbewußten Verhalten seitens der Unternehmen führt. Sie versuchen, die Öffentlichkeit dahingehend zu beeinflussen, daß sie "grüne" Geschäftspraktiken mit Verständnis und sogar steigender Bewertung der Aktien belohnt. Hauptsächlich kleine, neutrale und relativ wohlhabende Staaten, welche eine Verpflichtung zu einer verantwortungsbewußten Politik spüren, sind die Pioniere dieser Art von Politik. Traditionell haben diese Staaten einen "dritten Weg" zwischen dem "Laissez-faire" des Kapitalismus und den klassischen Varianten des Sozialismus gesucht. Heute suchen sie eine Politik zu entwickeln, welche die Marktwirtschaft mit dem sozialen Wohlergehen und der ökologischen Tragbarkeit verknüpft.

Schweden war vielleicht das bemerkenswerteste Experiment in dieser Hinsicht. Mit Ausnahme von sechs Jahren hatte Schweden seit 1938 eine sozialdemokratische Regierung, und es erfreute sich in den letzten zwanzig Jahren eines außerordentlich hohen Lebensstandards. Die Regierung widmete sich einer westlichen Spielart des Sozialismus, welcher die Privatwirtschaft mit einer starken staatlichen Präsenz in der Sozial- und Umweltpolitik kombinierte. Die Sozialleistungen standen von Anfang an ganz oben auf der Prioritätenliste der Regierung, wohingegen die Verstaatlichung auf dieser Liste überhaupt nicht erschien. Der Staat hat nie mehr als 7 Prozent der Produktionsmittel besessen; das ist erheblich unter dem europäischen Durchschnitt und weniger als die Hälfte des Staatseigentums in England. Allerdings hat die Öffentlichkeit das staatliche Wohlfahrtssystem mißbraucht: Die durchschnittliche wöchentliche Arbeitszeit ist auf 31 Stunden gefallen. Die Produktivitätssteigerung hat sich verlangsamt, und obwohl die zweistellige Inflationsrate im Jahre 1991 gebrochen wurde, erlebte die Wirtschaft eine starke Rezession. Die hohe Besteuerungsrate, welche 56 Prozent des Bruttosozialproduktes erreicht hat, schadete zahlreichen Industriezweigen und raubte Privatunternehmen die Marktinitiative. Weil diese Probleme zunehmend zu Frustrationen führten, hat die sozialdemokratische Regierung ihre Mehrheit bei den Wahlen im September 1991 verloren.

In Österreich wurde ein weiteres Experiment geplant. Im Jahre 1990 führte die Österreichische Volkspartei ihren Wahlkampf unter dem Gesichtspunkt der Notwendigkeit, das wirtschaftliche Wachstum mit der ökologischen Tragbarkeit in Einklang zu bringen. Sie schlug das Konzept einer "ökologisch-sozialen Marktwirtschaft" vor. Die Sicherung des Wirtschaftswachstums, verbunden mit der sozialen Gerechtigkeit und dem Umweltschutz, wurde als Ziel dieser Wirtschaftsordnung angegeben.

Durch den Einsatz einer Vielzahl von Instrumenten zur Regulierung des Marktes und zur Aufklärung der Öffentlichkeit sollte der Staat für die Verwirklichung dieses Systems die Verantwortung tragen. Folgendes waren die Ziele: Umweltrelevante Kosten sollten klar erkennbar und buchungspflichtig sein; die Konsumenten sollten über die Einflüsse ihrer Käufe auf die Umwelt informiert werden; Investitionen in umweltfreundliche Technologien sollten von der öffentlichen Hand unterstützt werden; das Steuersystem sollte zur Förderung sozial und ökologisch angepaßter Initiativen benutzt werden; schließlich sollte die Erziehung anstatt gesetzlicher Sanktionen die Grundlage des sozialen Wohlergehens und des Umweltschutzes sein. Es ist allerdings zu bemerken, daß auch die Österreichische Volkspartei bei den Wahlen im September 1990 eine schwere Niederlage erlitt.

Ähnliche Gedanken tauchen bei den "grünen" Parteien in ganz Europa auf. Ihre Ideen sind oft interessant, aber wahrscheinlich noch Jahre ihrer Zeit voraus. So vertritt zum Beispiel in Deutschland die unbedeutende Ökologisch-Demokratische Partei die Marktregulierung durch Steuerreformen. Nach ihren Vorstellungen soll die Einkommensteuer schrittweise auf Null sinken, und Steuern auf den Verbrauch von Energie und Rohstoffen sollen proportional dazu erhöht werden. Die Wirtschaftsfachleute der Partei behaupten, auf diese Weise würde die Nutzbarkeit und Verfügbarkeit der Rohstoffe verlängert, die Umweltbelastung würde verringert, Menschen würden in der Fertigung mit Maschinen konkurrenzfähiger, der Wert langlebiger Güter würde gegenüber Wegwerfartikeln steigen, Reparaturen und Wartung würden wirtschaftlicher, Wiederverwendung und Wiederverwertung würden ermutigt, und die Attraktivität der Schwarzarbeit würde sinken, weil keine Einkommensteuer gespart werden könnte. Steuergelder sollten für den Abriß überalterter Fabriken und Wohnungen, die Sanierung von Müllhalden, die Schaffung öffentlicher Parkanlagen, die Verbesserung der Wasseraufbereitungs- und Versorgungssysteme, die Verringerung schädlicher Emissionen der Industrie und des Transportwesens, die Förderung des Einsatzes erneuerbarer Energiequellen und zur Schaffung verbesserter Eisenbahn- und Radwegenetze verwendet werden.

Die Wähler haben in Schweden, Österreich sowie in Deutschland klargestellt, daß radikale Erneuerungen dieser Art in der Sozial- und Umweltpolitik noch nicht viele Wählerstimmen bringen. Andererseits finden marktfreundliche Umweltbestimmungen definitiv Eingang in die nationale Politik. Zum Beispiel führen die Regierungen der Industriestaaten "Umweltengel" oder ähnliche Zeichen ein, welche dem Konsumenten die Erkennung umweltfreundlicher Produkte erleichtern.

Deutschlands blauen Umweltengel gibt es seit 1977, und er ist heute ein begehrtes Symbol für den Marktwert. In Kanada wurde das weiße

Ahornblatt und in England das grüne königliche Siegel in jüngerer Zeit eingeführt. Dies gilt auch für Dutzende von Kennzeichen der Verbraucherverbände, der Handelsketten und grünen Aktivisten in Europa, Nordamerika und Japan. Wer soll aber die ökologischen Standards festlegen? Wenn der Privatsektor selbst keine weitsichtigen Maßnahmen ergreift, könnten Umweltschutznormen als schmerzhafte Eingriffe seitens der öffentlichen Hand erfolgen.

Da die Belastung des globalen Systems wächst, ist es nicht wahrscheinlich, daß der "grüne" Trend verschwindet. In immer mehr Staaten werden das Wohlergehen der Öffentlichkeit und die Tragbarkeit für die Umwelt mit dem wirtschaftlichen Wachstum als fundamentale soziale Zielsetzungen vereint.

HERVORTRETENDE DOMÄNEN INTERNATIONALER AKTION

Es gibt drei fundamentale Bereiche, in denen die internationale Kontrolle durch die öffentliche Hand notwendig ist und auch tatsächlich in Erscheinung tritt. Diese Domänen sind eigenständige "globale Systeme": das globale Finanzsystem, das globale Sicherheitssystem und das globale ökologische System.

Das globale Finanzsystem ist das jüngste dieser drei Systeme, daher befindet sich seine internationale Kontrolle noch im Embryonalstadium. Sogar das Konzept, daß ein der Sphäre der Weltwirtschaft zugehöriges System der Koordination oder konzentrierten Kontrolle bedürfe, ist umstritten, denn in der Vergangenheit sind alle Versuche gescheitert, die Weltwirtschaft zu regulieren. Das war bei der "neuen internationalen Wirtschaftsordnung" der Fall, die in den 70er Jahren von der "Gruppe der 77" befürwortet wurde, der UNO-Lobby der Entwicklungsländer. Wie es Willy Brandt, der damals Vorsitzender der Nord-Süd-Kommission war, so treffend formuliert hat, wurde der Kontakt zwischen den Wirtschaftssystemen des Nordens und des Südens nach 1980 zu einem Dialog der Tauben. In jüngster Zeit sind die Kapitalströme allerdings stark informationalisiert und daher globalisiert worden. Das Finanzsystem wurde nicht nur das am stärksten informationalisierte und daher am stärksten globalisierte, es wurde auch zum instabilsten und krisenanfälligsten Sektor der Weltwirtschaft.

Nach dem Versagen der von der UNO geführten Weltwirtschaftsordnung wurden die Versuche einer globalen Kontrolle der Weltwirtschaft nahezu aufgegeben. Der Niedergang des Kommunismus als Experiment der zentralen Planung der Wirtschaft hat diese Haltung verstärkt. (Ausnahmen sind hauptsächlich auf dem Gebiet des Handels eingetreten, auf dem das Allgemeine Zoll- und Handelsabkommen GATT ein Instrumentarium zur Durchsetzung seiner international bindenden Regeln entwickelt hat. Allerdings decken die geltenden GATT-Regeln nur etwa ein Drittel des Welthandels ab.) Trotz des weitverbreiteten Mißtrauens gegenüber der internationalen Wirtschaftskontrolle wird es offensichtlich, daß ein wohldurchdachter und global koordinierter Abbau der Handelsschranken durch Zölle und andere Maßnahmen - zusammen mit weltweiten Regeln für Dienstleistungen, grenzüberschreitende Investitionen und den Schutz geistigen Eigentums - notwendig ist, um das globale Wirtschaftswachstum sowie den Technologietransfer an unterentwickelte Staaten anzuregen.

Parallel dazu sind koordinierte Maßnahmen der Zentralbanken erforderlich, damit eine höhere Stabilität, Effizienz und Transparenz der Transaktionen erreicht wird. Unter den gegenwärtigen Bedingungen machen die spontane Deregulierung, die Schaffung neuer Finanzinstrumente, die Einführung neuer Märkte wie des Terminkontraktmarktes und die sofortige Verbindung der Märkte, Instrumente und Währungen mit Hilfe von Computern das Finanzsystem anfällig für periodische Krisen. Der Bericht für das Jahr 1991 von einer hochkalibrigen Expertengruppe vom Inter Action Council unter dem Vorsitz des ehemaligen französischen Präsidenten Valery Giscard d'Estaing, stellte die dringende Notwendigkeit der Stabilisierung des Systems durch Abstimmung der Bestimmungen über das Finanzwesen und der Interventionen durch die Zentralbanken fest. Es müsse eine Reihe von Normen auf der Grundlage der Neutralität, gesetzlichen Unabhängigkeit, Harmonisierung, Inklusivität, Transparenz und gegenseitigen Anerkennung geschaffen werden. Den Regierungen der Nationalstaaten wird allmählich klar, daß sie ihre Bürger ebensowenig vor einer konzertierten Aggression von außen bewahren oder ihr Volk vor den Auswirkungen der Umweltzerstörung abschirmen können, wie sie in der Lage sind, ihre jeweilige Volkswirtschaft gegen die schädlichen Einflüsse ungünstiger und unvorhersehbarer Kapitalströme zu schützen. Die Finanzwelt kennt, ebenso wie die Sicherheit und die Umwelt, keine Staatsgrenzen, und sie reagiert nicht auf einseitige nationale Initiativen.

Im Sicherheitsbereich, der zweiten der sich herausbildenden Domänen internationaler Aktion, beginnen sich verschiedene nationale Regierungen davon zu überzeugen, daß die traditionelle Ansicht, wonach der Schutz des Staatsgebietes eine riesige nationale Streitmacht verlange, eine Fiktion ist. Besonders im Falle kleiner Staaten, welche in eine regionale oder subregionale Gemeinschaft eingebettet sind, scheint es viel vernünftiger, die nationale Verteidigung einer regionalen Streitmacht anzuvertrauen. Die Grenzen eines Staates wie Dänemark ließen sich zum Beispiel wirksamer durch ein gemeinsames europäisches Verteidigungssystem sichern als durch eine dänische Armee. Ein großer Verteidigungshaushalt zur Unterhaltung eines riesigen Militärapparates ist oft eine Verschwendung. Mit Ausnahme einer Atommacht würde sich jede nationale Streitmacht in einer Konfrontation mit einer Großmacht als machtlos erweisen. Dabei spielt es keine Rolle, wie groß der Anteil am Gesamthaushalt für die Ausrüstung und Unterhaltung der nationalen Armee ist.

Angesichts nationaler und internationaler Krisen kommen die Regierungen Europas zunehmend zu der Überzeugung, daß eine gemeinsame

Verteidigungsstreitmacht in ihrem nationalen Interesse wäre. Während die Pläne für eine europäische Verteidigungsgemeinschaft - die Frankreich in den 60er Jahren ablehnte - wahrscheinlich nicht wiederbelebt werden, könnten im Rahmen der KSZE (Konferenz für Sicherheit und Zusammenarbeit in Europa) wirksame Maßnahmen ergriffen werden. Deutschland begrüßt die Schaffung einer solchen Sicherheitsstreitmacht, und zahlreiche Staaten, einschließlich Dänemark, Holland, Belgien, Österreich und Italien, würden sie unterstützen. Sogar die Schweiz zeigt eine überraschende Flexibilität, obwohl sie traditionell auf ihrer Neutralität beharrte. Im November 1989 haben die schweizerischen Sozialisten genügend Unterschriften gesammelt, um ein Referendum über die Erhaltung oder Abschaffung der schweizerischen Armee zu erzwingen. Man erwartete, daß nicht mehr als 5 bis 6 Prozent der Schweizer Nein zur Armee sagen würden. Es waren aber mehr als 30 Prozent, und diese Tatsache hat ein ernsthaftes Nachdenken über die nationalen Prioritäten ausgelöst.

Obwohl Frankreich ebenso wie England noch auf dem Status einer militärischen Großmacht beharrt, hat die Golfkrise von 1990 einen grundlegenden Wandel der Ansichten in Sicherheitsfragen in der Europäischen Gemeinschaft ausgelöst. Vorher haben die Präsidenten und Premierminister poetisch von einer politischen Föderation mit gemeinsamen Streitkräften gesprochen, aber niemand hat es gewagt, wirklich zu handeln. Dann hat die Invasion des Irak in Kuwait die Gemeinschaft als einen wirtschaftlichen Riesen mit einer schwachen politischen Stimme und ohne militärische Macht bloßgestellt. Peinlich berührt durch die Tatsache, daß sie sich zur Verteidigung ihrer vitalen Interessen auf die USA verlassen mußte, wurde die EG veranlaßt, ernsthafte Bemühungen zur Koordinierung der Verteidigungspolitik ihrer Mitgliedsstaaten zu unternehmen.

Es ist konsequent, daß solche Staaten, die sich im wirtschaftlichen Interesse bereits zusammengeschlossen haben, auch im Sicherheitsbereich zusammenarbeiten. Jede Region, in der es eine Wirtschaftsgemeinschaft gibt, wird sich wahrscheinlich im Laufe der Zeit auch in einer Verteidigungsgemeinschaft zusammenschließen. Natürlich besteht die Gefahr, daß größere Streitkräfte, auch wenn sie zur Verteidigung vorgesehen sind, schließlich aggressiv werden. Wo eine Machtkonzentration vorhanden ist, besteht die Möglichkeit der Korruption. Aber die staatliche Aggression kann durch ein Verbot von Angriffswaffen, die Verleihung wirklicher Befugnisse an eine regionale Institution zur Bewahrung des Friedens oder an den UNO-Sicherheitsrat selbst abgewendet werden.

Ein kollektives Sicherheitssystem würde die Chancen für das Gedeihen seiner Mitglieder erhöhen. Wenn lokale und regionale Wirtschaftssysteme von der Last der Unterhaltung kostspieliger Militärapparate befreit werden, können sie ihre menschlichen und finanziellen Ressourcen für produktive Zwecke verwenden. Es ist kein Zufall, daß Deutschland und Japan, die beiden Verlierer des Zweiten Weltkrieges, die Gewinner des Wachstumsrennens der Nachkriegszeit waren.

Die Einsparung von Militärausgaben - sogenannte "Friedensdividenden" - könnte auch dazu verwendet werden, notwendige Ziele des Umweltschutzes zu erreichen. Zum Beispiel würden die hundert Milliarden Dollar, welche das Pentagon für die Programme des Kampfflugzeuges F-16 und das U-Boot Trident II ausgibt, für die Sanierung der 3000 schlimmsten Sondermülldeponien in den USA ausreichen. Zwei Drittel der Kosten des amerikanischen Programms zur Reinhaltung des Wassers könnten gedeckt werden, wenn dafür die 68 Milliarden Dollar verwendet würden, die für die Fertigung des Stealth-Bombers vorgesehen sind. Die weltweiten Militärausgaben von vier Tagen würden ausreichen, um einen Fünfjahresplan zur Rettung der Regenwälder auf unserem Planeten zu finanzieren.

Sowohl die menschliche Gemeinschaft als auch die Systeme der Natur funktionieren heute auf der globalen Ebene, und die katalytischen Zyklen des einen Systems müssen auf die katalytischen Zyklen des anderen abgestimmt werden. Diese Tatsache verlangt, daß sich der Koordinations-

und Exekutivapparat des öffentlichen Lebens sowohl in Sicherheitsfragen als auch in Umweltfragen auf die globale Ebene begibt.

Damit kommen wir zur dritten Domäne, in der sich eine internationale Kontrolle herausbildet: der Umwelt. Die Bewahrung der natürlichen Ressourcen und der essentiellen Gleichgewichte der Biosphäre ist eine globale Aufgabe, welche eine weitreichende internationale Zusammenarbeit verlangt. Die fundamentalen Ziele der internationalen Programme auf diesem Gebiet stehen unter drei Überschriften, nämlich der Regulierung des Abbaus und der Verwendung von Rohstoffen, der Bewahrung der Gleichgewichte und der Regenerationszyklen in der Natur sowie der Schaffung einer angemessenen Kapazität zur Abwehr von Umweltkatastrophen.

Gemäß einer wachsenden Anzahl von Erklärungen und Konventionen soll der Einsatz von Rohstoffen hinsichtlich der Ressourcen, welche sich innerhalb eines Staatsgebietes befinden, vom Sachwalterprinzip bestimmt werden. Der Einsatz von Rohstoffen, welche außerhalb von Staatsgebieten gefunden werden, soll dem Prinzip des kollektiven Erbes unterliegen. Dies bedeutet, die Volkswirtschaft und die wirtschaftlich Handelnden eines Staates sollen nach dem Prinzip vorgehen, daß sie die Verwalter und nicht die souveränen Eigentümer der Rohstoffe sind, die sich auf ihrem Staatsgebiet befinden. Diese Rohstoffe dürfen weder in unverantwortlicher Weise ausgebeutet noch als Geschenke betrachtet werden, die kostenlos zur Verfügung stehen.

Das Prinzip des kollektiven Erbes gilt auch für Rohstoffe, die außerhalb von Staatsgebieten liegen. Die Ausbeutung der Lagerstätten von industriell verwertbaren Metallen und Mineralien auf den Kontinentalschelfen der Meere, in den Polargebieten und sogar im Weltraum soll von internationalen Vereinbarungen bestimmt und auf der Grundlage strenger Überwachung durchgesetzt werden. Es ist das Ziel, eine unfaire Ausbeutung von lebenswichtigen Rohstoffen durch technologisch oder finanziell mächtige, aber eigensüchtige Regierungen und Unternehmen zu verhindern.

Andere Maßnahmen sind auf die Bewahrung der Gleichgewichte und der Regenerationszyklen in der Natur abgestellt. Die Ziele dieser Maßnahmen sind zum Beispiel die Einrichtung und die rigorose Kontrolle der Emission von Fluorchlorkohlenwasserstoffen (FCKWs) und der Verbrennung der fossilen Brennstoffe; die Festlegung von Obergrenzen für die Verwendung von Treibhausgasen wie Kohlenstoff- und Stickoxiden, Kohlenwasserstoffen und Methan; die Planung und Durchführung bedeutender Programme für die Wiederaufforstung; die Reservierung von bis zu 10 Prozent der Landfläche der Erde als Schutzgebiete für die Bewahrung des Genpools in der Natur und die Durchführung von Programmen für den Bodenschutz in geschädigten Gebieten. Diese Belange erstrecken sich auf die Luft-, Wasser- und Bodenqualität, auf die Nutzung des Landes, auf das Abfallmanagement, auf gefährliche Chemikalien sowie den Schutz der Flora, der Fauna und von Biotopen.

Schließlich gibt es Ziele auf dem Gebiet der Schaffung angemessener Kapazitäten zur Abwehr von Umweltkatastrophen. Die festgelegten Ziele umfassen die Identifizierung der geographischen Gebiete, die für Überflutungen anfällig sind, falls und wenn das Polareis zu schmelzen beginnt; die Warnung und nötigenfalls die Umsiedlung der Bevölkerung der von Überschwemmung bedrohten Küstengebiete; die Umschulung und die Umsiedlung von Bauern, die durch veränderte Klimabedingungen betroffen sind sowie die ständige Aufrechterhaltung von Rettungskapazitäten, die im Falle von ökologischen Unfällen und größeren ökologischen Katastrophen eingesetzt werden sollen.

Es scheint also, daß nicht nur nationale Regierungen und politische Parteien zunehmend mit Bestimmungen zur Kontrolle von Umwelteinflüssen experimentieren, sondern daß auch die internationale Dimension der öffentlichen Gewalt erkannt wird. Die EG-Staaten vereinen ihre Kräfte in der Gründung einer Europäischen Umweltbehörde für die Koordinierung der Umweltpolitik der Mitgliedsstaaten. Im April 1990 wurde in Den Haag Einigkeit über die Notwendigkeit erzielt, ein Hochkommissariat für die Festlegung eines international bindenden

Rahmens der Politik mit wirksamen Gesetzgebungsbefugnissen einzurichten.

Eine internationale Behörde mit wirklichen Befugnissen würde energische Maßnahmen ergreifen, um die weltweite Zerstörung der Umwelt aufzuhalten. Welche ersten Schritte sie auch immer zu ergreifen beschließt, es ist offensichtlich, daß man sich zunächst um die Frage der Finanzierung der Aktionsprogramme dieser Behörde wird kümmern müssen. Die Lösung der Finanzierungsfrage wird auch durch die Tatsache vorangetrieben, daß die richtigen Methoden für die Beschaffung der Mittel für den Umweltschutz gleichzeitig die Auswirkungen der Praktiken dämpfen könnte, welche die Probleme überhaupt erst schaffen. Dieses Zusammentreffen von Zielen gilt insbesondere hinsichtlich der Nutzung des "globalen Gemeindelandes", zu dem die Ozeane, die Atmosphäre, der Weltraum und die Polargebiete zählen. Hier verlangt die Durchsetzung des Prinzips des gemeinsamen Erbes geradezu nach einer Form der Besteuerung. Umweltschützer unterstreichen, daß das "globale Gemeindeland", weil es keinen Besitz daran gibt, vergleichsweise ungestraft genutzt und sogar mißbraucht werden kann. Wenn die Benutzung besteuert würde, wäre nicht nur der Mißbrauch erschwert - zumindest würde er teurer sein -, sondern es könnten auch die Kosten für Programme zur Reinigung und Bewahrung des Landes gesichert werden.

Zum Beispiel würde eine Steuer für die Meeresnutzung in Höhe von nur einem Zehntel Prozent auf die 200 Milliarden Pfund Fisch, die in exterritorialen Gewässern gefangen werden, etwa 50 Millionen Dollar einbringen. Die Besteuerung der Offshore-Förderung von Öl und Gas würde etwa 75 Millionen Dollar erlösen, die Besteuerung der 200 Millionen Tonnen des in die Meere gekippten Mülls mit nur 1 Dollar pro Tonne erbrächte weitere 200 Millionen Dollar. Da die Atmosphäre der Erde ebenfalls zur kostenlosen Abfallentsorgung genutzt wird, könnten auch Steuern für die Benutzung der Luft erhoben werden, die zusätzliche Mittel einbrächten. Eine Steuer von nur 10 Cent pro Tonne auf die 200 Milliarden Tonnen Treibhausgase, die jährlich in die Atmosphäre gepumpt werden, brächte 20 Milliarden Dollar ein, und von dieser Menge wäre sogar der Teil erheblich, dessen Verursacher ermittelt werden können. Steuern auf die Ausbeutung von Rohstoffen aus dem Weltraum könnten ebenfalls erhebliche Mittel einbringen. Diese Steuern schließen zukünftige Lizenzeinnahmen für den Abbau von Mineralien auf der Oberfläche des Mondes und auf anderen Satelliten und den Asteroiden ein, auch mögliche Gebühren für Positionen geostationärer und die Erde umkreisender Satelliten sowie für die Benutzung von Frequenzen des elektromagnetischen Spektrums.

Mit der Zeit werden auf das "globale Gemeindeland" erhobene Steuern wahrscheinlich durch nationale Umweltsteuern ergänzt. Die Ratifizierung internationaler Vereinbarungen über territoriale Vorgänge wird Zeit brauchen, aber sie wird stattfinden. Die Aussichten für den fortgesetzten Gebrauch der Luft, des Weltraumes, des Wassers und des Bodens als kostenlose Güter erscheinen düster. Das Ende des Zeitalters der kostenlosen Benutzung ist allerdings nicht notwendigerweise bedauerlich. Verantwortungsbewußte Standards für ihre Nutzung können die operative Umwelt der Unternehmen für viele Jahre sicher und produktiv machen. Weitsicht liegt hier im gemeinsamen Interesse der Öffentlichkeit und der Privatwirtschaft.

Die Systeme der Natur haben immer auf der globalen Ebene funktioniert, und das System der menschlichen Gesellschaftsordnungen hat diese Ebene jetzt auch erreicht. Aber die Einflüsse des global gewordenen Systems Mensch untergraben die katalytischen Zyklen, welche das globale System Natur erhalten. Um dieser Situation abzuhelfen, muß das System Mensch lernen, sich gegen die Aggression der Menschen untereinander und die Natur gegen die Aggression des Menschen zu schützen.

Überblick

DIE EVOLUTIONÄRE VISION

DIE VISION DES UNIVERSUMS

Das evolutionäre Denken ist globales Denken, das nicht durch die Grenzen des Globus beschränkt ist. Es bezieht sich auf die Ganzheit der bekannten Realität. Um sie gut zu verstehen, sollte man sich ihren vollen Umfang bewußt machen. Das heißt nicht, daß man alle Dinge im Universum kennen und beschreiben sollte; nur, daß man die Grunddynamik kennen und beschreiben sollte, durch welche alle Dinge erst entstanden sind.

Um das evolutionäre Denken widerzuspiegeln, wollen wir zu den Anfängen des Evolutionsprozesses vor etwa zwanzig Milliarden Jahren zurückgehen. Wir sprechen hier von der Epoche in der Schöpfung des Universums durch jene Urexplosion, welche als der Große Knall popularisiert wurde. Obwohl sich die Astronomie über die Einzelheiten des Prozesses nicht einig ist, herrscht doch Einigkeit darüber, daß das heute von uns beobachtete Universum einen zeitlichen Anfang hatte und daß es sich seit diesem Anfang zu der Ordnung und zu der Komplexität entwickelt hat, die wir betrachten.

Wir stellen uns einen Kosmos aus reiner Struktur vor, entblößt von allen Dingen und jeder Bewegung. Er ist ein "Hypervakuum" aus reiner, potentieller Energie. Mit der Ausnahme winziger Fluktuationen ist er ruhig und unvorstellbar konzentriert. Dann kristallisiert eine der Fluktuationen plötzlich, und das punktförmige Universum explodiert. Innerhalb des kleinsten Bruchteiles einer Sekunde entflammt sich die Struktur und bläht sich auf das Milliardenfache seiner vorherigen Größe auf. Es beginnt auseinanderzufliegen und kühlt sich während seiner Ausdehnung ab.

Das kontinuierliche Feld potentieller Energie zerbricht an unzähligen kritischen Punkten, und Knospen realer, Wirklichkeit gewordener Energie treten hervor. Diese Knospen besitzen eine entgegengesetzte Ladung, und wenn sie aufeinandertreffen, annullieren sie sich gegenseitig. Einige überleben und etablieren sich in Zeit und Raum. Jetzt ist etwas vorhanden: Das materielle Universum ist geboren. Die Knospen aus dauerhaft verwirklichten Energien verbinden sich und bilden größere Muster. "Dinge" kommen wie die Knoten eines Fischnetzes aus dem Hintergrund der potentiellen Energien hervor, sie treten über die expandierende Substruktur in Wechselwirkung und verzerren sie durch ihr Vorhandensein. In der Relativitätstheorie Einsteins sind sie "elektromagnetische Störungen" in der Matrix der vierdimensionalen Raumzeit.

Nehmen wir an, eine riesige Anzahl dieser Knospen sei über die Sphäre der Raumzeit verteilt, und diese Knospen hätten ungleiche Abstände voneinander. Sie bilden keine isolierten Einheiten, sondern Teile eines Kontinuums, und sie kommunizieren durch das Kontinuum miteinander. Die wichtigste Art ihrer Verständigung sind die Anziehungskraft und die Abstoßung, deren Größe von der Entfernung abhängig sind, die sie voneinander trennt. Die Anziehungskraft - Kraft der universellen Gravitation - ist die vorherrschende Art der Verbindung, und daher rücken diejenigen Knospen zusammen, die sich relativ nahe beieinander befinden. Einige Einheiten erreichen einen Zusammenhalt in einem gemeinsamen Muster; sie stellen "Superknoten" einer komplexeren Art dar.

Eine Population solcher komplexer Entitäten verwandelt den Charakter der Raumzeit im Bereich ihrer Konzentration. Ein materielles Objekt entsteht - eine Galaxie und dann ein Stern. Diese Makroobjekte bleiben weiterhin durch das Kontinuum verbunden, welchem sie überlagert sind, aber sie agieren jetzt als integrierte Massen: Sie bilden durch den Ausgleich ihrer gemeinsamen Anziehungs- und Abstoßungskräfte Komplexe. Die Supereinheiten, die sich auf diese Weise herausbilden, treten in weitere Verbindungen zueinander. Schließlich ist das ganze

Universum von Knoten innerhalb von Knoten übersät. Sie beeinflussen sich gegenseitig und bilden weitere Ordnungen eines empfindlichen Gleichgewichtes. Das Universum selbst nimmt das Wesen eines riesigen Systems ausgewogener Energien an. Daher expandiert das ganze Universum, oder es expandiert und zieht sich wieder zusammen, oder es erhält sich in einem dynamisch stabilen Zustand. Beim gegenwärtigen Stand der theoretischen Kosmologie wissen wir nicht, welche von diesen drei Auffassungen die wahre ist.

In einigen Regionen des Kosmos, zum Beispiel auf der Oberfläche eines Planeten, treten weitere Strukturierungsprozesse auf. Benachbarte Knospen treten in Wechselwirkung und passen sich an die inneren Strömungsmuster des jeweils anderen an. Die erneute Integration der bereits integrierten Energien ergibt komplexere Strömungen entlang relativ stabiler Pfade. Die Pfade selbst sind das Ergebnis früherer Integrationen, sie bestehen aus Energieströmen, die ein festgelegtes Muster haben. Sie dienen jetzt aber der Kanalisierung neuer Energieströme und agieren als "Struktur", welche sich auf "Funktion" bezieht. Daher fließen neue Wellen formbildender Energie über stabilisierte Strukturen, die durch die vorherigen Wellen hervorgebracht wurden. Und dieser Prozeß setzt sich fort, die Reise geht weiter. Feststehende Strukturen bilden gemeinsam neue Pfade und diese, selbst mit der Zeit zu festen Strukturen werdend, dienen als Schablonen für die Hervorbringung neuer Strömungssysteme. Die Muster werden komplex, die kosmische Kathedrale der Systeme wächst.

Die bekannten wissenschaftlichen Entitäten sind Schnittstellen auf verschiedenen Ebenen der aufragenden Kathedrale. *Elektronen* und *Nukleonen* sind die Kondensate der Energien im Raumzeit-Feld; diese Kondensate basieren auf der Integration von *Quarks*, welche sich ihrerseits zu ausgewogenen Strukturen integrieren können: stabilen *Atomen*. Hier bringt die Integration gegensätzlicher Kräfte innerhalb des Kernes eine positive Energie hervor, die mit Hilfe der summierten negativen Energie der Elektronen in den ihn umgebenden Schalen neutralisiert wird. Das Atom wird durch unvollständige Schalen chemisch aktiv, das heißt, es kann Bindungen mit benachbarten Atomen eingehen. Damit erhalten wir durch die Integration der Energien mehrerer Atome hervorgebrachte Systeme: chemische *Moleküle*. Die gewaltigen Potentiale der Elektronenbindung sowie die schwächeren Assoziationskräfte gestatten unter günstigen energetischen Bedingungen die Bildung komplexer *Polymere* und *Kristalle*. In einigen Regionen, unter besonders günstigen Bedingungen, erreicht die Organisationsstufe die der außerordentlich komplexen organischen Substanzen wie der *Proteine* und *Nukleinsäuren*. Jetzt sind die Grundbausteine für die Herausbildung der sich selbst reproduzierenden Einheiten einer noch höheren Organisationsebene, der *Zellen*, vorhanden. Diese Systeme erhalten einen ständigen Fluß von Substanzen durch ihre Strukturen aufrecht, prägen ihnen einen stabilen Zustand auf, welcher spezifischen Parametern unterliegt. Ein- und ausfließende Substanzen und Energien können eine Koordinierung mit gleichartigen Einheiten im Umgebungsmedium erreichen, womit wir auf dem Wege hin zu mehrzelligen Erscheinungen sind. Diese Strukturen, die *Organismen*, sind ebenfalls stabile Muster, die einer kontinuierlichen Strömung aufgeprägt sind. In diesem Falle sind dies freie Energien, Substanzen (fest integrierte Energien) sowie Informationen (codierte Energiemuster).

Die Eingangs- und Ausgangskanäle der Organismen können sich weiter zu Pfaden mit einer definierten Struktur verfestigen, und die Natur dieser Pfade sowie die Vielzahl der lokal interagierenden organischen Systeme beschreiben das ökologische System. In einigen Fällen, wenn sich in einer starken Wechselwirkung befindliche Organismen sammeln, vereinigen sich die Pfade zu einem System, welches nur aus einer Organismenart besteht: Ein soziales System entsteht. Und wenn diese interagierenden Organismen bewußte, symbolbildende Kreaturen sind, kann das System, das sich im Soge ihres Verkehrs bildet, als soziokulturell bezeichnet werden. Schließlich sitzen die Fäden der Kommunikation und Interaktion auf der Region der Raumzeit, in welcher sie erscheinen, und sie bilden ein eigenes System. Dieses System ist Gaia, das System der globalen Bio- und Soziosphäre.

Dies ist eine Vision des größten aller "Organismen" - des Kosmos in seiner Totalität. Einst waren Visionen die Angelegenheit der Mystiker und Poeten, auch der Metaphysiker und Theologen, nicht aber der Wissenschaftler. Dies ändert sich heute grundlegend. Die evolutionäre Vision wird heute durch die neue Physik, durch die neue Biologie, durch die neue Soziologie und die Avantgarde der Sozial- und Geisteswissenschaft hervorgebracht. Um für die Natur und die Menschen fruchtbar zu werden, muß sie in die Managementwissenschaften und Organisationstheorie übernommen werden.

Die evolutionäre Vision ist praktisch, und sie kann angewendet werden. Auch wenn man sich auf den Wald konzentriert, darf man dabei nicht verlernen, die Bäume zu sehen. Wir können von einer Ebene zu einer anderen wechseln - entsprechend der Verlagerung des Interesses. Wir können ein Atom oder eine Zelle als ein sich entwickelndes System auffassen. Das gleiche gilt für ein Organ, einen Organismus, eine Familie, eine Gemeinschaft oder ein ökologisches System. Ein Unternehmen können wir ebenfalls auf diese Weise betrachten. Wir können das Unternehmen als ein evolutionäres System auffassen und seinen Platz sowie seine Rolle in der riesigen Kathedrale begreifen, welche aus den zahlreichen Systemen besteht, die die Umwelt darstellen, in der es tätig ist. Dies gilt auch für die einzelnen Systeme, aus welchen jedes Unternehmen besteht.

DIE VISION DER ETHIK

Aus der evolutionären Vision fließt ebenfalls eine ethische Managementphilosophie und ein verantwortungsbewußtes Führungskonzept. Behandeln wir zuerst die Frage der Ethik.

Manager leben mehr als alle anderen Menschen in einer Welt der Veränderung und der Komplexität. Es ist verständlich, daß sie oft eine größere Stabilität und Einfachheit suchen. Die evolutionäre Vision kann keine Stabilität der starren, strukturellen Art versprechen, aber sie kann den Weg zu sich wechselseitig ausgleichenden, sich funktionell ergänzenden Prozessen weisen, welche eine Stabilität der dynamischen Art herbeiführen. Diese Vision vermittelt auch Einfachheit, aber von einer besonderen Art: Es ist nicht die Einfachheit, welche wir erhalten, wenn wir ein komplexes Ganzes reduzieren und nur eines seiner Teile betrachten, sondern diejenige Einfachheit, welche wir beim Begreifen der fundamentalen Dynamik erlangen, die das Verhalten des Ganzen bestimmt.

Die evolutionäre Vision ist eine von der Wissenschaft inspirierte Vision, aber sie erfreut sich keiner "wissenschaftlichen Neutralität". Keine Theorie oder Vision, die ihren Ursprung in der Wissenschaft hat und sich mit dem Menschen befaßt, ist neutral - in dieser Hinsicht ist die Unparteilichkeit der Wissenschaft eine Fiktion. Es ist einfach nicht wahr, daß die auf die menschlichen Belange angewandte Wissenschaft sich nur mit den Fakten befaßt und nichts über Werte aussagt. Wer zum Beispiel über die Welt in unserer Zeit die Fakten wirklich kennt, der weiß, daß wir in einer Welt leben, die sich in einer schnellen und entscheidenden Umwandlung befindet, und er weiß auch, daß diese Umwandlung bewußt und zweckgerichtet gesteuert werden kann. Er oder sie kann mit diesem Wissen nicht neutral bleiben.

Wenn Manager einen wissenschaftlichen Blickwinkel auf die zeitgenössische Welt erwerben, können sie am wenigsten von allen Menschen neutral bleiben. Sie sind diejenigen unter den Entscheidungsträgern, welche über die größte Lenkungskraft verfügen und daher die größte Verantwortung für die Lenkung tragen. Sie müssen erkennen, daß die Unternehmenswelt nicht nur in Verbindung mit der Anwendung der wissenschaftlichen Erkenntnisse durch die Technologie mit der Wissenschaft verbunden ist, sondern auch im Hinblick auf verantwortungsbewußtes Denken und Entscheiden. Das Problem unserer Zeit ist nicht die technische Beherrschung der Natur, sondern die Beherrschung der durch die Wissenschaft und durch die Technologie freigesetzten Kräfte für die Belange des Menschen.

Die Reaktion auf das Problem unserer Zeit verlangt ein verantwortungsvolles Verhalten. Verantwortungsbewußtes Verhalten ist praktische Ethik, die Umsetzung gesunder Prinzipien in Handlungen. Diese sind ein Teil der Moral, welche allem gesellschaftlichen Verkehr zugrunde liegt. Während das Individuum heranreift, wird seine Erfahrung mit sozialen Untertönen durchtränkt. Die instinktive Sozialisierung ist das Fundament des Lebens in einer Gemeinschaft, sie ist die wichtigste Grundlage auch der modernen Gesellschaft. Ohne irgendeine Form der sozialen Moral könnte keine Gesellschaftsordnung aufrechterhalten werden, sie könnte nicht einmal entstehen. Denn die evolutionäre Betrachtung der menschlichen Gesellschaft ist nicht das Ergebnis eines leidenschaftslosen Kooperationsvertrages zwischen den Menschen zwecks Verfolgung gemeinsamer Ziele. Jean Jaques Rousseau und andere Theoretiker des "Gesellschaftsvertrages" gingen mit ihren Rationalisierungen zu weit. Die Gesellschaft ist vielmehr ein Ergebnis der Evolution. Wenn Individuen in einem gemeinsamen Milieu in Wechselwirkung treten, verbinden sich ihre autokatalytischen Zyklen zu übergeordneten katalytischen Hyperzyklen. Es entwickeln sich Muster der gegenseitigen Unterstützung. Diese Verhaltensweise verstärkt das natürliche Einfühlungsvermögen und läßt die synergetische Konvergenz auf der Ebene der Gruppe zu, der nächsten Stufe der sozialen Organisation. Die primären Gruppen treten ihrerseits untereinander in Verbindung, dann mit übergeordneten Gruppen und bilden die zahlreichen Schichten und Strukturen der heutigen Gesellschaftsordnungen. Im Laufe dieses Prozesses wird die soziale Moral codifiziert, zuerst in Tabus, Gebräuchen sowie Riten und später in den Systemen der ungeschriebenen und geschriebenen Gesetze. Die Moral nimmt die Form der Ethik an, einer Reihe von Prinzipien, die denkende Menschen gutheißen können.

Im Gegensatz zur instinktiven Moral ist die Ethik ein rationaler und bewußter Versuch, die Prinzipien des Guten und des Bösen, des Richtigen und des Falschen zu formulieren. Verglichen mit der instinktiven Moral hat sie den Vorteil der Offenheit für Prüfung, für Reflexion und für Verbesserung. Dies ist wichtig, denn ein Verhaltenskodex muß von Zeit zu Zeit angepaßt, auf den Entwicklungsstand der Gesellschaft gebracht werden. Die Ethik unserer Zeit ist keine Ausnahme von dieser Regel. Die kollektivistische Ethik des marxistischen Sozialismus ist zusammengebrochen, und die religiöse Ethik hat in der bürgerlichen Gesellschaft nur einen begrenzten Einfluß. Die mit den traditionellen Wertesystemen verbundene Ethik scheint im Verschwinden zu sein, während die dominante individualistische Ethik der Industriegesellschaft seit ihrer Formulierung vor zweihundert Jahren unverändert noch immer hauptsächlich auf die Probleme und Hauptbeschäftigungen der ersten industriellen Revolution konzentriert ist. Es scheint also an der Zeit zu sein, daß eine bewußte Innovation an der vordersten Front der zeitgenössischen Gesellschaft angeregt wird. Die Zeit für eine neue Ethik des Führens, vor allem eine neue Ethik des Managements, scheint gekommen.

Eine zeitgemäße Managementethik ist eine evolutionäre Ethik. Ihre Merkmale sind eine Widerspiegelung des Evolutionsprozesses selbst: Die evolutionäre Ethik ist offen, interaktiv, sie macht sich die Koevolution des Individuums und des Unternehmens, des Unternehmens und des Industriezweiges, des Industriezweiges und der Natur sowie der Natur und der Gesellschaft zu eigen. Daher umfaßt sie auch das Individuum und das sich herausbildende, globale sozioökonomische System. Die Förderung der Entwicklung der umfassenderen Systeme liegt im Interesse des Managements. Die Tunnelsicht und die Kurzsichtigkeit lösen die Bindungen zwischen der Wirtschaft, der Gesellschaft und der Natur nicht auf, sie führen nur zu Schocks und Überraschungen.

Die "weichen" Faktoren, welche lange von den "nüchternen" Analytikern vernachlässigt wurden, sind ein unabdingbares Element der evolutionären Managementethik. Die Wertschätzung des Menschen ist ihr Fundament. Diese Wertschätzung verlangt zuerst die Wertschätzung der eigenen Mitarbeiter. Die Persönlichkeitsentwicklung ist ein integraler Bestandteil der neuen Ethik, und zwar im Interesse des Unternehmens selbst. Die "weiche Kultur", die in innovativen Unternehmen bereits heranwächst, muß zielstrebig gefördert werden. Schließlich fallen die Interessen der Individuen mit denen der Organisation, an welcher sie teilhaben, und der Gesellschaft, die ihre gemeinsame Umwelt ist, zusammen. Wenn dieses Zusammentreffen anerkannt wird, können gewaltige Energien freigesetzt werden. Die Menschen würden nicht mehr durch unvereinbare Ziele ihres Privat- und Berufslebens zerrissen, sondern sie könnten sich mit ihrer Organisation identifizieren und sowohl sich selbst als auch ihre beruflichen Pflichten erfüllen. Selbstverwirklichte Menschen verfügen über Ambitionen, Motivation und Kreativität - die Grundzutaten des Unternehmenserfolges.

Evolutionär denkende Manager bewerten auch sich selbst. In der modernen Welt verlangt das Führen nach integrierten und vielseitigen Persönlichkeiten, die sich selbst erkennen und im unteilbaren Interesse ihrer selbst und des Unternehmens sowie des Unternehmens und der Gesellschaft handeln können. Aus diesem Grunde müssen die Manager einen Ausgleich zwischen der rationalen, der emotionalen, der sinnlichen und der spirituellen Dimension ihrer Persönlichkeit finden. Eine vereinfachende Trennung von Geist und Körper wie auch die Trennung der privaten und beruflichen Sphäre, ist unzureichend. Die Trennung zwischen der beruflichen und der privaten Sphäre bricht ohnedies zusammen. Die Arbeit von Managern findet ebenso Eingang in ihr Privatleben wie in das Privatleben einer großen Zahl anderer Menschen.

Und heute formt das Privatleben der Menschen immer mehr ihre Arbeitsweise.

Die Wertschätzung des Menschen muß aber im evolutionären Kontext eingebettet sein: Das Leben besteht nicht nur in der Existenz, sondern in der Chance seiner Fortdauer. Ein echter Respekt für das Leben beinhaltet die Achtung vor den Chancen des Lebens der künftigen Generationen. Das Interesse an der Gesellschaft muß durch das Interesse an der Zukunft ergänzt werden.

Im evolutionären Kontext wird auch die Ethik der Arbeit neu überdacht. Ehrgeizige Manager leben, um zu arbeiten, wohingegen Menschen in Routinetätigkeiten nur arbeiten, damit sie leben können. Weder das eine noch das andere erfüllt die Anforderungen der Evolution. Arbeiten und Leben sind sich gegenseitig stützende Unternehmungen, sie sind untrennbar und symmetrisch.

Die Arbeit dient weder nur dem Lebensunterhalt, noch ist sie der Sinn des Lebens. Die Arbeit besitzt nicht mehr, aber sicherlich auch nicht weniger, Sinn als irgendein anderes Gebiet menschlicher Tätigkeit von den familiären Beziehungen bis hin zu Erziehung, Kultur, Sport und Hobbys. Jeder Tätigkeitsbereich überschneidet sich mit allen anderen und bildet mit ihnen gemeinsam diejenigen Hyperzyklen, aus welchen die Gesellschaft besteht, zusammen mit allen ihren Gruppen und Untersystemen.

Auf der Führungsebene befindet sich die Arbeit am Knotenpunkt zahlreicher Überschneidungen. Diese Tatsache erlegt den Managern eine große Verantwortung auf: Sie müssen sicherstellen, daß die Arbeit auf keiner Beschäftigungsstufe entweder bedeutungslos oder für den Unterhalt des Arbeiters unzureichend ist. Die Erfüllung dieser Verantwortung ist ethisch sowie effizient, denn auch die einfachste Aufgabe wirkt sich auf den Erfolg des Unternehmens aus. Wenn sich alle Menschen innerhalb der Organisation ihres Beitrages zum Ganzen bewußt werden, können sie in ihrer Tätigkeit einen Sinn und die Motivation finden.

Evolutionäre Managementethik ist anspruchsvoll, aber sie ist nicht utopisch. Die moderne Informations- und Kommunikationstechnik verändert die Wahrnehmung der Realität weitaus schneller, als es das gedruckte Wort je tat. Die Rhythmen der Veränderung in unserer instabilen Welt dringen in die Welt der Wirtschaft ein. Die neue Generation der Manager stellt die etablierten Werte, Haltungen und Praktiken in Frage und sucht nach neuen Wegen des Denkens und Handelns. Sie befaßt sich nicht nur mit dem Unternehmensgewinn und seinem Wachstum, sondern auch mit seiner natürlichen und sozialen Umwelt sowie mit den sich verändernden Parametern des menschlichen Lebens.

Manager, die begreifen, daß sie ein entscheidender Teil eines gewaltigen Evolutionsprozesses sind, werden motiviert, Effektivität mit Verantwortungsbewußtsein zu kombinieren. Die Erkenntnis, daß man durch sein Denken und Handeln eine wesentliche Kraft des Evolutionsprozesses ist, kann sich als ein machtvoller ethischer Faktor erweisen.

DIE VISION DER FÜHRUNG

Die evolutionäre Vision ist effektiv, ob man sich nun mit der Welt der Wirtschaft oder mit der Wirtschaft der Welt befaßt. Sie bietet eine machtvolle Methode für die Betrachtung des Unternehmens sowie der Welt insgesamt. Sie kann ein effektives und verantwortungsbewußtes Führungsverhalten fördern.

Schon im Jahre 1981 hat Erich Jantsch in einem Buch mit dem prophetischen Titel *Die evolutionäre Vision* festgestellt, daß der Lohn für die Ausarbeitung dieser Vision nicht nur ein verbessertes akademisches Verständnis dessen sein werde, wie wir auf allen Ebenen der Realität mit der evolutionären Dynamik in Verbindung stehen, sondern es bestehe auch in einer außerordentlich praktischen Philosophie, die uns in einem

Zeitalter der kreativen Instabilität und bedeutenden Um-strukturierung als Leitfaden dienen könne. Einer der Autoren des vorliegenden Buches hat im Jahre 1987 sein Buch *Evolution: Die Neue Synthese* mit der Feststellung beschlossen, daß wir die Evolution zu einem bewußten Prozeß machen können, indem wir uns ihrer bewußt werden, und daß wir durch die bewußte Evolution die uns bedrohenden Gefahren entschärfen sowie die Schaffung reiferer, autonomerer und dynamisch stabilerer menschlicher Systeme befördern können.

Im Jahre 1991 umriß der Sozialpsychologe David Loye den aus der Entwicklung einer evolutionären Transformationstheorie für die Gesellschaft zu erwartenden Nutzen. Im Hinblick auf ein effektives und verantwortungsbewußtes Herangehen an das Führen mit Hilfe der evolutionären Vision sind die fundamentalen Vorteile die folgenden:

1. Die Vorteile verbesserter Voraussagen. Obwohl das Studium der Evolution durch das Chaos mit Hilfe der Naturwissenschaften spezifische Grenzen der Vorhersehbarkeit in Übergangsphasen entdeckt hat, werden heute auch neue Möglichkeiten für die Verbesserung von Voraussagen innerhalb dieser Grenzen durch die Erkennung von Mustern gefunden, welche entweder auf ein bevorstehendes Chaos oder eine potentielle Ordnung nach dem Chaos hindeuten. Diese neuen Fortschritte weisen darauf hin, wie effektivere Frühwarnsysteme zur Erkennung drohender Krisen in den Bereichen Ernährung, Finanzen, Politik und Umwelt entwickelt werden können. Die Notwendigkeit solcher Systeme wurde glasklar, als die Führer der internationalen Gemeinschaft sich im Grunde unvorbereitet den großen Wellen der Systemveränderung gegenübersahen, Wellen, die in der Mitte dieses Jahrhunderts mit der Entkolonialisierung der Dritten Welt begannen, sich in den 80er Jahren mit Glasnost in der Zweiten Welt fortsetzten und zu einer Reihe von Krisen im Jahre 1991 führten.

2. Die Vorteile verbesserter Leitlinien für Interventionen. Das Erkennen fruchtbarer Wege aus Krisen heraus ist ebenso wichtig für das effektive Management wie die verbesserte Voraussage bevorstehender Krisen und Veränderungen. Eine der größten Schwierigkeiten, denen sich unsere Entscheidungsträger heute gegenübersehen, ist das Wissen darum, wo, wann und wie man zu intervenieren hat, um soziale, wirtschaftliche, politische oder ökologische Krisen entweder zu verhindern oder, wenn dies nicht mehr möglich ist, sie wenigstens zu lindern. In dieser Hinsicht beinhaltet die evolutionäre Vision ein wichtiges Versprechen. Mathematisch formulierte, dynamische Systemtheorien gestatten die Erzeugung von Computergrafiken, die es ermöglichen, gewaltige Mengen verwirrender Daten in eine verständliche Form zu bringen. Mit Hilfe dieser Methode kann die Vermittlung der Probleme sowie die Verbildlichung schneller und effektiver Interventionsstrategien erleichtert werden. Angesichts dieser Möglichkeiten, so glaubt der Systemtheoretiker Ralph Abraham, kann die evolutionäre Modellbildung, besonders in ihrer als modulare Dynamik bekannten Form, der zeitgenössischen Zivilisation die Mittel zur Überwindung ihrer zukünftigen Krisen an die Hand geben.

3. Die Vorteile von Problemlösungen auf der Basis der Mitbestimmung. Traditionell hat man sich in schwierigen Zeiten um Rat an Fachleute gewandt und die Ratschläge durch autoritäre Strategien durchgesetzt. Wie der gescheiterte Putsch in der Sowjetunion im August 1991 gezeigt hat, werden Schwierigkeiten durch den Versuch, Probleme ohne die Teilnahme und Motivierung der Menschen zu lösen, deren Leben und Wohlergehen beeinträchtigt sind, noch verschlimmert. In dieser Hinsicht liegt die Verheißung der evolutionären Vision darin, daß das Konzept, auf dem die vorgesehene Problemlösung beruht, breiten Teilen der Bevölkerung mitgeteilt werden kann. Dadurch könnten Führungspersönlichkeiten in der Öffentlichkeit ein breites Verständnis für die Voraussetzungen des Erfolges ihrer Strategien sicherstellen.

4. Die Vorteile klarerer langfristiger Ziele und humanistischer Ideale. Zukunftsforscher und Sozialwissenschaftler haben festgestellt, daß im Gegensatz zu den leidenschaftlichen Visionen von einer besseren Zukunft, welche die Revolutionen und Reformen des 18. und 19. Jahrhunderts beseelt haben, einer verwirrten und furchtvollen Menschheit in unserem Jahrhundert die positiven Visionen auszugehen scheinen. Die romantischen Utopien wurden als unwissenschaftlich abgestempelt, die Vision des Marxismus hat versagt, und die durch religiöse Dogmen inspirierten Visionen erscheinen zu jenseitig, als daß sie praktikable Strategien anregen könnten. Die evolutionäre Vision könnte diese Situation beheben. Dank dieser Vision könnten wir heute auf eine zuverlässige, wissenschaftliche Weise nicht nur die Schwankung von Systemen und Gesellschaftsordnungen um bereits etablierte, traditionelle Zustände begreifen, sondern auch ihren Durchbruch zu neuen Phasen ihrer Entwicklung vorbereiten. Die evolutionäre Vision könnte die gegenwärtig zerfallenden Bilder der Zukunft ersetzen und die Motivation, nach humanistischen und realistischen Zielen zu streben, wiederbeleben.

Die Evolution ist nicht schicksalhaft: Die Zukunft ist offen. Moderne Gesellschaften sind gezwungen, sich zu verändern, aber der Prozeß dieser Veränderung läßt eine Vielzahl von Ergebnissen zu. Obwohl die Menschheit nicht so bleiben kann, wie sie ist, kann sie sich ihre Zukunft aussuchen. Sie kann sich bis zu ihrer Vernichtung zurückentwickeln; sie kann sich positiv entwickeln; und sie kann eine Unzahl von Wegen dazwischen gehen. Wären wir für die Gefahren blind, von Verdammnis und Düsternis beherrscht, oder hätten wir kein nutzbares Wissen, dann gäbe es Grund zum Pessimismus. Aber ein neues Bewußtsein entwickelt sich, und die zugehörige Wissensbasis wird verfügbar. Der Pessimismus ist voreilig. Aber es ist höchste Zeit zu handeln.

ESSAY III

WAS IST DER EGT?
EINE VERTIEFTE DARSTELLUNG DER
ALLGEMEINEN EVOLUTIONSTHEORIE[1]

Welche Sicherheit haben wir, daß der fundamentale Trend der Entwicklung sich in die Zukunft fortsetzen wird? Die Tatsache, daß ein Trend in der Vergangenheit gehalten hat, ist keine Garantie dafür, daß er sich auch in der Zukunft fortsetzen wird. In dieser Hinsicht können wir nur sicher sein, wenn wir den Trend von fundamentalen Prozessen ableiten, welche selbst dauerhafter Natur sind. Genau dies ist beim evolutionären Gigatrend der Fall.

Der EGT ist das Produkt eines wahrhaft fundamentalen Prozesses. Es ist nicht wahrscheinlich, daß er über Nacht verschwindet. Er wird durch ein bestimmtes System in einer bestimmten Umgebung erzeugt. Die Art des Systems, welches den Trend hervorbringt, läßt sich am besten als ein offenes System dritter Ordnung beschreiben, und seine Umgebung als eine Welt der konstanten und reichhaltigen Energieflüsse.

Systeme dritter Ordnung. Die Physik läßt uns erkennen, daß Systeme in der Realität in drei Arten von Zuständen existieren.[2] Von diesen drei Zuständen unterscheidet sich einer radikal von den klassischen Konzepten. Es handelt sich um den Zustand, der weit vom thermischen und chemischen Gleichgewicht entfernt ist. Die beiden anderen Zustände beherbergen diejenigen Systeme, welche sich entweder im Gleichgewicht oder in seiner Nähe befinden. In einem Zustand des Gleichgewichtes haben die Energie- und Materieflüsse die Temperatur- und Konzentrationsunterschiede eliminiert. Die Elemente des Systems liegen in einer ungeordneten, zufälligen Mischung vor, und das System selbst ist homogen und in dynamischer Hinsicht inert. Der zweite Zustand unterscheidet sich nur unwesentlich vom ersten: Systeme in der Nähe des

Gleichgewichtes besitzen geringe Temperatur- und Konzentrationsunterschiede; ihre innere Struktur ist nicht dem Zufall unterworfen, und das System ist nicht inert. Derartige Systeme tendieren zum Gleichgewicht, sobald die Zwänge wegfallen, welche sie im Ungleichgewicht halten. Das Gleichgewicht bleibt für Systeme dieser Art der "Attraktor", welchen es erreicht, wenn die vorwärts und rückwärts gerichteten Reaktionen sich statisch betrachtet aufheben, so daß insgesamt keine Konzentrationsschwankungen mehr vorhanden sind (ein Ergebnis, welches als Massenwirkungsgesetz bekannt ist). Der Wegfall des Konzentrationsgefälles entspricht dem chemischen Gleichgewicht, und die Gleichförmigkeit der Temperatur entspricht dem thermischen Gleichgewicht. Weiterhin wissen wir aus der Thermodynamik: Während ein System in einem Zustand des Ungleichgewichtes Arbeit leistet und daher Entropie erzeugt, wird im Gleichgewicht keine Arbeit mehr geleistet, und daher hört die Entropieerzeugung auf.[4]

Der dritte in realen Systemen mögliche Zustand ist der weit vom thermischen und chemischen Gleichgewicht entfernte. Systeme, die sich in diesem Zustand befinden, sind nichtlinear und gelegentlich unbestimmt. Sie tendieren nicht zum Minimum an freier Energie und zum Maximum an Entropie, sondern sie können gewisse Fluktuationen verstärken und sich zu einem neuen und dynamischeren Regime entwickeln, welches sich radikal von den Zuständen im Gleichgewicht oder in seiner Nähe unterscheidet.

Auf welche Weise Systeme im Laufe der Zeit tatsächlich dynamischer werden können, hat der Wissenschaft lange Zeit Rätsel aufgegeben. Das berühmte zweite Gesetz der Thermodynamik sagt aus, daß Organisation und Struktur in jedem isolierten System zum Verschwinden tendieren und durch Einförmigkeit und Zufall ersetzt werden. Jedes System, welches Arbeit leistet, sei es eine Zelle, ein Organismus, ein ökologisches System oder eine Gesellschaft, gibt die in ihm vorhandene freie Energie ab und muß ablaufen, wenn es seine Energievorräte nicht auffüllt. Dies gilt auch für Maschinen, die immer wieder mit Treibstoff versorgt werden müssen, damit sie weiterhin laufen können, und das kann auch für das Universum insgesamt zutreffen, falls es auf den Endzustand des "Wärmetodes" zustrebt. Diese Tatsache gilt aber *nicht* für Systeme, welche sich im Universum entwickeln. Diese Systeme sind weder isoliert noch geschlossen: Vielmehr sind sie für Zuflüsse und Abflüsse von Energie offen und oftmals auch für Materie- und Informationsflüsse. Folglich beschreibt das Zweite Gesetz nicht vollständig die Vorgänge, welche in Systemen stattfinden, die sich entwickeln - genauer gesagt, welche sich zwischen ihnen und ihrer Umgebung abspielen. Obwohl die inneren Prozesse eines Systems dem zweiten Gesetz folgen (wenn freie Energie einmal verausgabt ist, steht sie für weitere Arbeit nicht mehr zur Verfügung), wird durch diese Systeme verfügbare Energie für die Ausführung weiterer Arbeit aus ihrer Umgebung "importiert". Die Systeme besitzen einen Transport an freier Energie, negativer Entropie, über ihre Grenzen hinweg.[3] Wenn die freie Energie im System und die aus der Umgebung transportierte Energie sich ausgleichen, befindet sich das System in einem stabilen Zustand. Weil sich diese beiden Flüsse in einer dynamischen Umwelt selten über längere Zeit genau ausgleichen, tendieren reale Systeme eher zur Fluktuation um ihre stabilen Zustände als zur Verfestigung in ihnen ohne Schwankungen.

Die Umgebung von Systemen dritter Ordnung. Offene Systeme im dritten Zustand entwickeln sich in allen Bereichen der natürlichen Welt. Dies gilt für das physikalische Universum ebenso wie für die Welt des Lebens. Sie benötigen aber immer eine spezifische Art der Umgebung. Im wesentlichen ist dies eine im Fluß befindliche Umwelt, in welcher eine reichhaltige und konstante Energiequelle die Systeme bestrahlt. Es ist bekannt, daß solche durch komplexe Systeme fließende Strömungen sie auf Zustände zutreibt, welche durch ein höheres Niveau an freier Energie und niedrigere spezifische Entropie gekennzeichnet sind. Schon im Jahre 1968 zeigten Experimente des Biologen Harold Morowitz, daß ein Energiefluß, der durch eine komplexe Molekülstruktur fließt, seine Bestandteile so organisiert, daß die Systeme auf wachsende Mengen freier Energie zugreifen, sie nutzen und speichern.[4] Die Erklärung dieses Phänomens wurde in den Begriffen der Thermodynamik durch den israelischen Thermodynamiker Aharon Katchalsky im Jahre 1971 geliefert. Er wies nach, daß eine wachsende Durchdringung mit Energie Systeme, welche aus einer großen Anzahl diffus gekoppelter, nicht-linearer Elemente bestehen, immer zu Zuständen eines zunehmenden Ungleichgewichtes treibt. Die Einzelheiten des Prozesses wurden in Laborexperimenten demonstriert. Sie reichen von der Bildung von Bénard-Zellen in einer Flüssigkeit bis zum Erscheinen des Lebens in der Biosphäre.

Das Bénard-Zellen-Experiment ist einfach. In einer Flüssigkeit wird durch Erhitzung ihrer unteren Oberfläche ein vertikaler Temperaturgradient erzeugt. Dadurch bewegt sich ein kontinuierlicher Wärmefluß von unten nach oben. Wenn der Gradient einen kritischen Wert erreicht, wird der Zustand der Flüssigkeit instabil, indem Wärme durch die Leitfähigkeit nach oben transportiert wird. Es entsteht eine Konvektionsströmung, welche die Geschwindigkeit der Wärmeübertragung erhöht. Die Strömung hat die Form einer komplexen räumlichen Organisation der Moleküle in der Flüssigkeit: In einer kohärenten Bewegung bilden sie sechseckige Zellen einer bestimmten Größe.[5] Die Zellen erhalten sich im Wärmefluß und dissipieren mit hoher Geschwindigkeit Entropie. Dieser Vorgang unterscheidet sich grundlegend von Prozessen in Systemen, die sich in der Nähe des Gleichgewichtes befinden.[6]

Wenn in einem Medium ein dauerhafter Energiefluß vorhanden ist, bilden sich spontan neue Ordnungen. Dies gilt für den Wärmefluß aus dem Kern eines Sternes wie der Sonne zu seinen äußeren Schichten: Die Strömung organisiert sich selbst und erzeugt die typischen Bénard-Zellen. Es gilt auch für die Strömung von Warmluft von der Oberfläche der Erde in der Richtung des Weltraumes. Die Erde, die durch die Sonne erwärmt wird, heizt die Luft von unten auf, während der Weltraum, der viel kälter ist, die Wärme der oberen Schichten der Atmosphäre absorbiert. Während die untere Schicht der Atmosphäre aufsteigt und die obere Schicht fällt, entstehen Zirkulationsstrudel. Diese nehmen die Form von

Bénard-Zellen an. Als dicht gepackte Sechseckgitter hinterlassen diese Zellen ihren Abdruck auf dem Muster der Sanddünen in der Wüste sowie auf dem Muster der Schneefelder in der Arktis. Sie stellen eine fundamentale Form der Art von Ordnung dar, welche sich in offenen Systemen bildet, wenn sie sich hin zu Zuständen bewegen, die weit vom thermodynamischen Gleichgewicht entfernt sind.

Das Leben auf diesem Planeten kann durch einen solchen Prozeß der fortschreitenden Organisation von Systemen dritter Ordnung entstanden sein. Es ist wohlbekannt, daß eine gleichmäßige Bestrahlung durch Energie von der Sonne von fundamentaler Bedeutung für die Auslösung der Grundreaktionen war, welche zu den ersten Protobionten in den flachen Urmeeren führten. Es ist auch möglich, daß die Energie der Erde selbst in der Form heißer Unterseequellen in den archaischen Meeren eine Rolle gespielt hat. Die Hypothese verlangt, ähnlich wie bei den chemischen Reaktionen, die für die Bénard-Zellen verantwortlich sind, eine Reihe von kleinen Reaktoren mit einem kontinuierlichen Fluß. Die Reaktionssysteme der Natur können aus brüchigen Fronten des Gesteins unter Wasser bestanden haben, durch die sich das Meereswasser schnell erhitzt hat und mit Chemikalien im Gestein und der See in der Umgebung reagierte. Während die heiße Flüssigkeit an die Oberfläche stieg, hat sie ihre Wärme abgestrahlt. Die Chemikalien, welche als die Grundbausteine des Lebens dienten, wurden ständig in dem kontinuierlichen Energiefluß in den flachen Meeren gemischt, die durch das auf den Meeresgrund austretende und die Sonnenenergie verstärkende Magma gebildet wurden. Die Protobionten (die Lipidbläschen, aus welchen sich in den nachfolgenden Äonen die komplexeren Lebensformen entwickelt haben) könnten aus dieser Reaktionsreihe entstanden sein.

Die höheren Stufen der Komplexität. Wie wir eben gesehen haben, treten Systeme mit einer geordneten Struktur und einem geordneten Verhalten in Erscheinung, wenn eine Reihe von Reaktanten einem reichhaltigen und dauerhaften Energiefluß ausgesetzt sind. Wenn der Prozeß andauert, werden die Systeme zunehmend strukturiert und komplex.

Weil sie sich immer weiter vom Gleichgewicht entfernen, werden sie auch zunehmend instabil. Ihr Bestand ist dann durch die katalytischen Zyklen bedingt, die sich zwischen ihren Hauptbestandteilen und Untersystemen herausbilden. Komplexe Systeme zeigen in der Natur fast immer irgendeine Art von katalytischen Zyklen. Da sie im Laufe der Zeit über große Flexibilität und hohe Reaktionsgeschwindigkeiten verfügen, werden diese Zyklen tendenziell selektiert.[7] Lars Onsager konnte schon im Jahre 1931 nachweisen, daß in einem stabilen System zyklische Materie-Energieflüsse auftreten. In einem einfachen chemischen System, welches aus den drei Molekülarten A, B und C besteht, in dem sowohl vorwärts als auch rückwärts gerichtete Reaktionen möglich sind, z. B.:

$A = B, B = C, C = A$

verlagert das System durch die Einführung einer kontinuierlichen Bestrahlung mit Energie in einem der Zyklen seine Struktur, z. B.:

$A + h\nu \rightarrow B$

tendenziell in ein zyklisches Muster

$A \rightarrow B \rightarrow C \rightarrow A$

Daher dominieren in einem relativ einfachen chemischen System die autokatalytischen Reaktionen, wohingegen in einem komplexeren Prozeß, welcher für die Phänomene des Lebens kennzeichnend ist, ganze Ketten wechselkatalytischer Zyklen auftauchen. Die Physiker Manfred Eigen und Peter Schuster haben gezeigt, daß katalytische Zyklen der Stabilität in der Reihenfolge der Nukleinsäuren zugrunde liegen, welche die Struktur der lebenden Organismen codieren und die Fortdauer der zahlreichen Lebensformen auf diesem Planeten sicherstellen.

Wenn genügend Zeit und ein dauerhafter Energiefluß vorhanden ist, tendieren die fundamentalen katalytischen Zyklen dazu, sich in Hyperzyklen zu verblocken. Diese Zyklen erhalten zwei oder mehr Systeme durch koordinierte Funktionen in einer gemeinsamen Umgebung. Zum Beispiel enthalten die Nukleinsäuremoleküle sowohl die für ihre Reproduktion benötigte Information als auch ein Enzym. Das Enzym katalysiert die Produktion eines weiteren Nukleinsäuremoleküls, welches dann sich selbst und ein weiteres Enzym reproduziert. Der Regelkreis kann eine große Anzahl von Elementen enthalten. Letztendlich schließt er sich aber in sich selbst und bildet einen wechselkatalytischen Hyperzyklus, der wegen seiner hohen Reaktionsgeschwindigkeit und Stabilität unter einer Vielzahl von Bedingungen bemerkenswert ist.

Die Bildung von Hyperzyklen läßt es zu, daß dynamische Systeme auf immer höheren Organisationsebenen hervortreten. Die Verlagerung von einer Organisationsebene zur anderen mit Hilfe der Hyperzyklen ruft den Konvergenzaspekt des evolutionären Gigatrends hervor. Konvergente Systeme auf zunehmend höheren Organisationsstufen haben eine breitere Palette an Möglichkeiten, diejenigen Prozesse festzulegen, durch welche sie auf wachsende Mengen freier Energie in entsprechend komplexen Strukturen zugreifen, sie verwenden und sie speichern. Der Grund dafür ist die Tatsache, daß auf der höheren Ebene dank der größeren Vielfalt und Reichhaltigkeit der Bestandteile sowie Untersysteme eines Systems ein größerer Grad an Komplexität als auf der niedrigeren Ebene entwickelbar ist.

Die breitere Palette der strukturellen Möglichkeiten bietet neue Entwicklungsmöglichkeiten. Aus zahlreichen Atomen aufgebaute Moleküle und aus zahlreichen Molekülen aufgebaute Zellen können sich zu den komplexen Polymeren entwickeln, welche die Grundlage des Lebens sind.

Lebende Organismen, aus zahlreichen Zellen aufgebaut, können sich zu den höheren Lebensformen entwickeln, und auf zahlreichen Spezies und Populationen beruhende ökologische Systeme können zu regionalen und zu kontinentalen Ökosystemen heranreifen. Die menschlichen Gesellschaftsordnungen, selbst aus zahlreichen Populationen und Organisationsebenen aufgebaut, tendieren zur Entwicklung zunehmend umfassenderer Einheiten: in Richtung auf Nationen und regionale Gemeinschaften von Völkern und Nationen sowie auf eine globale Gemeinschaft aller Nationen und Völker.

ANMERKUNGEN ZU ESSAY III

[1] Dieser Exkurs über die Grundlagen der Evolutionstheorie ist für den wissenschaftlich geneigten Leser gedacht. Er verlangt allerdings kein wissenschaftliches Fachwissen, denn technische Einzelheiten werden in die Fußnoten verwiesen. Weitergehende und zusätzliche technische Details sind in den Werken zu finden, die am Ende dieses Buches aufgeführt sind.

[2] Die Ereignisse in der Realität werden als Systeme behandelt, weil die Berechnung von Effekten durch die Betrachtung von Dingen als getrennte, durch Kausalbeziehungen miteinander verbundene Entitäten, unglaublich umständlich wird, wenn es um Dinge geht, die über mehrere Variablen und Mehrfachverbindungen zwischen den Variablen verfügen. Der Mensch besteht aus etwa fünf Oktillionen Atomen, sein Gehirn ist aus etwa zehntausend Millionen Neuronen aufgebaut. Ein Wasserstoffatom besteht aus nur einem Proton und einem Neutron in seinem Kern sowie einem Elektron in seiner Hülle, aber die Anzahl der Kräfte, die in ihm wirken, ist so komplex, daß zu ihrer Darstellung die multidimensionale Mathematik benötigt wird. Der Kybernetiker W. Ross Ashby hat gezeigt, daß bei der Arbeit mit wirklich großen Zahlen, zum Beispiel mit zehn Milliarden Nervenzellen oder mit komplizierten Interaktionsmustern, wie denen zwischen den Spezies im Amazonasdschungel, die Kombinationsmöglichkeiten zu fantastisch großen Zahlen führen. Ebenso fantastisch ist die Kapazität der In-formationsverarbeitung, welche von einem System verlangt wird, das die Interaktionen berechnen soll. Der Physiker H.J. Bremermann vertritt die Ansicht, daß die Obergrenze der praktischen Berechenbarkeit die enorm hohe Zahl 10^{70} sei - und diese Zahl erreicht man bald, wenn man sich mit dem Kombinationsraum mehrerer in Wechselwirkung stehender Variablen befaßt. In der Mathematik der Berechnung tauchen exponentiell, faktoriell und noch explosiver ansteigende Funktionen auf. Aus diesem Grunde ist es völlig unmöglich, die Gedanken, welche einer Person durch den Kopf gehen, durch die Summierung der elektrochemischen Entladungen der Neuronen in ihrem Gehirn zu erklären oder auch nur das Verhalten eines Unternehmens durch die Summierung der individuellen Charakteristika seiner Angestellten zu berechnen. Auch im Falle weniger Variablen mit einer geringen Wechselwirkung untereinander tauchen Zahlen auf, die ebenso groß oder größer sind als diejenigen, welche realistisch durch unsere eigene "Wetware" oder auch durch hochentwickelte Computer-Hardware und Software gehandhabt werden können. Folglich hat die Wissenschaft gelernt, die individuellen Interaktionen als Teil des Verhaltens eines integrierten Ganzen zu betrachten, das heißt von komplexen Systemen. In diesem Sinne erzeugt die Komplexität in den Phänomenen keine Komplexität, die dem Verständnis im Wege stände.

[3] In einem Zustand des Gleichgewichtes sind die Erzeugung von Entropie sowie die Kräfte und die Flüsse (die Geschwindigkeiten irreversibler Prozesse) alle Null, wäh-

rend die Entropieerzeugung in Zuständen nahe am Gleichgewicht klein ist, die Kräfte schwach und die Flüsse lineare Funktionen der Kräfte sind. Daher ist ein Zustand in der Nähe des Gleichgewichtes der eines linearen Ungleichgewichtes, welcher durch die lineare Thermodynamik im Sinne statistisch vorhersehbarer Verhaltensweisen beschrieben wird, da das System zur maximalen Dissipation der freien Energie und der höchsten Ebene der Entropie tendiert. Ungeachtet der Ausgangsbedingungen wird das System letztendlich einen Zustand erreichen, der durch die geringste Menge an freier Energie und die höchste Entropie gekennzeichnet ist, die mit seinen Grenzbedingungen verträglich ist.

Die Veränderung der Entropie von Systemen wird durch Prigogines berühmte Gleichung $dS = d_iS + d_eS$ definiert. Hier bedeutet dS den Betrag der Veränderung der Entropie im System, während d_iS die Veränderung der Entropie beschreibt, welche durch unumkehrbare Prozesse in ihm verändert wird, und d_eS bedeutet die über die Systemgrenzen transportierte Energie. In einem isolierten System ist dS immer positiv, weil der Wert eindeutig durch d_iS bestimmt wird. Dieser Wert wächst notwendigerweise, während das System Arbeit leistet. In einem offenen System dagegen kann d_eS die im System erzeugte Entropie ausgleichen und sogar übersteigen. Daher muß dS in einem offenen System nicht positiv, sondern der Wert kann Null oder negativ sein. Das offene System kann sich in einem stationären Zustand befinden (dS = 0), oder es kann wachsen und komplexer werden (dS < 0). Die Veränderung der Entropie in einem solchen System ist durch die Gleichung

$$d_eS = (-d_iS \leq 0)$$

gegeben. Dies bedeutet, daß die durch unumkehrbare Prozesse im System erzeugte Entropie an die Umgebung abgegeben wird.

[4] Die freie Energie eines Systems ist nach der Gleichung

$$F = E - TS$$

umgekehrt proportional zur Entropie. In dieser Gleichung bedeutet F die freie Energie, E bedeutet die Gesamtenergie, T ist die absolute Temperatur und S die Entropie. Je kleiner die Entropie des Systems bei einer beliebigen Temperatur ist, desto größer ist seine freie Energie, und umgekehrt.

[5] Der Leser kann in seiner Küche sein eigenes Bénard-Zellen-Experiment durchführen. Die einfachste Möglichkeit ist das Erhitzen von etwas Speiseöl in einer flachen Pfanne über einer schwachen Wärmequelle. Es entsteht ein Temperaturgradient zwischen der Unter- und der Oberseite der Flüssigkeit. Um die Bénard-Zellen sichtbar zu machen, genügt die Beigabe eines granulierten Pulvers, gleichmäßig über die Oberfläche verteilt. Die Körnchen des Pulvers organisieren sich in sechseckigen Zellen, wenn der Wärmefluß in der Flüssigkeit von der einfachen Wärmeleitung zur effektiven Konvention umschlägt.

[6] Die Chemie trägt zur Aufklärung darüber bei, wie sich Systeme aus untereinander in Wechselwirkung stehenden Elementen von Zuständen im oder nahe am Gleich-

gewicht zu Bereichen des Ungleichgewichtes entwickeln. Unter kontrollierten Laborbedingungen werden chemische Reaktionen bestrahlt und dadurch gezwungen, sich immer weiter vom chemischen Gleichgewicht zu entfernen. Relativ nahe am chemischen Gleichgewicht läßt sich das Reaktionssystem noch mit Erfolg durch das Lösen der chemischen, kinetischen Gleichungen beschreiben, die im Gleichgewicht gelten, sowie durch die Lösung derjenigen Gleichungen, welche der Brownschen Molekularbewegung und der zufälligen Mischung der Bestandteile entsprechen. Während die Reaktionsgeschwindigkeiten steigen, wird das System an irgendeinem Punkt instabil, und neue Lösungen sind zur Erklärung ihres Zustandes erforderlich. Diese verzweigen sich von denjenigen, welche im Beinahegleichgewicht gelten. Die modifizierten Lösungen zeigen neue Zustände der Organisation im System der Reaktanten an: stationäre oder dynamische Muster der Struktur oder chemische Uhren, die mit unterschiedlichen Frequenzen ablaufen. Wo der Gleichgewichtszweig der Lösung instabil wird, nimmt das Reaktionssystem solche Merkmale an, die allgemein für Systeme im Ungleichgewicht kennzeichnend sind: Es tritt ein kohärentes Verhalten und eine größere Unabhängigkeit von der Umgebung auf. Die Elemente haften in einer erkennbaren Einheit mit einer charakteristischen räumlichen und zeitlichen Ordnung aneinander. Wir haben jetzt ein dynamisches System, während in der Nähe des Gleichgewichtes nur eine Reihe von Reaktanten vorhanden war.

[7] Es gibt zwei Arten katalytischer Zyklen: Zyklen der Autokatalyse, wobei das Produkt einer Reaktion seine eigene Synthese katalysiert, und Prozesse der Crosskatalyse, wobei zwei verschiedene Produkte (oder Gruppen von Produkten) ihre Synthese gegenseitig katalysieren. Ein Beispiel für die Autokatalyse ist das Reaktionsschema
$$X + Y \longrightarrow 2X.$$
Ausgehend von einem Molekül X und einem Molekül Y werden zwei Moleküle X erzeugt. Die chemische Ratengleichung für diese Reaktion ist
$$\frac{dX}{dt} = K X Y$$
Wenn Y bei einer konstanten Konzentration gehalten wird, wächst X exponentiell. Crosskatalytische Reaktionszyklen sind von der Schule Ilya Prigogines im Detail untersucht worden. Ein als der Brüsselator bekanntes Modell einer solchen Reaktion besteht aus den folgenden vier Schritten:

(1) $A \longrightarrow X$
(2) $B + X \longrightarrow Y + D$
(3) $2X + Y \longrightarrow 3X$
(4) $X \longrightarrow E$

In diesem Reaktionsmodell sind X und Y Zwischenmoleküle einer Gesamtfolge, die A und B zu D und E umwandelt. In Schritt (2) wird Y aus X und B synthetisiert, während in Schritt (3) ein zusätzliches X durch Kollisionen von 2X und Y erzeugt wird. Während also (3) an sich eine Autokatalyse darstellt, ist die Kombination aus (2) und (3) die Crosskatalyse.

Index

A

Abendland 187
Abfälle 188
Ablauforganisation 94
Abraham, R. 53, 223
Abteilungen 144
Ainsworth, G. 48
Akkumulation 32
Aktien, grüne 130
Aktivitäten-Kosten-Methode 87
Alexander d. Große 108
Algorithmus 109, 118
Allianz 91, 95
Alphabet 34
Amazonasgebiet 129
Arbeit 220
Aristoteles 13
Armut 169
ASEA-Brown Boveri 26, 118
Ashby, R. 232
Attraktoren 65, 73, 76, 226
    chaotische 65
    periodische 65
    punktförmige 65
autokatalytischer Zyklus 93, 95 ff
Automobilindustrie 23

B

Babbage, C. 34
Bacon, F. 187
BCG 86
Beatrix, Königin der
    Niederlande 190
beidseitig beobachten 103, 125
Bell, G. 34
Bénard-Zellen 228
Bergson, H 52

Bertalanffy, L 52
Besitz 191
Bewegungsbild 87
Bewußtsein 191, 192, 224
Bifurkation 64, 95, 113, 124, 137,
    154, 155, 160, 167, 170
    explosive 65
    katastrophale 65, 67
    konvergente 78
    organisatorische 77
    subtile 65
Bilanzen 103
Bildungsmanagement
Biomasse 149
Biosphäre 147, 176, 182, 228
Birkhof- und Shaw-Bagel 66
Blanchard, K. 47
BMW 133
Boden 179
Boltzmann, L. 52
Brandt, W. 200
Braxton Associates 86
Bremermann, H. J. 232
Buchhaltung, ökologische 129
Buchhaltungssystem 110
Buddha, G. 188
Buddhismus 161
Bush, G. 190

C

CAD 38
Caesar, J. 188
Campbell Soup 30
Chaos 64, 109, 129, 135, 155,
    167, 222
    kreatives 104, 160
Chaostheorie 66, 75
Chaplin, C. 193

Christentum 162
CIM 35, 38
Club of Rome 46

D

Daimyo 163
Darwin, C. 52, 57
Denken 109, 131, 161, 193
    evolutionäres 48
    visionäres 83
    und Handeln 12
Deregulierung 25
Desintegration 30
deterministisch 51, 109
Deutschland 171
Dezentralisierung 102
Die dritte Welle (Third Wave) 46
Dienstleistungen 42, 103
Digitalisierung 35
dissoziieren 140
Drucker, P. 47
Düngemittel, chemische 179
Dupont 133
dynamisch 53
dynamische Durchbrüche 135, 160
    einleiten 104, 135

E

Ebene, nationale 28
    operative 106
    transnationale 28
EGT 93, 97, 132, 133, 136
Eigen, M. 230
Einsicht 113
Einstein, A 212
Einstiegsprinzip 160
    das zentrale 101
Eisenhower, D. 34
Elektronen 213
Energiefluß 227
Engpaß-Strategie 87
ENIAC-Computer 34

Entkolonialisierung 168
Entscheidungen 78
Entscheidungsprinzipien 101, 106, 109
Ericson, 26
Erwärmung 181
ESP 141
Ethik des Managements 218
Ethik, evolutionäre 218
Europäische Umweltbehörde 206
European Marketing and Distribution 28
Evolution 105, 113, 130, 139
evolutionär planen 102, 110
evolutionäre Ethik 218
evolutionäre Partnerschaften 141
    bilden 104
evolutionäre Planung 73, 110
evolutionäre Trends 58
evolutionärer Planungsprozeß 73
evolutionäres Denken 48
Evolutionsprozess 102
Evolutionstheorie 14
Evolutionswissenschaft 85
Exxon 31

F

Faktoren, strukturelle 86
FCKWs 206
Feedbacks 67
Fernsehen 34
Fiat Industries 27
Finanzdienstleistung 91
Ford 31
Forrester, J. 88
F & E Forschung & Entwicklung 43, 132, 160, 244
    vorausschauende 104, 132, 160
Fortune Top 5 30
Fragmentierung 191
Fraktale 147

Frau 193
Freiheitsgrade 102
Friedensdividenden 204
Frito-Lay 30
Führungsdenken,
 mechanistisches 56
Führungsentscheidung 76
Führungstätigkeit 110
Führungsverhalten 144

G

Gaia 215
Ganzheit 191
GATT 201
Gedächtnis frei 160
Gedächtnis löschen 102, 115
Gehirn 59, 138
Geld 34
Generalisten 157, 158
Genpool 206
Geschlechterrolle 193
geschlossene Kreisläufe für die Materialströme 107
geschlossene Systeme 54
Gesellschaft 89, 95
 postindustrielle 32
Gesellschaftsvertrag 217
Gigatrends 58
Giscard d'Estaing, V. 202
Glasnost 140, 169
Gleichgewicht 53
 inert 73
 thermodynamisches 73
globale Dynamik 145
globales Gemeindeland 207
Globalisierung 9
GM 31, 133
Goldstein 34
Golfkrise 203
Gorbatschow, M. 169, 140, 190
Gravitation 212
Grenzen des Wachstums 45

Grenzkosten 85
Grundprinzip 101, 107
Grundwasser 179
Gruppe der 77 200

H

Handlungsprinzipien 160
Harvard Business Review 88
Haustiere 179
Hebelwirkungseffekte 103
 (s. a. Leverage)
Hertz, H. 34
Heterarchie 97, 102, 119
 mehrschichtige 160
heterarchisch 123
Hewlett-Packard 26
Hierarchie 97, 102, 119, 186
hierarchische 192
Hiob 188
Hoffmann-La Roche 28
Hollerith, H. 34
Horizonte erweitern 102, 113
Hout, J. 88
Hypervakuum 211
Hyperzyklen 95, 126, 140

I

IBM 26
Idee 43
IIASA (International Institute of Applied Systems Analysis) 182
Industrieabfälle 180
Information 11, 32, 67, 97, 98, 144
Information in Know-how umwandeln 101, 108
Informationsflüße 25, 101, 121
Informationskopplung 129, 138, 160
 herstellen 104, 137
Informationsmanagement
Informationssystem,

exosomatisches 39
Informationstechnologien 94
Informationsverarbeitung 138
Informationsverarbeitungssystem 38, 101
Informationszeitalter 33
Innovation 58, 111, 123, 132, 137
Innovationskraft 101
Internationalisierung 24
Intervention 136, 222

J

Jantsch, E. 221
Jelzin, B. 140
Joint Venture 91
Jugoslawien 139
Just-in-time-Produktion 38, 94

K

Kapitalflußberechnungen 130
Kapitalrisiko 130
Kapitalströme 202
katalytische Hyperzyklen 103
katalytische Zyklen 119, 204
Katchalsky, A. 228
Keller, M. 190
Keynes, J. M. 45 f
Koevolution 126, 133, 160
    praktizieren 103, 126
kollektives Erbe 205
Komplexität 61, 89, 229
Kondratieff-Zyklen 46
Konfuzianismus 161
Konkurrenz 191
Kontrolle 193
Konvergenz 61, 140
    synergetische 160
Konvergenzprozess 139
Konzerne, globale 26
    multinationale 26
Kooperation 191
Kostenfaktoren 130

Kostenrechnung 130
kreatives Chaos 136, 137
    schaffen 104, 136
Kreativität 111, 219
KSZE 203
Kultur 15
kulturell 55
Kulturwandel 97, 191
Kunden 103, 132

L

Lafarge-Coppée 119, 133
Lammbräu 133
Landwirtschaft 18, 149, 179, 188
    intensive 180
langfristig Qualität
    sichern 103, 131
Laplace 52
Large, M. 47
Laszlo, E. 16
Leibniz, G. W. 34
Lemma 127
Lernen 117
    dezentralisiertes 117
Lessem, R. 48, 108
Leverage- Hebelwirkung 87
Liechtenstein, A. von 16
Lievegoed, B. 48
Lorenz-Schmetterling 66
Loye, D. 68, 222

M

Macht 41, 186, 196
Machtbeben (Powershift) 46
Management, strategisches 86, 113
    mittleres 11
    unteres 11
Managementansätze,
    konventionelle 83
Managementmethoden,
    japanische 47

Managementorganisation 97
Managementtechnik des "cross-fertilizing" 91
Managementtheorie 86
Managementwissen 83
Manager, traditionell orientierte 109
Mandelbrot, B. 53
Männerherrschaft 192
Marketing, ökologisches 97
Marketing, "Open-System" 103, 130, 160
Marketingstrategien 103
Marktanteil 23
Marktanteile, globale 23
Marktwirtschaft 197
Marktwirtschaft, ökologisch-soziale 198
Maschine 192
Masuda, Y. 33
Matrix-Organisation 91
Matrixmodell 94
Matrixstruktur 97
Mauchly 34
McKinsey 86
McWaters, B. 48
mechanistisch 109
Megatrends 46
Meiji-Restauration 162
Mensch 192
Mikroökonomie 85
Militärausgaben 204
Mitbestimmung 223
Mitkopplungen 129
Mitsubishi Heavy Industries 27
Moleküle 214
Monopol 85
Monsanto 133
Moore's Gesetz 39
Moral 218
Morgenland 187
Morowitz, H. 227

Motivation 219
Muskelkraft 59
Mutation 52, 79, 149, 156

N

Nachahmungen 25
Nahrungsmittelverknappung 180
Naisbitt, J. 46, 58
Napoleon 120
Nationalstaaten 29, 63
Natur 97
Nelson, H. 120
Nervensystem, somatisches 39
Nestlé 26, 28
Netze 31
Netzwerke 91, 95, 102
Netzwerkstruktur 97
Neumann, J. v. 35
Newton 13
Newtonsche Physik 52
Nischen-Spieler 27, 157
Nissan 26
nomadische Stämme 149
Nord-Süd-Kommission 200
Nukleinsäuren 147, 214
Nukleonen 213

O

Öffentlichkeit 197, 198
Ohmae, Kenichi 142
Öko-L 160, 167
Öko-N 167
Ökokatastrophen 153
Ökologie, globale 105
ökologisch geschlossen 101, 107
ökologische Buchhaltung einführen 103, 129
ökonomisch offen 101, 107
Ökosystem 89, 95, 97, 129
Oligopol 85
Onsager, L. 230
"Open-system"

Marketing 103, 130, 160
Operative Prinzipien 103, 129
Optionen 102
Ordnung 66
Organisation, interne 106
Organisationsprinzipien 102, 115
Organisationsstrukturen 36
Organismen 214
Ozonloch 47, 182

P

Paradigmaprinzip 159
Paradigmawechsel 89
Paradigmenwechsel,
　evolutionärer 105
Parallelverarbeitung 78, 117, 160
Parallelverarbeitung
　anwenden 102, 117
Partnerschaft 95, 104, 142, 192
Partnerschaften, evolutionäre und
strategische 160
Pascal, B. 34
Patten, J. W. 190
Peale, N. V. 47
Perestroika 140, 169
Periode, präökologische 97
Peters, T. 47
Philips 26, 28, 118
Photosynthese 149
Plato 13
Plan 117
Planer 113
Planerfüllung 110
Planung, evolutionäre 110
　　konventionelle 110
　　strategische 113
Planungsentscheidung 76
Planungshorizont 111, 113
Planungsperioden 94
Porter, M. 86, 142
PPG 30
Pratt & Whitney 27

Prigogine, I. 52
Prinzipien, organisatorischen 160
Procter & Gamble 26
Produktion 42, 103
Ptolemäus 89

Q

Qualität 132
Quarks 213

R

Ratscheneffekt 153
Raumzeit 212
Rechnungswesen 103
Referenzsystem, globales 85
Regenerationszyklen 206
Regenwälder, tropische 181
Regionalisierung 63
Reilly, W. 190
Relativitätstheorie 212
Rentabilität 23
Rentabilitätskriterien 118
Ressourcen 130
Revolution, erste industrielle 36
Rio, Juni 1992 190
Roboter 117
Rolls-Royce 27
Rössler 53
Rössler-Band 66, 73
Rössler-Trichter 66
Rousseau, J. J. 217
Rückkopplungen 129

S

Samurai 162
Schlüsselprinzip 101
Schmetterlingseffekt 67
Schmetterlingseffekte nutzen 103
Schmetterlingsturbine 160
Schnittstelle Organisation/
　Umwelt 160
Schnittstelle Unternehmen/

Umwelt 91
Schnittstellenprinzipien 103, 125
Schumpeter, J. 46
Schuster, P. 230
Schwerindustrie 91
Seeschlacht von Trafalgar 120
Sekretärinnen 121
Selbst-Lernen 93
Selbstbestimmung 193
Selbstregulierung 130
Selektion 52
Shannons Informationstheorie 53
Shinto-Religion 161
Shogun 163
Sicherheitsbereich 202
Sichtweise 57
Siedlungen 149
Siedlungen, Ökologie 188
Sinne 59
SKF 28
Smith, A. 45, 46, 191
Sonnenenergie 149
Sony 26
Sowjetunion 139
Soziokult 9
Spencer, H. 15
Spirale 147
Stalin 64
Stalk, G. jr. 88
Steinzeit 187
strategische Planung 113
Struktur 213
Stückkosten 32
Subsystem 127
synergetische Konvergenzen
    fördern 104, 139
Systeme dritter Ordnung 225
Systeme entwickeln 50
       geschlossene 105
Systemtheorien 223
Systemwissenschaft 119
Systemzustände 103

T

Taylor, F. W. 47
Taylor-Strudel 66
TCR (total customer responsiveness) 24
Team, operationales 144
Tenno 163
Thatcher, M. 190
Tito 64
Toffler, A. 45
Tolba, M. 190
Topmanagement 98, 113
Toyota 133
TQC (total quality control) 24
Tragbarkeit 191
transformieren 119
transnational 70
Treibhausgase 181, 206
Trends, evolutionäre 58
Tschernobyl 47
Turbulenzen 66, 135

U

übergeordneter katalytischer
    Zyklus 93, 147
UDSSR 64
Umwelt 43, 107, 205
       ökologische 126
Umweltverträglichkeit 118
Umweltzerstörung 202
Ungarn 171
Ungleichgewicht,
    thermodynamisches 93
UNIVAC I 34
Universum 212
UNO 201
Unterentwicklung 169
Unternehmen, kleine 78
       mittlere 78
       transnationale 26
Unternehmensentwicklung 103

Unternehmensstrategien 106
Unternehmenskultur 194
Unternehmensleitlinien 11
Unternehmergeist 42
Unvorhersehbarkeit 75

V

Vegetationsdecke 179
Vergessen 115
    alter Strategien 77
Verkoppelung 104
Versalzung 179
Verschuldung 169
Visionen 144
Volkswagen 133
Volkswirtschaft 197, 202
Voraussagen 222

W

Wachstum der menschlichen Bevölkerung 177
Wachstum des Systems 45
Wahrscheinlichkeit 69
    deterministische 73
    gewichten 101, 109
Wald 182
Waldgürtel, nördlicher 182
Wandel 95
Wanderungsbewegungen 153
Wärmetod 227
Wasser 179
Waterman, B. 47
Weber, M. 46
Wechselwirkungen 52, 89
weiche Kultur 219
weitsichtige F&E verwirklichen 104, 132
Welt-Bruttoinlandsprodukt 30
Weltsystem, sozio-technologisches 61
Weltwirtschaft 200

Werte 43
Wertschätzung 219
Wertschöpfung 30
Wettbewerbsfähigkeit 23, 136
Wettbewerbskampf 28
Wettbewerbssituation 85
Wettbewerbsvorteile 144, 164
Wetter 181
White-Collar-Produktion 91
Wiederaufforstung 206
Wiener, N. 138
Wieners Kybernetik 53
Wissen 106, 108, 113
Wissensbasis 25
wissenschaftliches Management 47
World Wildlife Fund 190
Wriston, W. 38

Y

Yonedi Masuda 33

Z

Zahlensystems 34
Zaibatsu 163
Zeithorizont 114
Zeitmanagement
Zeitmaß 144
Zellen 214
Zentralbank 201
Zivilisationen 153, 180
Zufallsprozesse 57
Zukunft 132
Zukunfts-Szenarien 101
Zuse, K. 34
Zwei-Wege-Überwachung 160
Zyklen 53

Verzeichnis
der Abbildungen und Tafeln

1	Rössler-Band: Unternehmensentwicklung 1. Stadium	74
2	Rössler-Band: Unternehmensentwicklung 2. Stadium	74
3	Von der Hierarchie zur Heterarchie	77
4	Firmenvernetzung	78
T 1	Herkömmliche evolutionäre Sichtweise	84
5	Von statischen Management zum Management im Fluß	88
6	Die Evolution des Unternehmens	90
7	Das Unternehmen als System	92
8	Die beiden Arten katalytischer Zyklen des Unternehmens	96
9	Die Prinzipien des Managements	100
10	Der Zustand eines Systems	112
11	Stabilität des Unternehmens	116
12	Das Unternehmen an der Schnittstelle Organisation/Umwelt	122
13	Die Wechselwirkungen des Unternehmens	124
14	Lorenz Attraktoren	128
15	Strömungsmuster als Lektionen für das Unternehmen	134
T 2	Merksätze für den Umbau eines Unternehmens	144
16	Ein übergeordneter katalytischer (Hyper-) Zyklus	146
17	Die Biosphäre als geschlossenes / offenes System	148
18 a	Die menschliche Gesellschaft in der Biospäre	150
b	Kreisläufe zu Lebenserhalt	151
c	Vernetzung der Kreisläufe	152
19	Die Entwicklung der menschlichen Gesellschaften	154
20	Eine "Anpassungslandschaft"	156
21	Generalisten und Spezialisten	158
22	Die großen technischen Revolutionen	174

Tafeln zum Ausklappen
T 3   Hierarchie zur Heterarchie
T 4   Firmenvernetzung

Bibliografie der Hauptwerke von Ervin Laszlo

ESSENTIAL SOCIETY
An Ontological Reconstruction
The Hague: Martinus Nijhoff, 1963

INDIVIDUALISM COLLECTIVISM AND POLITICAL POWER
A Relational Analysis of Ideological Conflict
The Hague: Martinus Nijhoff, 1963

BEYOND SCEPTICISM AND REALISM
An Exploration of Husserlian and Whiteheadian. Methods of Inquiry
The Hague: Martinus Nijhoff, 1966

PHILOSOPHY IN THE SOVIET UNION
A Survey of the Mid-Sixties
(edited)
Dordrecht: D. Reidel;
New York: Humanities Press, 1966

SYSTEM STRUCTURE AND EXPERIENCE
Toward a Scientific Theory of Mind
New York and London: Gordon & Beach, 1969

HUMAN DIGNITY: THIS CENTURY AND THE NEXT
with R. Gotesky (edited)
New York and London: Gordon & Breach, 1971

EMERGENT MAN
with J. Stuhman (edited)
New York and London: Gordon & Breach 1973

EVOLUTION AND REVOLUTION
Patterns of Development in Nature, Society, Culture and Man
with R. Gotesky (edited)
New York and London: Gordon & Breach, 1971

INTRODUCTION TO SYSTEMS PHILOSOPHY
Toward a New Paradigm of Contemporary Thought
New York and London: Gordon & Breach;
Toronto: Fitzhenry & Whiteside, 1972, reprinted: Gordon & Breach, 1984
revised edition:
New York, Evanston, San Francisco, London: Hrper Torchbooks, 1973

THE SYSTEMS VIEW OF THE WORLD
The Natural Philosophy of the New Developments in the Sciences
New York: George Braziller, 1972

THE RELEVANCE OF GENERAL SYSTEMS THEORY
(edited)
New York: George Braziller, 1973

A STRATEGY FOR THE FUTURE
The Systems Approach to World Order
New York: George Braziller, 1974

GOALS FOR MANKIND
Reports to the Club of Rome on the
New Horizons of Global Community
New York: E. P. Dutton, 1977
New York: New American Libary
Signet Books, 1978

THE INNER LIMITS OF MANKIND
Heretical Reflections on Contemporary
Values, Culture and Politics
Oxford and New York: Pergamon
Press, 1978
revised and updated edition:
Oxford: Oneworld Publications, 1989

THE OBJECTIVES OF THE NEW
INTERNATIONAL ECONOMIC
ORDER
with R. Baker, E. Eisenberg, V. K. Raman
New York: UNITAR and Pergaman
Press, 1978

THE UNITED STATES CANADA AND
THE NEW INTERNATIONAL ECONO-
MIC ORDER
with J. Kurtzman (edited)
New York: UNITAR and Pergamon
Press, 1979

WESTERN EUROPE AND THE NEW
INTERNATIONAL ECONOMIC
ORDER
with J. Kurtzman (edited)
New York: UNITAR and Pergamon
Press, 1979

THE SOVIET UNION EASTERN
EUROPE AND THE NEW INTERNA-
TIONAL ECONOMIC ORDER
with J. Kurtzman (edited)
New York: UNITAR and Pergamon
Press, 1979

FOOD AND AGRICULTURE IN THE
GLOBAL PERSPECTIVE
with I. Miljan and J. Kurtzman (edited)
New York: UNITAR and Pergamon
Press, 1979

THE STRUCTURE OF THE WORLD
ECONOMY AND PROSPECTS
for a new international economic order
with J. Kurtzman (edited)
New York: UNITAR and Pergamon
Press, 1980

SYSTEMS SCIENCE AND WORLD
ORDER
Selected Studies
Oxford and New York: Pergamon
Press, 1983

COOPERATION IN THE 1980s
Principles an Prospects
edited
London: Cassell-Tycooly, 1984

EVOLUTION: THE GRAND
SYNTHESIS
Boston and London: New Science
Library
Shambhala Publications, 1987

EVOLUTION - DIE NEUE SYSNTHESE
Wege in die Zukunft
ISBN: 3- 203-50968-7
Wien: Europa Verlag 1987

THE NEW EVOLUTIONARY
PARADIGM
Transdisciplinary Studies
edited
New York: Gordon & Breach, 1991

THE AGE OF BIFURCATION
The key to Understanding the
Changing World
New York: Gordon & Breach, 1991

GLOBAL DENKEN
Die Neu-Gestaltung der vernetzten
Welt
Vorw. v. Prigogine, Ilya,
ISBN 3-926116-11-0
Rosenheim: Horizont Verlag 1989

NEW LECTURES ON SYSTEMS
PHILOSOPHY
Beijing: Chinese Social Science Press,
1992

THE EVOLUTION OF COGNITIVE
MAPS
New Paradigms for the 21st Century
(edited, with I. Masulli)
New York: Gordon & Breach, 1992

DIE INNEREN GRENZEN DER
MENSCHHEIT
Mit einem Essay v. Peccei, Aurelio.
ISBN 3-926116-08-0
Rosenheim: Horizonte Verlag 1988

A MULTICULTURAL PLANET
Diversity and Dialogue in Our
Common Future
Report to UNESCO (edited)
Oxford: Oneworld Publications, 1992

RETTET DIE WELTKULTUREN
Vielfalt erhalten - Kommunikation
fördern.
Der Report einer internationalen
Expertengruppe
Hrsg. v. Laszlo, Ervin. 1992.
ISBN: 3-926116-47-1
Rosenheim: Horizonte Verlag, 1992

AUX RACINES DE L'UNIVERS
Vers une théorie unifée de l'esprit et
du matière
Paris: Fayard, 1992
(Deutsche, Italienische und Chinesische
Fassung in Vorbereitung)

GEPLANTE VERÖFFENTLICHUNGEN:

THE DESTINY CHOICE
The Laszlo Report on Global Survival
2000 Plus

VISION AND REALITY
Cognitive Maps at the Dawn of the
21st Century
(with Robert Artigiani, Allan Combs,
and Vilmos Csanyi)

ManagementTraining&Literatur

Der PAIDIA Verlag bietet Literatur und Seminarangebote mit einer Reihe fortschrittlicher Methoden und Werkzeugen. Die einzelnen Bausteine können Sie auch in ihre eigenen Trainings- und Weiterbildungsveranstaltungen eingliedern. Sie sind Grundlage einer jeden zukunftsoffenen Unternehmensentwicklung. Wir informieren Sie gerne über die Angebote.

Die Themen, die der PAIDIA Verlag vorlegt, sind die Themen der 90er Jahre

Neue Komplexitätswissenschaften
Chaosforschung
Evolution * Physik
Wirtschaftstheorie * Management
Natur & Geisteswissenschaften
Medizin * Biowissenschaften
Gehirnforschung & Anwendungen
Lernen & Lehren * Weiterbildung
Kreativität * Medien * Kommunikation

Seminare und Training
Unternehmensberatung

PAIDIA Verlag
zu Händen Herrn Claus-Peter Leonhardt
Von-Schildeck-Straße 6 · Postfach 423 · D-6400 Fulda
Tel +49 661 7 70 97 · Fax +49 661 7 52 53

copyright © 1992 by PAIDIA Verlag Fulda
PAIDIA Verlag in der TAM Verlagsbuchhandlung GmbH
ISBN 3-89459-020-3
copyright der Illustrationen © by PAIDIA Verlag
Österreichische Hardcover-Ausgabe der Standard-Bibliothek

Alle Rechte, auch die des auszugsweisen Nachdruckes
und der fotomechanischen Wiedergabe, vorbehalten.

Aus dem Englischen von Wolfgang Becker und Claus-Peter Leonhardt
Bearbeitung und Lektorat: Claus-Peter Leonhardt
Korrektur: Dr. Sonja Klug
Umschlag, Typographie,
Herstellung : Claus-Peter Leonhardt und Barbara Schork
Satz und Desktop Publishing: Martin von Mallinckrodt - KIK· INFOMEDIA Fulda
Gesetzt aus der Sabon und der Syntax
Papier: Alster Werkdruck 100 g/qm
Säurefrei und chlorfrei gebleicht
Druck: Fuldaer Verlagsanstalt, Fulda
Bindung: Fikentscher, Darmstadt

Printed in Germany

PAIDIA Verlag
Von-Schildeck-Straße 6 · Postfach 423
D-6400 Fulda
Telefon: (06 61) 7 70 97
Fax: (06 61) 7 52 53

Bitte fordern Sie die kostenlose Programminformation beim Verlag an.

Prinz Alfred von Liechtenstein ist bekannt als weitsichtiger Unternehmensberater. Er besitzt den Titel eines M.A.Sc. in Computerwissenschaft und Wirtschaftswissenschaften der Universität Wien und wurde im Jahre 1990 mit dem Albert-Schweitzer-Humanitarian-Award ausgezeichnet. Er ist Mitglied der International Academy of Science, der World Academy of Arts and Science sowie der Österreichischen Gesellschaft für Computerwissenschaft, Kybernetik und Künstliche Intelligenz. Darüber hinaus ist er Vorsitzender, CEO oder Aufsichtsratsmitglied mehrerer Beratungsfirmen für Handel, Technik und Wirtschaft. Gegenwärtig hat er den Vorsitz des Österreichischen Rates für die Weltuniversität und des Aufsichtsrates der Wiener Akademie.

Evolutionäres ManagementTraining

Evolutionäres Management ist eine zeitgemäße Methode, die Werkzeuge für die ökologischen und ökonomischen Problemfelder entwickelt. Sie hat globale und weitreichende Konsequenzen. Wer diese Methode in Betrieben, Verwaltungen, Organisationen sowie in Weiterbildung und Training einsetzen will, wird eine Erweiterung der eigenen Denk- und Sichtweisen erlangen. Dann erfolgt die Vermittlung der gewonnen Stärken in die umgebende Welt. Wer Stärke gewinnt, verteilt diese in allen Lebensbereichen: in der Organisation wie in seiner Familie.

Die Akademie für Evolutionäres Management bietet ein breites Seminarangebot mit einer Reihe fortschrittlicher Methoden und Werkzeuge. Es sind Bausteine, die in die innerbetriebliche Entwicklungsarbeit sowie in eigene Trainings- und Weiterbildungsveranstaltungen eingegliedert werden können.

Die Weiterbildung auf der Basis der Evolutionstheorie und den neuen Komplexitätswissenschaften bieten eine Grundlage einer jeden zukunftsoffenen Unternehmensentwicklung und Weiterbildung. Die Unternehmens-, Kultur und Politikberatung bietet auf der gleichen Basis die Analyse von Handlungskomplexen und Systemstrukturen. Sie gibt so den Verantwortlichen in Politik, Kultur und Wirtschaft Wege und Werkzeuge für Entscheidungsprozesse an die Hand.

***

Wir informieren Sie gerne über Seminare und Beratungsofferten.